0/1의 세계에서 시란 무엇인가

0/1의 세계에서 시란 무엇인가

디지털 기술과 한국 현대시

이성우

고려대학교출판부
KOREA UNIVERSITY PRESS

▒ 이 저술은 2006년 정부 재원(교육인적자원부 학술연구조성사업비)으로
한국학술진흥재단의 지원을 받아 연구되었음(KRF-2006-814-A00084).

책머리에 0·1과 1/0과 0/1의 세계에서

이제 '디지털'이란 말은 과학 기술 용어에 그치지 않고 세계 질서를 재편하는 키워드로 그 의미가 확장되고 있다. 지난 2000년 주요 8개국 정상회담의 첫 의제가 '정보기술 혁명의 빛과 그림자'였다는 사실은 인문학 전공자들에게도 많은 것을 시사한다. 우리는 한편으로 정보기술 혁명을 추동하는 디지털 기술의 본질적 특성과 효용의 측면을 인식하면서도 다른 한편으로는 그것의 부정적 속성을 파악하고 대안을 제시해야만 하는 복합적인 시대에 살고 있기 때문이다.

이 같은 변혁의 시대에 자연을 모방하고 진리를 드러낸다는 전통적인 개념 정의만으로는 문학이 더 이상 현실에 대처하기 힘들다는 주장이 지속적으로 제기되어 왔다. 좋은 옛것보다는 나쁜 새것에서 출발하라는 브레히트의 말에 귀가 솔깃해지는 것도 부인할 수 없는 사실이다. 나는 이 책에서 진리 중심의 본질론적 시각을 유지하면서도 문학의 정의를 다양한 차원으로 확대하는 것이 필요하다는 입장을 견지하려 한다. 시든 소설이든 희곡이든 자신의 장르에 대하여 적극적으로 자기 혁신을 시도하는 것이 역설적으로 자기 고유의 영역을 지켜 내는 일이 될 수 있다고 판단하기 때문이다.

우리는 이 책에서 디지털 기술을 시 창작과 수용의 새로운 방법론으로 받아들여 현대시의 변화를 실험적으로 모색한 작품들을 먼저 검토할 것이다. 아울러 디지털 기술의 일상화에 따라 대두된 인간의 사고방식과 가치관의 문제에 대한 현대시의 대응을 실제 작품 분석을 통해 종합적으로 고찰하려 한다. 더 나아가 우리는 이른바 디지털 혁명이라는 변혁의 시기에 직면하고 있는 현대시의 새로운 정체성을 가늠해 볼 것이다.

이 책에서 내가 말하려는 바를 굳이 한 문장으로 요약하면 이렇다. 디지털 시대를 맞은 우리에게 지금 긴요한 것은, 디지털 기술이나 지식은 유연하게 받아들이고 공유하되 개인의 창조성은 최대한 보장하는 맥락에서 현대시의 새로운 정체성을 모색하는 일이다. 그러나 이 짧은 요약이 마음에 들지 않는다면, 이 책의 결론 부분을 읽으면 좋을 듯하다. 그것도 마음에 차지 않는다면, 이 책은 비로소 진정한 독자를 만난 것이리라.

돌이켜보면, '나는 누구인가'라는 질문을 던지는 것이 이 책의 주제인 '디지털'과 '현대시'에 접근하는 하나의 방편이 되기까지 아주 많은 시간이 걸렸다. 이 점에서 나는 비자발적인 경험론자인 셈이다. 이를테면, 대학을 졸업하던 1992년 봄, 곧바로 대학원에 진학하지 않은 것이 결과적으로 내 삶을 뿌리째 흔들었다. 마치 뿌리 뽑힌 사람처럼 군대 생활을 한번 더 한다는 각오 혹은 자조 속에서 몇 년을 보냈다. 생활의 이파리들은 나날이 시들어 갔고 세계는 빛을 잃어 흑백 사진으로 변했다. 그런 내게 오직 하나 색깔 있게 보인 것은 컴퓨터였다. '0·1'의 이진법 원리에 바탕을 두었다는 컴퓨터는 전혀 뜻밖의 매력적인 대상물이었다. 때마침 우리나라에 불어 닥친 인터넷 열풍도 그렇게 되는 데 한몫 거들었을 것이다. 두툼한 책 대신 날렵한 디스켓을 들고 컴퓨터 프로그래머로 근무하는 동안 세계는 그야말로 32비트 트루 컬러로 채색되었다. 시대의 첨단에서 '0·1'의 전지전능이 영원하리라고 나는 믿고 있었다.

'0·1'이 나사못 풀린 명판처럼 삐딱하게 '1/0'으로 보이기 시작한 것과 근무지에서 가까운 국립중앙도서관 연속간행물실에서 문학잡지를 들추기 시작한 것 사이의 선후 관계는 지금도 분명치 않다. 분명한 것은 내가 다시 문학 쪽을 힐끔거리고 있었다는 사실이다. 계산기 프로그램을 실행시켜 놓고 '1'과 '/'과 '0'을 차례로 입력시켜 보면, 컴퓨터는 언제나 "0으로 나눌 수 없습니다"라는 결과만을 내놓았다. 나는 아마 컴퓨터가 '1/0'의 불능 상태에 빠지기를 은연중 기다렸을지도 모른다.

서른 넘어 문학으로 뒤늦게 다시 돌아온다는 것은 '1/0'의 불능 상태를 뒤집는 대신 '0/1'의 아무것도 남지 않는 영의 상태로 귀착될 수도 있는 일이었다. 결정의 순간에, 그러나 누구에게나 선택의 폭이 넓은 것은 아니라는 사실을 절감했다. 다만 이제는 '0/1'의 물리적으로 텅 빈 영의 세계로부터 의미론적으로 충만한 공의 세계로 삶을 이끄는 것이 문학이라는 믿음을 되새길 따름이다.

이 책은 종이와 활자가 아니라 시간으로 채워져 있는 것 같다. 이 책에서 숨 쉬고 있을 그 시간의 갈피갈피에서 나는 누구인가, 라는 물음에 귀띔해 주신 모든 분들께 머리 숙여 감사드린다.

2007년 11월
이 성 우

0101010
1010101
0101010
차례

책머리에 | 0·1과 1/0과 0/1의 세계에서_5

서론 | 디지털, 보이지 않는 손_11

제1부 디지털 기술은 현대시를 어떻게 변화시키는가

1. 컴퓨터로 시 쓰기, 혹은 컴퓨터가 시 쓰기
   1.1. **글쓰기 도구의 통합체로 등장한 컴퓨터**_25
   1.2. **최초의 글쓰기 기계인 타자기를 향한 열망과 실망**_28
   1.3. **시인을 부리기 시작하는 컴퓨터**_44
   1.4. **시 쓰는 컴퓨터의 출현과 시 쓰기 주체의 문제**_54

2. 디지털 언어, 시의 언어로 진입하다
   2.1. **시의 언어와 과학 언어**_59
   2.2. **시의 언어로 진입하는 디지털 언어**_60

3. 하이퍼텍스트시, 아리스토텔레스 맞은편에 자리를 잡다
   3.1. **인터넷을 움직이는 보이지 않는 힘**_66
   3.2. **메멕스 이후 월드와이드웹까지**_70
   3.3. **하이퍼텍스트 개념과 현대 비평 이론의 삼투**_73
   3.4. **하이퍼텍스트의 원초적 모델 '사운'**_79
   3.5. **가상공간에서 새로 탄생하는 시인 · 독자**_81
   3.6. **팬포엠의 가능성과 실제 구현**_90

4. 멀티미디어시, 홈시어터 시스템과 맞붙어도 되는가
   4.1. **인간의 감각 기관에 총체적으로 접근하려는 노력**_104
   4.2. **멀티포엠이 제기하는 몇 가지 문제들**_106
   4.3. **인간 주체의 시각에서 다시 출발해야 할 멀티미디어시**_111

5. 디지털 정보 시대, 시 쓰기와 시 읽기는 진화하는가
   5.1. **지식이 아니라 정보가 시 해석의 열쇠**_117
   5.2. **인터넷 정보의 유동성과 존재론적 불안**_123
   5.3. **온라인과 오프라인 방식을 결합하는 글쓰기**_131

제2부 현대시는 디지털 기술에 어떻게 대응하는가

1. 디지털 기술은 가치중립적인가

1.1. **과학 기술의 이데올로기화 과정**_137

1.2. **디지털 기술이 '가치중립적'으로 이어 놓은 세계의 실상**_142

1.3. **디지털 기술은 얼마나/어떻게 가치중립적일 수 있는가**_154

2. 밀레니엄 버그, 인류 최초의 디지털 재앙으로 기록되다

2.1. **세기말 혹은 세상의 종말 사이에서**_156

2.2. **밀레니엄 버그에 대한 비판과 인류의 재앙에 대한 재인식**_158

2.3. **디지토피아와 에코토피아의 접맥 가능성**_168

3. 나는 클릭한다, 고로 나는 사라진다

3.1. **디지털 기술이 일상화된 현실**_170

3.2. **디지털 기술 논리가 점령한 내면 공간**_172

3.3. **기계적 가치와 인간적 가치의 전도**_175

3.4. **가상공간에서 ID와 id의 혼돈**_183

4. 유비쿼터스, 언제 어디서나 그가 너를 지켜본다

4.1. **유비쿼터스 기술의 양면성**_189

4.2. **유비쿼터스 기술과 디지털 감시 사회**_191

4.3. **유비쿼터스 감시 사회에 대한 시적 대응의 향방**_204

5. 사이보그와 유전자 조작 그리고 인류의 미래를 말하다

5.1. **인간의 불완전성에 대한 디지털 기술의 도전**_206

5.2. **정신 우위의 이원론과 사이보그 혹은 유전자 조작**_207

5.3. **인간이 빠진 인류의 미래**_215

결론 | 현대시, 새로운 정체성 찾기_219

참고문헌_229

찾아보기_242

서론 디지털, 보이지 않는 손

2006년 마지막 호에서 미국의 시사 주간지 『타임』은 올해의 인물로 '유You'를 선정했다.[1] 그러나 사실 그 주인공은 '디지털 시대'였다. 『타임』은 선정 이유로 새로운 디지털 민주주의를 꼽았는데, 이는 인터넷 공간의 디지털 미디어에 의해 촉발된 참여의 증대를 염두에 둔 결정이었기 때문이다. '올해의 인물'의 진정한 주인공은 그러니까 디지털 기술과 그 사용자들이 어우러진 '디지털 시대' 그 자체라고 이해하는 게 더 적절할 것이다.

이에 앞서 2000년 7월, 일본 오키나와에서 열린 주요 8개국 정상회담의 첫 의제는 '정보기술 혁명의 빛과 그림자'였다.[2] 이제는 그 누구도 거스를 수 없는 디지털 시대의 세계 질서 재편이 마침내 주요국 정상회담에서 맨 먼저 다뤄야 할 의제로 떠오른 것이다. 이로부터 5년 뒤인 2005년 3월, 서울에서 개최된 아시안 리더십 콘퍼런스에 참석한 아시아 태평양의 재계 지도자들 역시 디지털과 정보기술 산업이 앞으로 아시아를 주도해 나갈 것이라는 데 의견을 모은다.[3]

1 Lev Grossman, "Time Person of the Year : You," *Time*, Vol.168, No.26/27(2006. 12. 25), pp.20-23.

2 박정훈, 「오늘 개막 G8 회담 뭘 다루나 : '디지털 세계 질서' 첫 토의」, 『조선일보』, 2000. 7. 21, 3쪽.

3 조선일보사 특별취재팀, 「"디지털·IT 산업이 아시아 주도할 것" : '아시안 리더십 콘퍼런스' 폐막」, 『조선일보』, 2005. 3. 5, A1쪽.

"인터넷 공간에서 열심히 사용자 제작 콘텐트 UCC를 만든 당신이 바로 올해의 인물." 디지털 기술과 그 사용자들이 어우러진 '디지털 시대'를 전면에 내세운 『타임』 2006년 마지막 호의 표지.

이 단적인 예들을 통해 거듭 확인할 수 있듯 '디지털'이란 말은 이제 '0/1'의 이진법 원리를 나타내는 과학 기술 용어에 그치지 않고 세계 질서의 틀을 다시 짜는 키워드로 확장되고 있는 중이다.

18세기 산업혁명의 원동력이었던 증기기관의 모습을 머리에 떠올리기는 어렵지 않다. 지금 당장 관련 서적을 들추지 않더라도, 검은색 증기기관차가 희뿌연 수증기를 내뿜는 자료 사진이나 영화는 누구나 한 번쯤 보았을 것이기 때문이다. 그러나 지금 정보혁명 시대를 이끌고 있는 디지털은 눈에 보이지 않는다. 디지털 기술의 결정체라 할 컴퓨터를 직접 뜯어 확인하더라도 '디지털'을 발견할 수는 없다. 디지털은 눈으로 보거나 손으로 만질 수 없는 하나의 원리이기 때문이다. 디지털은 이제 세계를 움직이는 새로운 방식으로서 달리 말하자면 '보이지 않는 손'이다.

디지털 시대에는 발터 벤야민이 말했던 의미에서의 복제본[4]이 더 이상 만들어지지 않는다. 디지털 방식은 무한대의 원본을 만들 수 있기 때문이다. 디지털 사진이나 디지털 영화, 컴퓨터 그래픽 등 애초에 디지털 기술로 만들어진 예술작품이라면 원본만이 지니는 아우라는 존재하지 않는다. 아니, 무한대의 원본들이 모두 아우라를 지니게 된다. 장 보드리야르가 말한 시뮬라크르[5]들의 시대

4 발터 벤야민, 「기술복제시대의 예술작품」(1936), 『발터 벤야민의 문예이론』, 반성완 편역(민음사, 1983), 197-231쪽.

가 실제로 눈앞에 펼쳐지고 있는 셈이다.

우리가 지금 속한 디지털 시대를 이해하는 지름길은 '비트bit'라는 개념을 파악하는 것이다. 비트는 정보의 최소 단위라는 점에서, 물질의 최소 단위인 아톰atom과 비교되는 개념이다. 비트는 'binary digit'의 약자로서, 2진 숫자의 두 자리 가운데 어느 한 자리를 가리킨다. 숫자 0 또는 1의 두 자리 단위를 이용해 모든 정보를 처리하는 것이 곧 디지털이다. 디지털이란 말 자체가 손가락(라틴어 *digitus*)으로 숫자digit를 세듯 컴퓨터가 연산을 수행하는 방법을 가리키는 데서 유래했다는 설명[6]은 여기서 나온다.

정보화 시대 이전까지의 정보는 대개 아톰을 기본 단위로 만들어졌지만, 디지털 시대인 지금은 대부분의 정보가 비트를 최소 단위로 이루어진다. 디지털 방식으로 처리하는 것이 아날로그 방식에 비해 훨씬 더 많은 장점을 지니기 때문이다. 디지털은 아날로그 방식보다 더 효율적이고 신뢰성 있게 데이터를 처리하며 또한 전송한다. 저장이 필요한 경우에도 디지털 방식은 아날로그에 비해 더 압축된 형태로 저장할 수 있다. 데이터를 재생할 때 역시 디지털 방식이 더 정확하고 깨끗하다. 디지털 데이터는 아날로그 신호와는 달리 잡음의 영향을 받지 않기 때문이다.[7] 실제로, 과거에는 종이로 된 신문이나 잡지, 책 등을 통해 주요 정보를 얻고 대차대조표 같은 서류를 교환해 가며 경제 활동을 했지만, 오늘날에는 대부분의 정보들이 비트가 되어 인터넷을 통해 전 세계로 전달되고 있다. 인류는 지금 무게 없는 비트를 빛의 속도로 세계 곳곳에 실어 나르는

5 장 보드리야르, 『시뮬라시옹』(1981), 하태환 옮김(민음사, 1992), 9-19쪽.
6 토머스 L. 플로이드, 『최신 디지털공학』, 8판, 이두복·양우석·추연석 옮김(그린, 2003), 16쪽.
7 같은 책, 17쪽.

정보고속도로라는 새로운 차원의 길을 가지게 된 것이다.

그런데 디지털 기술에 의한 변형과 재생의 과정을 거치면서 기존 세계의 대상들은 아날로그적 정체성을 잃어버린다. 대상들은 자신이 원래 놓여 있던 시간과 장소를 벗어나 예측할 수 없는 혼합성의 맥락 속을 떠돌아다니는 국면에 처하는 것이다. "정보기술은 물질적인 것뿐만 아니라 정신적 산물-지식의 산물까지도 바꾸어 놓는다"[8]는 생각이나 "디지털 시대의 존재론적 정서는 불안을 내포한 가벼움"[9]이란 언급이 나오는 것은 이 때문이다. 또한 디지털과 아날로그의 절충을 주장하거나,[10] 그것을 염두에 둔 '아나디지'[11]와 '디지로그'[12] 같은 조합형 용어들이 제안되는 것 역시 이와 관련 있을 것이다.

여기서 디지털 비트의 속성 가운데 특히 주목되는 요소가 바로 혼합성이다. 비트의 혼합성은 물리적 공간과 전자적 공간을 융합한 제3공간[13]으로서의 사이버스페이스 혹은 가상현실이라는 신대륙을 만들어 놓았다. 이때 가상현실

8 아나톨리 일리치 라키토프, 『컴퓨터 혁명의 철학』(1991), 이득재 옮김(문예출판사, 1996), 28쪽.

9 김상환, 「문화와 정보 사회 : 기술, 언어, 실재에 대하여」, 『철학사상』 10호(서울대학교 철학사상연구소, 2000. 6), 97쪽.

10 다음과 같은 논의들이 있다. 백욱인, 「아날로그와 디지털을 만나게 하라」, 『디지털이 세상을 바꾼다』(문학과지성사, 1998), 122-125쪽 ; 마틴 키드젤, 「아날로그 인터페이스와 디지털 기술 융합 능력이 미래 시장 성공 열쇠」, 『경영과컴퓨터』, 1998. 12, 242-245쪽 ; 규 가와사키, 「디지털로 생각하고 아날로그로 행동하라」, 『세상을 바꾸는 사람들의 성공 법칙』, 박용철 옮김(모색, 1999), 181-199쪽 ; 이재언, 「또 다른 테크노 스트레스에 대한 우려」, 『문화예술』 255호(한국문화예술진흥원, 2000. 10), 43쪽 ; 홍윤선, 「다시 보는 아날로그」, 『딜레마에 빠진 인터넷』(굿인포메이션, 2002), 105-107쪽 ; 우한용, 「디지털 시대 문학의 전망과 과제」, 문학과문학교육연구소 엮음, 『디지털 시대, 문학의 길』(푸른사상사, 2007), 284-287쪽.

11 유영만, 『아나디지다』(한언, 2002).

12 이어령, 『디지로그 : 선언』(생각의 나무, 2006).

13 하원규·김동환·최남희, 『유비쿼터스 IT혁명과 제3공간: 물리공간과 전자공간의 융합』(전자신문사, 2002), 19-20쪽.

이란 용어는 언뜻 모순된 말처럼 들린다. 왜냐하면 '가상'과 '현실'이라는 서로 반대되는 개념이 결합해 있기 때문이다. 그러나 가상현실은 가공의 것을 마치 현실의 것처럼 만들 수 있으며, 심지어는 현실보다 더 실감나는 것일 수 있다. 일찍이 꿈속 가상 세계와 현실 세계를 구분하기 어려운 경지를 언급했던 장자의 호접몽이 관념의 영역에 머물렀다면, 디지털 기술로 구축된 사이버스페이스는 엄연히 실재하는 공간이라는 변별점을 지닌다.

지금 우리의 최대 관심사 중 하나인 인터넷이야말로 우리가 일상에서 가장 쉽게 또 가장 많은 시간 접하고 있는 가상현실의 공간이다. 특히 우리나라에서 인터넷은 세계적으로도 그 유례를 찾아볼 수 없을 만큼 빠른 속도로 보급되었다. 전 가구의 4분의 3 이상이 초고속 인터넷 통신망에 연결되어 있는데, 이는 거의 두 배 이상 잘사는 나라인 미국보다 일 인당 데이터 통신 전송량에서 40배 이상 앞서는 결과라는 것이다.[14] 외국 정보통신 전문가들은 이를 두고 '한국의 데이터 통신 기적Korean bandwidth miracle'[15]이라 표현한다. 오는 2008년에는 인터넷 투표 방식을 도입해 세계 최초로 디지털 민주주의의 모델을 만들겠다는 중앙선거관리위원회의 구상[16]이나 2008년부터 종이책 대신 태블릿 PC 형태의 디지털 교과서를 초·중·고교에 연차적으로 확대 보급하겠다는 교육인적자원부의 발표[17]가 그 부작용에 대한 지적에도 불구하고 매우 현실성 있게 받아들여

14 조지 길더, 「Networks at the Core of Digital Convergence : Speech for Korea」, SBS 서울디지털포럼 엮음, 『서울디지털포럼 2004 자료집 : 디지털 컨버전스 혁명』(서울방송, 2004. 5. 7), 62-63쪽. "With some three quarters of Korean households connected to the net at rates averaging over eight megabits per second, Korea now commands some forty times more last mile bandwidth per capita than the supposedly two-times wealthier U.S."

15 같은 글, 62쪽.

16 이명진, 「인터넷·전자투표 도입… '투표혁명' 온다」, 『조선일보』, 2005. 1. 18, A8쪽.

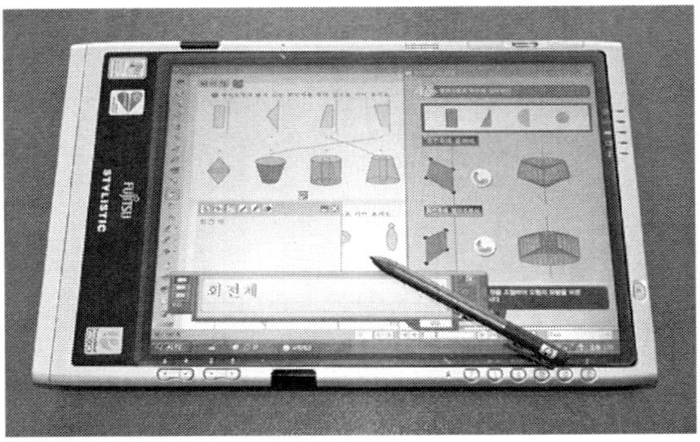

태블릿 PC 형태의 디지털 교과서. 교과서 기능은 물론 참고서와 문제집, 사전, 공책 기능까지 한데 담고 있다.

지는 상황이다. 우리가 이 책에서 사용하는 디지털 시대라는 용어에는 이제까지 언급한 디지털 기술과 관련된 여러 의미 맥락들이 현재 진행형으로 내포된다고 정의할 수 있다.

또한 여기서 우리가 반드시 짚고 넘어가야 할 것은 디지털 시대를 맞아 이른바 '시적인 것'의 개념이 변화하고 있다는 사실이다. 우리는 현대 시사에서 '시적인 것' 혹은 시의 개념이 시대에 따라 변화를 거듭해 왔다는 점을 잘 알고 있다. 특히 1980년대 말 이후에는 한국 현대시에서 '시적인 것'의 개념에 중요한 변화가 일어났음을 지적한 연구들이 대두한다. 이 가운데 먼저 서준섭의 논문을 주목할 수 있다. 그는 1980년대의 문학적 지표가 민중이었다면 1990년대는 대중이 그 자리를 차지했다는 점을 전제한 뒤 다음과 같이 언급한다.

> 기술은 이 기술정보사회, 대중문화 시대를 이끌어 가는 중요한 동력이다. 일찍이 발터 벤야민은 영화로 대표되는 '기술복제 시대의 예술'을 논하면서 예술의 생산 조건의 변증법은 경제적 영역에 못지않게 '상부구조' 속에서도 뚜렷이 나타나고 있으며, 예술의 전통적 개념(창조성, 천재성, 영원한 가치와 비밀 등)이 변화하고 있음을 지적한 바 있다. 오늘날 이러한 변화는 영화에서뿐만 아니라 시에서도 나타나고 있다. 시적 체험의 변화는 물론이고, 시의 바탕이 되는 실재reality와의

17 양영유, 「"교실에서 교과서·공책 사라진대요" : '디지털 교과서' 내년 시범 보급」, 『중앙일보』, 2007. 3. 8, 11쪽.

> 관계, 시적 진리 등에 대한 전통적인 개념이 변화하거나 해체되는 현상이 그것이다. 우리는 장정일(『햄버거에 대한 명상』, 1987), 유하 등의 도시시와, 대중문화(TV, 비디오, 팝송), PC 게임의 홍수 속에서 성장한 90년대 후반의 도시적 감수성의 젊은 시인들의 시(성기완, 서정학, 이원 등)에서 그런 현상을 볼 수 있다. 이들의 시에 나타나는 시 개념의 변화는, 최승호와 같은 80년대 도시파 시인의 작품이나, 동시대 여러 시인들의 시와 비교해 볼 때 좀더 분명하게 드러난다.[18]

서준섭은 실재에 바탕을 둔 종래의 시 개념이나, 시는 아름다움, 진리의 표현이라는 전통적 입장의 시 개념이 정보기술 사회에서의 도시적 감각과 체험을 작품화하는 젊은 시인들에 의해 변화하고 있음을 지적한다. 가령 시의 창조성, 영원성은 복제된 이미지의 조립과 복사로 바뀌고 있으며, 진지한 것으로서의 시의 미학은 대중문화와 유사한 흥미로운 것에 대한 관심이나 PC 게임과 같은 유희와 가상 세계에 대한 몰입으로 변화하고 있다는 것이다. 이러한 변화는 장정일의 시집 『햄버거에 대한 명상』이 발간된 1987년을 기점으로 확연해지는데, 장정일의 경우 그에 해당하는 요소를 꼽자면 시의 효용성에 대한 부정, 유희로서의 시, 시에 대한 조롱과 시 쓰기 자체에 대한 혐오감, 시적 엄숙주의와 제도·권력에 대한 반항 등이 특히 그러하다는 설명이다. 또한 서준섭은 '시적인 것'의 변화는 보편적 가치를 중시하는 문학 연구에도 적지 않은 영향을 미칠 것이라고 내다본다. "전통적 문학과 고정관념에 집착해 온 문학 연구와 인문학의 자기 성찰과 재조정이 없이는 이에 적극적으로 대응하기 어렵다"[19]는 지적은 거듭 음미할 필요가 있다.

최문규 역시 이와 같은 맥락에서 오늘날의 예술과 문학이 자기 변혁을 시도

18 서준섭, 「한국 현대시의 도시 수용과 시의 변화 : 1987년 이후의 도시시를 중심으로」, 『인문과학』 7집(서울시립대학교 인문과학연구소, 2000. 2), 56-57쪽.

19 같은 글, 65쪽.

해야 한다는 견해를 피력한다.

> 몇 세기 동안 전개해 온 예술의 역사를 엄격하게 들여다보면, 예술과 문학은 항상 시대적인 현상을 적극 "자신의 의상"으로 취해 왔기 때문이다. 그 점은 일찍이 보들레르가 밝힌 대목에서도 읽을 수 있다. 즉 예술과 문학은 "초역사적인 절대미"와 "역사적인 현대성"이라는 양면성을 취해 왔고, 이때 그 "역사적인 현대성"은 매 시대의 새로움과 유행을 뜻한다. 그렇다면 현재의 "역사적인 현대성"은 무엇인가? 그것은 다름 아닌 기술공학적 매체 시대라는 새로운 유행이며, 예술은 그러한 새로운 유행을 결코 도외시할 수 없는 것이다. 이제 예술은 한편으로 기술공학적 매체 시대라는 유행과 적극 소통하면서 자신의 절대적인 예술미를 추구해야만 하는 당위성을 갖는다.[20]

예술과 문학이 자신의 영역에 대해 더욱 적극적으로 자기 혁신의 노력을 기울일 때 역설적으로 고유 영역을 지켜 내는 일이 가능하다는 점을 위의 인용문은 짚어 내고 있다. 다시 말해 문학은 자연의 모방, 진리의 현현 등으로 정의되어 왔는데, 이러한 전통적인 개념 정의만으로는 문학이 더 이상 디지털 매체 시대에 살아남기 힘들다는 뜻이다. 따라서 자연과 진리를 중심으로 삼는 본질론적 시각을 넘어서 '역사적인 현대성'이라는 맥락에서 문학이나 시의 정의가 다양한 차원으로 확대될 때 문학은 비로소 현재의 위기를 타고 넘을 수 있다는 말이다. 특히 이와 관련해 인터넷이라는 가상공간 체험을 현실의 일부로 받아들이는 디지털 시대의 새로운 독자들을 중심으로 '시적인 것'의 개념이 극적으로 변화하고 있음을 통찰한 최동호의 다음 글을 주목할 필요가 있겠다.

20 최문규, 「기술공학적 매체 시대와 예술 개념의 변화」, 『문학이론과 현실 인식』(문학동네, 2000), 420쪽.

최근 학교의 '문학의 이해' 수업 시간에 필자는 두 가지 새로운 경험을 했다. 박목월의 시 「靑노루」를 다루면서 우선 전혀 다른 이질적인 반응에 놀라게 되었다.

리얼리즘 문학론이 붕괴되고 해체시와 정신주의가 충돌하던 1990년대 초반에 이 시에 대해 학생들은 비판적이었다. 이러한 세계가 이미 자신들의 현실에 존재하지 않는 까닭에 이 시에 그들은 전혀 공감할 수 없다는 것이 그 하나이다. 박목월이 그리던 자연은 이미 파괴되어 버렸고, 있지도 않은 현실을 그린 시에 어떻게 시적 공감을 느낄 수 있겠느냐는 것이 학생들의 반응이었다. […]

1960년대 이후 회화적인 구도를 가진 자연시의 대표적인 작품의 하나로 거론되어 온 박목월의 「靑노루」가 젊은 세대들에게 이처럼 받아들여지지 않는 현실을 보고 필자는 격세지감을 느끼지 않을 수 없었다. 당시 젊은 학생들에게 유행하던 시들은 현실에 대한 풍자나 야유이거나 기성의 작품을 모방하는 패러디적 작품들이었다. 물론 많은 시인들에 의해 전통적인 서정시가 씌어지고 있었지만 그런 류의 시들은 젊은 세대의 새로운 감각을 반영하지 못하는 낡은 작품으로 치부되는 듯한 분위기가 지배적이었다.

그러나 놀라운 것은 그로부터 10여 년이 지난 오늘의 학생들에게 박목월의 「靑노루」를 다시 읽혀 보고, 종전과 유사한 반응을 기대했었는데, 의외로 2000년대 초의 학생들은 이 시에서 그들 나름의 시적 감각을 느낄 수 있다고 답하는 것이었다. 오히려 더 크게 부정될 줄 알았던 것과 정반대의 반응에서 필자는 일단 당혹감을 감출 수 없었다.

최근의 학생들이 이 작품에 공감을 보인 것은 이미 「靑노루」의 자연은 현실에 존재하지 않는 것이기 때문에, 오히려 현실적일 수 있다는 것이 그들의 감각이었다. 「해리 포터」나 「반지의 제왕」에서 흥미를 느끼는 그들이 「靑노루」 정도의 표현에 괴리감을 느끼지 않는다는 것은 당연한 일이며 그것은 그만큼 인터넷의 가상현실 속에서 그들의 삶이 영위되고 있음을 말하는 것이리라.[21]

이 글은 디지털 시대의 삶의 양식 변화가 문학에서의 '리얼리티'의 개념 자체

21 최동호·이성우, 「디지털 시대의 새로운 문학 환경과 글쓰기의 방법론 연구」, 『한국시학연구』 9호(한국시학회, 2003. 11), 340-342쪽.

를 변화시키고 있다는 놀라운 사실을 실제 사례 분석을 거쳐 추출하고 있다. 박목월의 시 「청노루」의 비현실성을 비판했던 1990년대 초반 학생들에 비해 10여 년이 지난 오늘날의 학생들이 오히려 더 이 시에 공감을 나타낸다는 것이다. 그 이유는 디지털 기술에 의한 '가상성'을 현실 세계의 일부로 받아들이는 독자들에게 「청노루」의 자연은 현실에 존재하지 않는 것이기에 오히려 더 현실적인 것으로 받아들여지기 때문이라는 설명이다. '리얼리티'는 물론 '시적인 것'의 개념이 변화하고 있음을 이 글은 명확히 보여 준다. 최동호는 이와 관련해 이런 전망을 내놓는다. "문화가 지닌 첨단성과 보수성으로 인해 아직도 상당 부분 20세기적 요소가 완강하게 버티고 있지만, 머지않은 장래에 시와 소설은 물론 모든 예술의 존재 방식은 필연적으로 격변을 겪지 않을 수 없을 것이다."[22]

이처럼 '시적인 것'의 개념은 시대를 따라 끊임없이 변화해 왔으며, 현재 그 변화는 시인과 독자 양쪽에서 '시적인 것'의 개념을 확대하는 방향으로 진행되고 있다. '보이지 않는 손'으로서 디지털 기술은 이미 우리의 삶과 시 속에 깊이 스며들어 있고, 우리는 그것을 간단히 부인해 버릴 수만은 없는 시대에 직면해 있는 것이다. 우리는 한편으로 디지털 기술의 본질적 특성과 효용의 측면을 인식하면서, 다른 한편으로는 그것의 부정적 속성을 파악하고 대안을 제시해야만 하는 복합적인 시대에 살고 있는 것이다.

이와 같은 디지털 시대의 특성에 주목한 문학 연구는 외국에서 처음 시작되었으나, 아직도 논의가 전개 중인 분야이기에 우리나라의 경우와 외국의 양상을 비교하여도 크게 우월을 논하기는 힘들다는 것이 일반적인 견해이다. 오히려 인터넷 문학이나 게임 서사 이론 등의 분야는 우리나라에서 더 활발하게

22 같은 글, 343쪽.

논의가 전개되고 있다. 외국 연구자들이 한국의 인터넷과 무선통신 보급률에 주목하면서 우리나라를 가장 선구적인 디지털 사회 모델로 평가하고 있는 상황이니 그를 기반으로 한 문학 연구 역시 사정이 크게 다르지는 않다는 것이다.

한국문학에서 디지털 시대를 맞아 변화하는 문학 환경을 논의하거나 디지털 기술에 대응하는 문학 작품의 창작 필요성을 언급한 글들이 발표되기 시작한 것은 1990년대 초반의 일이다. 특히 소설의 경우에는 하이퍼텍스트 소설을 비롯해 버추얼 리얼리티와 판타지 소설, 디지털 스토리텔링 등에 관한 논의가 꾸준히 전개되어 왔다. 이와 함께 국내 작가들의 출판물 형태의 소설 작품은 물론 컴퓨터 통신망에 등록된 온라인 작품이나 외국 소설가의 작품들도 적잖이 분석되었다.

그러나 시의 경우에는 사정이 다르다. 디지털 문학 환경에 대한 반복적인 이론 전개에도 불구하고 그것을 뒷받침하는 구체적 작품 분석은 매우 미흡한 실정이다. 이론의 확대 재생산 또는 반복 재생산과 실제 작품 분석의 빈곤이야말로 디지털 시대를 맞은 한국 현대시 연구의 현주소라 할 수 있다.

이 같은 사정을 고려할 때, 디지털 시대와 관련한 현대시 연구에서 특히 강조해야 할 것은 이론적 정의와 실제 작품 분석이 상호 소통할 수 있는 연구 방법이다. 이와 함께 특정 시인·작품에 대한 논의나 개별 주제론의 범위를 넘어서는 통합적인 연구의 필요성 역시 반드시 언급해야 한다. 지금 우리가 속해 있는 디지털 시대의 의미 맥락을 따지고 한국 현대시의 변화와 대응을 종합적인 시각에서 고찰하는 연구가 절실히 요청되는 시점인 것이다.

이 책의 전반부에서 디지털 기술의 적극적 수용에 따른 현대시의 변화 양상을 검토하고, 아울러 후반부에서 디지털 기술이 일상화된 현실에 대한 한국 현대시의 대응을 실제 작품 분석을 통해 종합적으로 고찰하려는 것은 바로 이러한 맥락 때문이다. 더 나아가 이 책은 디지털 혁명이라는 변혁의 시기에 한국 현대시의 새로운 정체성을 모색하려는 연구 작업의 하나이기도 하다.

구체적으로 이 책에서는 디지털 기술이 현대시에 작용하는 두 측면을 고려하여 본론을 크게 두 부분으로 나누었다. 제1부 '디지털 기술은 현대시를 어떻게 변화시키는가'에서는 디지털 기술을 시 창작과 수용의 새로운 방법론으로 받아들여 현대시의 변화를 모색한 사례들을 검토하고, 제2부 '현대시는 디지털 기술에 어떻게 대응하는가'에서는 디지털 기술의 일상화에 따른 현실의 문제점들에 대한 현대시의 대응 양상을 실제 작품 분석을 통해 고찰하는 방식을 택했다. 지금 우리 앞에 부정의 위험성과 긍정의 가능성이라는 이중의 속성을 함께 드러내고 있는 디지털 기술의 진면목을 파악하기 위해서는 양면의 고찰이 모두 필요하다고 판단하기 때문이다.

이 책에서 분석 대상 텍스트는 해당 작품이 잡지에 처음 발표되었더라도 나중에 시인이 시집을 출간한 경우에는 시집에 실린 것을 기본으로 삼았다. 다만, 문학 작품이 창작되고 수용되는 현장성을 강조할 필요가 있다고 판단될 때에는 해당 작품이 처음 발표된 지면의 것을 기본 텍스트로 확정했다. 또한 참고 문헌 가운데 번역서인 경우, 원저와 번역서 발간 사이에 유의미한 시차가 있을 때에는 원저의 간행 연도를 책제목 뒤의 괄호 안에 덧붙여 적었음을 밝혀 둔다.

제 1 부

디지털 기술은 현대시를 어떻게 변화시키는가

디지털 기술을 수용한 새로운 흐름의 작품들이 한국문학에서 본격적으로 그 모습을 드러낸 것은 1990년대 초반부터다. 텍스트 위주의 PC 통신망을 통해 확산된 판타지 문학을 시발로, 세계에서 그 유례를 찾아볼 수 없을 만큼 급속하게 보급된 초고속 인터넷에 맞물린 웹진, e-북 등의 용어도 어느새 낯설지 않게 되었다. 또한 인터넷 웹사이트에 기반을 둔 문학 창작 활동과 온라인 강의 역시 가상현실로서의 온라인 공간 특유의 장점을 내세우며 그 영역을 넓혀 가는 추세이다.

그런데 디지털 기술이 시인과 작가들에게 실질적인 영향을 준 것은 무엇보다 글쓰기 도구와 방식의 측면에서다. 원고지에 손으로 써 내려가던 기존의 방식에서 컴퓨터라는 디지털 기계를 사용함으로써 겪게 된 변화는 단순히 물리적인 필기도구 교체라는 의미 영역에 머물지 않는다. 이는 시 쓰기 주체의 문제로까지 확대된다.

제1부에서는 컴퓨터로 시 쓰기와 이에 따른 시 쓰기 주체의 문제를 실제 작품 분석을 통해 먼저 살펴보려 한다. 그 다음, 시의 언어로 진입하고 있는 디지털 언어의 일면을 조명할 것이다. 여기서 더 나아가 시 쓰기는 물론 시 읽기까지 모두 컴퓨터 모니터 속에서 이뤄질 때, 컴퓨터는 비로소 디지털 방식의 시 창작과 수용의 도구로서 자신의 특성을 온전히 드러낼 것으로 기대된다. 하이퍼텍스트시와 멀티미디어시를 다룬 부분이 이에 관한 논의에 해당한다. 마지막으로, 인터넷으로 대변되는 디지털 공간에서 검색한 정보를 시 쓰기와 시 읽기에 이용하는 최근의 사례 역시 현대시의 주목해야 할 변화 양상으로서 고찰할 것이다.

1. 컴퓨터로 시 쓰기, 혹은 컴퓨터가 시 쓰기

1.1. 글쓰기 도구의 통합체로 등장한 컴퓨터

만년필이나 타자기 대신 컴퓨터를 사용해 글을 쓰는 문인들이 한국 문단에 나타나기 시작한 것은 1980년대 후반부터다. 컴퓨터 같은 첨단의 기기와 쉽사리 친숙해지지 못하는 것이 문인들의 일반적인 성향임을 고려한다면, 당시의 문인들이 시커먼 컴퓨터 모니터 앞에 앉아 서투르게 키보드의 글쇠를 하나하나 눌러 나가는 광경을 머리에 떠올리는 것만으로도 이른바 디지털 시대의 변화된 문학 환경을 실감할 수 있을 것이다.

실제로 당시의 문인들에게는 누군가 만년필을 버리고 컴퓨터를 이용해 글을 쓰기 시작했다는 사실 자체가 하나의 문학적인 고려 대상이 된 듯하다. 이 점을 잘 보여 주는 것이 불문학자이자 평론가인 김현이 1989년 12월 7일에 쓴 다음과 같은 글이다.

> 『현대소설』 창간호에 실린 서정인의 사진을 보고, 나는 그의 문체의 비밀 하나를 알게 되었다. 짧은 단문으로 되어 있으나, 때로 요설로 느껴지는 서정인 문체의 비밀 중의 하나는 컴퓨터에 있다.[23]

컴퓨터로 글을 쓴다는 것이 단순히 필기도구의 교체만을 의미하는 게 아니라는 점을 김현은 직관하고 있다. 짧은 단문으로 이어지는 서정인의 글이 간결한 느낌을 주는 것이 아니라 오히려 수다스럽게 읽힌다는 점, 평론가 김현에게는 이 사실이 서정인 문체의 큰 비밀로 인식되었던 듯하다. 김현은 한 문학잡지의 권두 화보에 맞쪽으로 실린 서정인의 사진[24]을 보고 나서야 글쓰기 도구가 문체에 영향을 줄 수 있다는, 당시로서는 매우 낯설고 새로운 사실을 알아냈던 것이다.

1989년 겨울 『현대소설』 창간호의 권두 화보에 실린 소설가 서정인과 그의 컴퓨터. 이 사진에서 컴퓨터는 소설가와 거의 대등한 위치를 차지하는 글쓰기의 공동 주역으로 부각되어 있다.

이에 앞서 김현은 서정인의 작품집 『강』에 해설을 붙인 적이 있다. "서정인 소설의 가장 큰 특색은 그의 문체이다."[25] 첫 문장을 정언적 명제로 써 놓고 서정인 문체의 몇 가지 특성을 논하면서도, 정작 김현은 이 글에서 '짧은 단문과 요설체 사이의 비밀'을 언급하지 않는다. 그 비밀을 풀어내기까지 10여 년의 시간이 걸렸고, 비밀의 열쇠는 컴퓨터와 함께 찍은 서정인의 사진 한 장이었던 셈이다.

컴퓨터라는 기계에 대해 김현이 처음부터 긍정의 태도를 보였던 것은 물론 아니다. 그는 일곱 달 전인 1989년 5월 12일의 일기에, "기계는 때로 견딜 수 없이 사람을 피곤하게 한다. 며칠 내내 컴퓨터에 매달려 있었는데, 오늘에야

23 김현, 『행복한 책읽기 : 김현의 일기 1986–1989』(문학과지성사, 1992), 282쪽.
24 강운구 사진, 「한국의 작가 1 : 서정인」, 『현대소설』, 1989. 겨울, 8–9쪽.
25 김현, 「세계 인식의 변모와 의미」, 서정인, 『강』(1976), 재판(문학과지성사, 1996), 305쪽.

겨우 그것에서 해방되었다. 정과리 선생 덕이다"[26]라고 적어 놓았다. 컴퓨터의 작동 원리는 모르는 채 다른 이의 도움을 받으며 그것을 이용하는 사정을 김현은 '끔찍한 일'로 받아들인다. 그러면서도 그는 이런 말을 남긴다. "기계를 만진다는 것은 이중의 심리적 끌림을 의미한다. 혐오와 매혹을. 언젠가는 이 불필요한 기계들을 부숴버리겠다. 그러나 나는 내가 결코 기계들을 부숴버리지 못하리라는 것을 잘 알고 있다."[27] 실제로 김현은 1990년 타계하기까지 마지막 2-3년 동안 컴퓨터에 빠져 그것을 애용했다고 한다.[28] 컴퓨터라는 디지털 기기가 한국 문단에 보급되던 초창기를 장식한 이 삽화를 우리는 디지털 시대의 도래와 문학 환경의 변화를 함축적으로 보여 준 일종의 파라텍스트로 읽어도 좋을 듯하다. 그것은 디지털 기술에 대한 혐오와 매혹으로 요약될 것이다.

디지털 기술이 집적되어 있는 컴퓨터는 의미심장하게도 지금까지의 글쓰기 방식이나 도구들이 지녔던 속성들을 통합해서 보여 주는 측면이 있다. 컴퓨터 모니터는 마치 기원전에 사용되던 두루마리처럼 화면 속의 내용을 상하로 움직이며 보여 준다. 그러다가도 사용자가 특정한 조작을 가하면 마치 한 장의 양피지나 종이처럼 단일 화면을 만들어 보여 주는 기능도 있다. 컴퓨터는 또 칠판처럼 언제든지 지웠다가 새로 쓰는 것이 가능하다. 컴퓨터의 경우에는 물론 분필 가루를 날릴 걱정이 없다. 컴퓨터는 타자기처럼 자판을 두드려서 글자를 입력한다. 그러나 굳이 원한다면 깃펜이나 붓, 만년필의 경우처럼 손으로 글자를 써서 입력해도 된다. 디지타이저라는 입력 장치와 문자 인식 프로그램 덕분이다. 여기서 끝나지 않는다. 타자기를 대체했던 워드프로세서처럼 컴퓨터는

26 김현, 『행복한 책읽기 : 김현의 일기 1986-1989』(문학과지성사, 1992), 215쪽.
27 같은 책, 216쪽.
28 이인성, 「죽음을 응시하는 삶-읽기와 삶-쓰기」, 김현, 앞의 책, ⅴ쪽.

입력된 내용을 자유로이 수정, 편집할 수 있다. 딱딱하고 차가운 기계인 워드프로세서를 무형의 소프트웨어로 만들어 아예 통째로 제 기억 장치 속에 내장하고 있기 때문이다.

컴퓨터는 이처럼 여러 시대에 걸친 다양한 방식의 글쓰기 도구를 압축하고 있다. 하지만 종이 위에 출력된 인쇄물을 최종 목표로 한다는 측면에서 보자면 기계를 통한 입력과 출력을 동시에 수행한 첫 글쓰기 도구인 타자기의 연장선 위에 놓여 있는 것도 사실이다.

1.2. 최초의 글쓰기 기계인 타자기를 향한 열망과 실망

1960년대의 공병우 타자기 광고. '손으로 글자를 쓰던 시대는 지났다'는 내용의 광고 문안이 말 그대로 시대를 앞서가고 있음을 볼 수 있다.

우리나라에서 최초의 한글 타자기는 1914년 재미 교포 이원익이 영문 타자기에 한글 글쇠를 붙여 만든 타자기라고 알려져 있다. 이 타자기는 그러나 일반에 보급되지 않았다. 더구나 우리말과 글마저 빼앗기는 일제 식민지 상황에서 한글 타자기는 더 이상 세상에 나오지 못했다. 그러다가 해방 후에 송기주 등 여러 사람들의 고안을 거쳐, 1950년 3월 공병우가 한국과 미국 정부의 특허를 받은 한글 타자기를 개발해 낸다. 이것이 실제로 보급된 한글 타자기의 시초이다.[29] 이로부터 7년 후, 한국 현대시사에서는 타자기라는 새로운 문명의 기기가 작품 속에서 선명하게 부각된

다음과 같은 시편이 발표되기에 이른다.

오늘도
성난 打字機처럼
疾走하는 國際列車에
나의
젊음은 실려 가고

보라빛
애정을 날리며
傾斜진 街路에서
또다시
太陽에 젖어 돌아 오는 벗들을 본다.

옛날
나의 祖上들이
뿌리고 간 說話가
아직도 남은 거리와 거리에

不安과
禮節과 그리고
恐怖만이 거품 일어

꽃과 太陽을 등지고
가는 나에게
어둠은 빗발처럼 내려 온다.

29 김정흠, 「우리말 機械化의 어제·오늘·來日」, 『국어생활』 11호(국어연구소, 1987. 겨울), 12-13쪽.

또다시
먼 앞날에
墜落하는 愛情이
나의 가슴을 찌르면

거울처럼
그리운 사람아
흐르는 氣流를 안고
透明한 아침을 가져 오리.

—김경린, 「國際列車는 打字機처럼」 전문
(김경린 외, 『現代의 溫度』, 도시문화사, 1957, 20-22쪽)

이 시의 제목에서부터 김경린이 강조하는 것은 '국제열차'와 '타자기'이다. 국제열차는 세계성과 과학 문명을 표상한다. 그것을 시인은 '성난 타자기'에 비유한다. 질주하는 열차를 성난 타자기라고 표현한 것을 두고, 기차와 타자기를 유사성의 원리에 따라 연결하는 직유의 수준을 넘어서지 못했다고 비판할 수도 있겠다. 하지만 이 작품이 발표될 당시에는 사정이 달랐다. 제목과 본문에 등장하는 '국제열차'나 '타자기' 같은 시어 자체가 대단히 생경했기 때문이다. "氏에게 있어서 客觀的인 것이라고는 科學文明的인 用語뿐이다"[30]라는 지적이 나올 정도였다. 이런 시각에서 보자면, 이 작품은 낯선 표현법으로 전후의 불안과 암담함을 표출하려 한 점은 인정되지만 현실에 대한 인식이 피상적인 수준에 그침에 따라 일정한 한계를 드러내는 것도 사실이다.

30 최일수, 「反省하는 現代詩 : 안소로지 『現代의 溫度』의 境遇」, 상, 『현대문학』, 1957. 6, 207쪽.

하지만 이 시에서 시인이 강조하는 미학은 이방인의 불안이나 군중 속의 고독 같은 것이라기보다는 도시의 활력이나 변화, 역동성이라는 해석도 가능하다.[31] 이에 의하면 국제열차와 타자기는 이 작품에서 신문물에 대한 시인의 경도를 표나게 드러내는, 달리 말하자면 과시하는 매체이다. 당시로서는 아직 일상용어가 되지 않은 생경한 시어들을 작품 안으로 끌어들이는 것 자체가 이 시인의 시적 전략이었을 것이다. "幾何學·工學 등의 용어와 觀念的 漢字語를 사용하여 작품의 분위기를 現代感覺으로 채색하는 경향이 있다"[32]는 언급은 일찌감치 이런 맥락을 짚어 낸 것이라 할 수 있다.

타자기는 이 시에서 "國際列車는 打字機처럼"이란 제목이나 "성난 打字機처럼/疾走하는 國際列車"라는 본문의 수사적 차원에서 보자면 비유 체계의 보조관념으로 사용된 것에 불과하다. 그러나 타자기의 의미 맥락은 여기서 그치지 않는다. 타자기는 국제열차를 꾸미는 수사적 차원의 보조관념을 넘어 이 작품 전체의 의미 맥락에 관여하기 때문이다. 타자기는 서구의 새로운 문명을 대신하는 하나의 상징으로 작용한다.

그런데 바로 이러한 이유 때문에 이 시에 등장한 타자기는 글쓰기 도구라는 본래의 목적으로 인식되지 않는다. 타자기가 글을 쓰는 수단이라는 사용가치 그 자체로서 인식되지 않는 것은 당시 이 시에만 국한된 특성이 아니다. 이 시의 앞뒤로 발표된 다른 시인들의 작품에서도 사정은 크게 다르지 않다.

i) 孤獨 속에서는
낡은 書籍이 풍기던

31 이승훈, 『한국 모더니즘 시사』(문예출판사, 2000), 194쪽.
32 정한숙, 『현대한국문학사』(고려대학교출판부, 1982), 275-276쪽.

곰팽이 내음새가 풍겼다.

벗은
타이피스트 아가씨 처럼
輕快한 솜씨로
無限한 詩를 써갔다.

먼 時間의 經過 뒤에 오는
疲困과 같은 哀愁.

埠頭가에서는 지금쯤
하얀 마스트가
맥없이 기빨을 내리고 있으리.

숫한 어저께들 처럼
검은 空間을 기웃거리는
1953年의 얼골 얼골들.

—김규동, 「눈나리는 밤의 詩」 부분
(『나비와 廣場』, 산호장, 1955, 103-104쪽)

ii) 종일
타이피스트의 어깨너머
金屬活字가 고무 롤러를 두들기는 소리

品種別 리스트
價格別 리스트
導入月別 리스트
지금 쯤 항구에는

援助物資를 積載한
리버티型
빅토리型
머리이너型
거무첩첩한 貨物船들이
거만한 제수추어처럼 윈취를 휘두르고

碇泊時間
계집들은
선원들의 밀수약속을 믿으며
麥酒를 딴다.

—민재식, 「未完成失題」 부분(『贖罪羊』, 사상계사, 1960, 37-38쪽)

작품 i)에서는 언뜻 타자기가 시를 쓰는 행위와 밀접하게 연관되어 있는 것처럼 보인다. "벗은/타이피스트 아가씨 처럼/輕快한 솜씨로/無限한 詩를 써갔다"는 구절 때문이다. 그러나 이 구절을 더 찬찬히 들여다보면, 시 쓰기와 타자기 사이의 관련은 시적 자아의 주관적 느낌에 한정된다는 사실이 금방 드러난다. 시인 자신의 시 쓰기가 아니라 시인의 친구가 보여 주는 가벼운 시 쓰기가 타이피스트의 속도감 있는 타자 솜씨와 오버랩되어 있을 뿐이다. 이 기법은 오히려 이 시 전체의 분위기를 더 무겁게 가라앉힌다. '낡은 서적이 풍기는 곰팡이 냄새'가 그득한 시적 자아의 내면과 타자기의 경쾌함이 대비되기 때문이다. 인용 부분의 마지막에서 드러나듯 시적 자아는 한국전쟁 후의 피폐하고 어두운 분위기에 젖어 있다. 그 국면을 전환해 줄 유일한 통로로 짐작되는 항구마저 선박들이 "맥없이 기빨을 내리고" 있는 모습으로 묘사될 따름이다.

항구에 관해서 말하자면 ii)는 분명 i)과는 다르다. ii)에서 항구는 각종 원조

물자들이 갖가지 형태의 화물선에 실려 들어오는 통로이기 때문이다. 그 원조물자에 대해 서로 다른 종류의 리스트가 존재한다는 사실 자체가 이미 i)의 경우와는 차별화된 규모를 보여 준다. 그러나 타자기에 관해서 말하자면, ii)에서도 크게 달라진 점은 없다. 타자기는 여전히 시인 자신의 글쓰기 도구가 아니기 때문이다. 다른 점을 굳이 찾아내자면 ii)에서는 타자기라는 대상이 시적 자아에게 더 클로즈업되어 있다는 사실 정도이다. "金屬活字가 고무 롤러를 두들"긴다는 기계적 원리의 발견이 바로 그것이다. 이 시인은 아마도 "타이피스트의 어깨너머"로 타자기를 실제로 관찰했을 것이다. 그러나 이 경우에도 타자기는 시인의 필기도구가 아니라 타이피스트가 사용하는 신기한 사무기기라는 사실에는 변함이 없다.

그도 그럴 것이 당시 타자기 보급 수준은 1961년이 되어서야 비로소 정부가 공문서를 타자기로 작성할 것을 의무화한 정도에 불과했다. 1963년에는 문교부가 실업 교과목의 하나로 '타자'를 배정했고, 1969년에는 외환은행이 타자기 사용 능력이 우수한 여자상업학교 졸업생 50여 명을 특별 채용했다는 기록이 있다. 이로부터 타자기 사용 교육이 활성화되어, 1979년에는 서울여자상업고등학교에서 타자기를 개인 장비로 지정하여 재학생의 3분의 1에 해당하는 1천여 명이 타자기를 사용했다고 한다.[33] 이런 과정을 거치면서 타자기는 점차 공적인 사무기기에서 사적인 글쓰기 도구의 영역으로 진입하기에 이른다.

개인적인 글쓰기 도구로서 타자기를 갖고 싶다는 간절한 열망을 가장 인상 깊게 표현한 작품을 한국문학을 통틀어서 꼽는다면, 아마도 다음 작품이 단연 첫 후보작이 될 것이다.

33 김정흠, 「우리말 機械化의 어제·오늘·來日」, 『국어생활』 11호(국어연구소, 1987. 겨울), 14-15쪽.

> 내 나이 열아홉 살, 그때 내가 가장 가지고 싶었던 것은 타자기와 뭉크화집과 카세트 라디오에 연결하여 레코드를 들을 수 있게 하는 턴테이블이었다. 단지, 그것들만이 열아홉 살 때 내가 이 세상으로부터 얻고자 원하는, 전부의 것이었다.
>
> —장정일, 「아담이 눈뜰 때」
> (『아담이 눈뜰 때』, 미학사, 1990, 9쪽, 123쪽)

소설의 시작과 끝에서 동일하게 반복되는 이 대목에서 작중화자는 이 세상으로부터 얻기를 원하는 전부를 말하고 있다. 타자기와 뭉크화집, 턴테이블이 그것이다. 이 작품은 열아홉 살인 작중화자가 재수를 하는 1년 동안 그 세 가지를 어떻게 가지게 되었는가를 회상하는 이야기이다. 모든 사건을 추동해 가는 세 가지 모티프인 타자기와 뭉크화집, 턴테이블은 각각 문학, 미술, 음악이라는 예술의 존재 방식과 연결된다. 여기서 타자기는 더 이상 낯선 서구 문명을 지시하는 비유 차원의 매개물이 아니다. 이제 타자기는 문학적인 글쓰기를 실현하는 일상의 도구로 진입한 것이다.

장정일의 경우에 한정해서 말한다면, "열다섯 살,/하면 금세 떠오르는 삼중당 문고/ […] /나 죽으면/시커먼 뱃대기 속에 든 바람 모두 빠져나가고/졸아드는 풍선같이 작아져/삼중당 문고만한 관 속에 들어가/붉은 흙 뒤집어쓰고 평안한 무덤이 되겠지"(「삼중당 문고」, 『길안에서의 택시잡기』, 민음사, 1988, 11–14쪽)라고 노래한 '삼중당 문고'는 그의 글 읽기의 전부이고, 앞서 언급한 '타자기'는 그의 글쓰기의 전부라 하겠다.

이어서 살펴볼 시는 씌어지지 않는 작품 한 편을 붙들고 밤새워 씨름하는 시인의 시 쓰기 과정 자체를 본문으로 끌어들인 작품이다. 이때 시인이 시를 쓰는 필기도구는, 바로 앞의 「아담이 눈뜰 때」에서 작중화자가 그토록 갖고 싶어 하던 바로 그 '타자기'이다.

길안에 갔다.
길안은 시골이다.
길안에 저녁이 가까워 왔다. 라고
나는 썼다. 그리고 얼마나
많이, 서두를 새로 시작해야 했던가?
타자지를 새로 끼우고, 다시 생각을
정리한다. 나는 쓴다.

　길안에 갔다.
　길안은 아름다운 시골이다.
　그런 길안에 저녁이 가까워 왔다.
　별이 뜬다.

이렇게 쓰고, 더 쓰기를
멈춘다. 빠르고 정확한 손놀림으로
나는 끼워진 종이를 빼어,
구겨 버린다. 이놈의 시는
왜 이다지도 애를 먹인담. 나는
테크놀러지와 자연에 대한 현대인의
갈등을 추적해 보고 싶다. 종이를 새로
끼우고, 다시 쓴다.

　길안에 갔다.
　길안에서 택시를 기다린다.
　길안에 택시가 오지 않는다.
　모든 도시에서 나는 택시를 잡았었다.
　그러나 길안에서 택시잡기 어렵다.

쓰기를 다시 멈춘다. 너무 딱딱하지

않은가? 모든 문장이, 다.
로 끝나는 것이 이상하게도 번역투의
냄새를 풍긴다. 그렇지 않아도
나는 그런 지적을 많이 들었지 않은가?
쓰던 종이를 빼어 구기고, 한 장의 종이를
다시 끼웠다. 나는 쓴다.

—장정일, 「길안에서의 택시잡기」 부분
(『길안에서의 택시잡기』, 민음사, 1988, 86-87쪽)

이 시의 전문은 21연 173행으로 매우 길다. 이 시는 크게 두 부분으로 나뉜다. 먼저, 들여쓰기한 부분으로, 작품 속의 시인이 타자기를 사용해 시를 써 나가는 내용이 그대로 삽입된 것이다. 나머지는, 시 쓰기의 사고 과정과 행위 자체를 기록한 바탕글 부분이다. 이렇게 이 시는 바탕글과 들여쓰기 부분이 교차되면서, 시 쓰기에 대한 시를 이뤄 나가는 구조이다. 작품 안에서 시인은 밤을 새워 가면서도 시 한 편을 완성하지 못하는데, 그 과정을 기록한 이 작품은 아이러니컬하게도 완결된 형식을 취한다. 문학 예술 작품을 두고 우리가 보통 '완결되었다'고 말하는 것이 실은 내용의 완성이 아니라 형식의 완결에 불과하다는 점을 이 시는 교묘히 드러내고 있는 셈이다.

시인은 이 작품의 바탕글 부분에서 "테크놀러지와 자연에 대한 현대인의/갈등을 추적해 보고 싶다"는 의도를 밝혀 놓았다. 들여쓰기 부분의 작품을 통해서 시인이 보여 주려는 것도 바로 이런 주제 의식이다. 그런데 시야를 더 확대하면, 바탕글과 들여쓰기 부분을 포함한 이 작품 전체를 쓰고 있는, 작품 바깥의 시인이야말로 이른바 테크놀로지라는 것과 미묘한 갈등을 겪고 있다는 사실이 드러난다. 이를 단적으로 시사하는 것이 '길안에서의 택시 잡기'라는 이 시의 기본 설정이다.

이 시에서 '길안'은 시인이 작품 끝의 주석에 적어 두었듯, 경상북도 안동에 실재하는 면소재지의 이름이다. 번화한 도시가 아니라 한적한 면소재지를 작품의 무대로 설정한 이유를 시인은 이렇게 밝혀 놓았다. "아름다운 길안의 시골 풍경을 묘사한 다음/택시가 서지 않는 곳에서 택시를 기다리는/여행자의 자신만만한 모습을 묘사해 내야 한다." 다시 말하면, 길안은 택시가 서지 않는 촌구석이고, 여행자는 그럼에도 불구하고 자신만만한 모습으로 거기에서 택시를 기다려야 한다. 애당초 이치에 맞지 않는 설정이라는 점을 금방 알아챌 수 있다. 시인의 내면에서 일어나고 있는 갈등 요소들을 상정해야만 비로소 이런 불합리한 점들이 시적 의미망을 형성하게 된다. 또한 시인의 내면을 제대로 읽기 위해서는 시집에 실린 다른 작품들까지 논의를 확장해야 한다.

> 오지 않는 택시는 머리 속에 든 택시.
> 머리 속의 택시가 밖으로 튀어나오려는 듯
> 그의 이마에 주름살이 잡혀도 택시는 오지 않고,
> 얼마만한 시간이 흘렀을까.
> 검은 슈트케이스를 든 채 하염없이 기다리고 있던
> 여행자는, 등에 짊어진 지게를 잠시 내려놓고
> 곰방대를 피우는 길안의 농부를 본다, 그 농부가 말했다.
> 무얼 기다리는지는 모르겠지만 그 무거워 보이는 가방은
> 내려놓구 기다리시우.
>
> 아닙니다. 택시는 언제 어느 순간 내 앞에 이를지 모르고
> 나는 그 순간을 준비해야 합니다.
>
> —장정일, 「가방을 든 남자」 부분
> (『길안에서의 택시잡기』, 민음사, 1988, 95-96쪽)

이 작품에 나오는 여행자는 여러 정황으로 미루어 「길안에서의 택시잡기」의 여행자와 같은 인물이라고 보아도 큰 무리가 없다. 이 시가 제공하는 중요한 단서는, "오지 않는 택시는 머리 속에 든 택시"라는 구절이다. 여행자가 애타게 기다리고 있는 '택시'는 그러니까 외부 세계에 객관적으로 존재하는 대상이 아니었다는 것이다. '택시'는 시인의 바깥 저쪽에서 시인을 향해 오는 것이 아니라, 오히려 시인의 머리 속에서 밖으로 튀어나와야 하는 어떤 것이다. '길안'이라는 지명이 실재한다는 시인의 주석은 그러니까 독자를 혼란에 빠뜨리기 위한 시적 장치가 되어 버린다. 여기서 다른 구절, "택시는 언제 어느 순간 내 앞에 이를지 모르고/나는 그 순간을 준비해야 합니다"라는 부분까지 더 참고하면, 시인이 말하고 있는 '택시'가 다름 아닌 '시적 영감'이라는 사실을 짐작할 수 있다. 시인은 지금 씌어지지 않는 시를 붙들고 밤새워 가며 좋은 생각이 떠오르기를 기다리고 있다. 그 기다림의 기록이 바로 「길안에서의 택시잡기」라는 작품인 것이다.

그런데 위에 인용한 「가방을 든 남자」에서 길안의 농부가 여행자에게 건넨 말 한마디가 우리에게는 아직 해석되지 않은 채 남아 있다. 그 농부는 이렇게 말했다. "무얼 기다리는지는 모르겠지만 그 무거워 보이는 가방은/내려놓구 기다리시우." 여행자가 무엇을 기다리는가 하는 문제는 앞에서 해결되었다. 남는 문제는, '그 무거워 보이는 가방'이다. 시인이 미련스럽게 손에서 놓지 않으려는 그 가방, "슈트케이스"가 가리키는 것은 대체 무엇일까? 「가방을 든 남자」에서 여행자가 대답하는 부분을 다시 읽어 보자. "택시 [시적 영감] 는 언제 어느 순간 내 앞에 이를지 모르고/나는 그 순간을 준비해야 합니다"(대괄호 안은 인용자 추가) 이 대목을 참조하면, 그 무거워 보이는 가방은 시적 영감을 곧바로 붙잡아 두기 위한 어떤 도구라는 사실을 어림쳐서 헤아릴 수 있다. 그것이 구체적으로 무엇인가를 다음 작품을 통해 밝혀 보자.

늦은 조반을 들고 나서 시인 장정일씨는 잠옷 바람으로
새장 같은 시영아파트 505호에서 처연히 바라봤다
꼬부랑 노인들이 걸음마 배우는 어린 손자 손을 잡고
철 지난 바닷가의 갈매기처럼 오르락내리락거리는
텅 빈 아파트 단지의 무료한 거리를.

그러다가 103동 커브를 돌아오는 검은 점을 보고서
시인 장정일씨 얼굴은 똥빛이 되었다
검은 가죽옷 껴입은 월부수금원이
검은 오토바이를 타고, 두 달 전에 10개월 월부로 구입한
현대의 한국문학(범한출판사 간, 32권. 12만 8천원)의
3분기 월부금을 받으러 오고 있었다.

기겁한 장정일 시인, 그는
빨리 도망가야겠다고 급히 옷을 챙겨 입었다.
그러다가 좋은 싯귀가 떠올라
흰 종이를 타자기에 끼우고 이렇게 두들겼다

월부수금원이 온다.
나는 죽음을 월부로 샀다.
월부수금원이 무섭다!

그리고 나서 문을 나서려는데
천천히 벨이 두 번 울렸다
(월부수금원도 벨을 두 번 울리나?)
보안경으로 보니 그 자가 살리에르처럼 검게 서 있다.

—장정일, 「조롱받는 시인」 전문
(『길안에서의 택시잡기』, 민음사, 1988, 73-74쪽)

다달이 나누어 내는 책값을 감당하지 못한 시인은 집으로 찾아오는 수금원을 피해 도망치려 한다. '시인 장정일 씨'가 난처한 지경에 빠진 것이다. 이 경우, 경제적인 능력 없이 덥석 책을 사 버린 시인이 세상으로부터 조롱받고 있다고 해석해도 적절해 보인다. 노인과 어린아이만 남아 있는 아파트 단지를 "처연히" 바라보던 시인의 체면이 말이 아니게 되었기 때문이다. 이렇게 위기에 처해 달아나려는 시인에게는 걸맞지 않게도, "좋은 싯귀"가 떠오른다. 독자들로서는 앞의 「가방을 든 남자」에서 여행자가 한 말, "아닙니다. 택시는 언제 어느 순간 내 앞에 이를지 모르고/나는 그 순간을 준비해야 합니다"라는 구절을 떠올려야 하는 순간이다. 시인은 자신이 처한 위급한 상황에도 불구하고 떠오른 생각을 기록으로 남기기 위해 다음 동작을 취한다. 그 장면이 이 시의 압권이다.

"흰 종이를 타자기에 끼우고 이렇게 두들겼다." 그 급한 상황에서 시인은 하필 타자기를 붙들고 앉은 것이다. 단 한 줄의 글을 쓰더라도 타자기가 아니면 안 된다는 집착이야말로 「길안에서의 택시잡기」에서 시인이 묘파하려던 것이 아닌가. "테크놀러지에/노예화됨으로써 테크놀러지를 이용할 수 없는/자연적인 상황에 부딪쳤을 때 보이는 현대인의/초조한 반응"을 이 작품에서 '시인 장정일 씨'가 독자들에게 직접 보여 주고 있는 셈이다. 그는 자신이 애지중지하던 타자기라는 테크놀로지로부터, 아니 그렇게 만든 자기 자신으로부터 스스로 조롱받고 있는 것이다.

여기서는 또한 「길안에서의 택시잡기」의 전체 작품 분량이나 들여쓰기한 부분의 작품을 쓰는 데 걸린 시간이 지나치다 싶게 길어진 것도, 타자기라는 글쓰기 도구의 특성과 관련된다는 점을 짚고 넘어갈 필요가 있다. 시인은 시를 완성하기 위해 타자기를 붙들고 씨름하면서 모두 일곱 차례 타자 용지를 갈아 끼운다. 그 퇴고 과정과 내용이 고스란히 작품에 반영된다. 이런 식이다.

그리고 얼마나
많이, 서두를 새로 시작해야 했던가?
타자지를 새로 끼우고, 다시 생각을
정리한다. 나는 쓴다.
[…]
테크놀러지와 자연에 대한 현대인의
갈등을 추적해 보고 싶다. 종이를 새로
끼우고, 다시 쓴다.
[…]
나는 그런 지적을 많이 들었지 않은가?
쓰던 종이를 빼어 구기고, 한 장의 종이를
다시 끼웠다. 나는 쓴다.
[…]
아름다운 길안의 시골 풍경을 묘사한 다음
택시가 서지 않는 곳에서 택시를 기다리는
여행자의 자신만만한 모습을 묘사해 내야 한다.
나는 종이를 빼어 구기고, 새로운 종이를
끼워, 이렇게 쓴다.
[…]
사실 구체적이지 않은 시는
내 자신이 질색이다. 지금껏 쓴 것을
빼어 버리고, 다시 종이를 끼운다. 그리고
구체적으로 쓸 결심을 한다. 나는 쓴다.
[…]

나는 한숨을 쉰다. 종이를 홱
빼어 던진다. 이놈의 시가 나를 골탕 먹이는군.
나는 테크놀러지 이용에 대한 이율배반의
모순성을 갈파하고자 한다.
[…]
이 밤 기어이, 길안에서의
택시잡기를 쓰고야 말겠다. 나는 무섭도록 새하얀
종이를 끼운다. 다시 쓴다.
[…]
여기까지 쓰자 아침이 밝고, 나는 세수를 하러 일어선다.
하룻밤 꿈을 꾼 듯. 밤샘한 어제가
어릿하다. 더운 물에 찬 물을 알맞게
섞는다. 생각이 떠올랐다.
물과 물이 섞인 자리같이
꿈과 삶이 섞인 자리는, 표시도 없구나!
나는 계속, 쓸 것이다.

매우 긴 인용을 통해 확연히 드러나는 것은, 타자기를 사용하는 시인의 시 쓰기에서 퇴고는 고쳐 쓰기가 아니라 다시 쓰기라는 점이다. 이는 타자기를 한 번이라도 사용해 본 사람이라면 금세 고개를 끄덕일 사항이다. 타자기를 이용한 글쓰기에서 한두 글자를 지우고 새로 쳐 넣는 일은 그런대로 가능하다. 하지만 문단 전체를 새로 쳐 넣거나 이쪽 문단을 저쪽 문단의 앞이나 뒤로 옮겨 넣는 일 따위는 도저히 할 수 없다. 아날로그 방식의 기계인 타자기의 결정적 한계이다. 이 한계가 시인의 시 쓰기 과정에 개입하고 있음을 그대로 보여 주는 것이 바로 위의 작품이다. 또 다른 시인의 말은 이 점을 더 분명히 해 준다.

일반적인 타자기와 달리 무진장 지웠다가 다시 쓸 수 있다는 컴퓨터의 기능에 나는 그만 매료되고 말았다. 나는 시를 쓸 때 보통 수십 장의 파지를 내는 게 습관처럼 굳어 버렸다. 그런데 컴퓨터는 얼마든지 많은 양을, 언제든지 고쳐 쓸 수 있는 기계였다. 글을 '쓸' 것인가, 글을 '칠' 것인가 하는 문제가 술자리의 안줏거리로 등장하기도 하던 시절에, 나는 서슴없이 글을 '치는' 쪽에 줄을 서 버렸다. 퇴고의 자유로움이 첫 번째 이유였다.[34]

글쓰기를 최초로 기계화한 타자기는 그 선구적 의의에도 불구하고 퇴고의 자유로움이라는 문인들의 절실한 요구를 충분히 들어주지 못함으로써 결정적 위기를 맞은 것이다. 워드프로세서 또는 워드프로세서 프로그램을 내장한 컴퓨터가 지배적인 글쓰기 도구로 등장하는 순간이다.

1.3. 시인을 부리기 시작하는 컴퓨터

지금까지 존재했던 모든 글쓰기 도구의 특징을 한데 압축하고 있는 컴퓨터는 수정, 편집 능력과 속도의 측면에서 타자기와는 비교할 수 없을 만큼 뛰어난 성능을 지닌다. 더구나 컴퓨터는 종이에 문자를 쳐 넣는 타자기와는 전혀 다른 방식으로 원고를 처리한다. 컴퓨터는 키보드를 통해 입력된 원고 내용을 비트 단위의 신호로 변환해 별도의 기억장치에 저장하기 때문이다. 컴퓨터로 글을 쓸 때 원고는 종이 위에 물리적으로 기록되는 것이 아니라 모니터 위에 유동적인 시각 정보로 존재한다. 그 중에서 내용이 확정된 것만 비트 신호로 변환되어 하드디스크나 USB 메모리 등의 매체에 저장된다. 디지털 방식으로 원고를 처리하는 컴퓨터의 등장은 타자기를 글쓰기의 역사 저편으로 밀어 버렸을 뿐 아니라, 문인들을 이전과는 전혀 다른 글쓰기 환경에 처하게 만들었다. 앞서

34 안도현, 「저무는 육필의 시대를 위하여!」, 『한겨레21』 474호(2003. 9. 4), 38쪽.

거론한 평론가 김현과 소설가 서정인의 경우는 이런 변화의 첫머리에 해당한다. 이후 컴퓨터는 점차 대표적인 글쓰기 도구로 자리를 잡아 간다. TV와 비디오, 컴퓨터 등 첨단의 매체에 특히 예민하게 반응한 한 시인은 컴퓨터를 다음과 같이 그려낸다.

—오늘 하루의 일과는?
—주식 시세, 일기 예보, 은행 잔고, TV 프로그램
신기철-신용철 새우리말큰사전과 동아 세계대백과사전
금박 장정의 브리타니카 사전까지 모조리 외고 있는
컴퓨터가 복잡한 생각을 내 대신 한다

—하재봉, 「비디오/나는 채널 0번을 본다」 부분
(『비디오/천국』, 문학과지성사, 1990, 64쪽)

컴퓨터의 쓸모는 이제 글을 입력하는 기계 수준에 머물지 않는다. 시인의 하루 일과를 개인 비서처럼 관리해 주고, 갖가지 일상 정보도 제공한다. 컴퓨터는 심지어 어학사전은 물론 여러 종류의 백과사전까지 내장하고 있다. 이쯤 되면 "컴퓨터가 복잡한 생각을 내 대신 한다"는 시적 자아의 진술이 허황하게만 들리지 않는다. 아닌 게 아니라 컴퓨터가 들어앉은 글쓰기의 자리에 정작 시인 자신은 빠져 있는 것처럼 보인다. 시인이 컴퓨터를 사용해 글을 쓰는 것이 아니라 컴퓨터가 시인을 부리고 있는 것은 아닌가? 이런 근본적인 물음이 자연스레 떠오른다.

나의 사유는 16비트 컴퓨터의 스위치를 올리는 순간부터 작동된다
모니터의 녹색 화면에 불이 켜지고
뇌하수체의 분비물이 허용치를 넘어 적신호가 울릴 때까지

키보드를 두드리는 나의 손은 검다
부화되지 못한 욕망과 도덕적 관점에서 비난받아 마땅할
내 개인적 삶의 흔적은
컴퓨터 파일 [삭제] 키를 누르기만 하면 사라진다
나의 하루는 컴퓨터 스위치를 올리는 것
그리고 끊임없이 기록하고 기억을 저장시키는 것
세계는, 손 안에 있다
나는 컴퓨터 단말기를 통하여 지상의 모든 도시와
땅 밑의 태양 그리고 미래의 태아들까지 연결된다
나의 두 눈은 환한 불을 켜고 있는 TV
나의 심장은 거대하게 돌아가고 있는 공장의 발전실
모든 것은 개인용 컴퓨터의 스위치를 올려야만 움직이기 시작한다
전기를 공급하는 것은 그러나 그대의 의지
나는, 내 몸 속으로 힘을 공급해주는 누군가에 의해 사육된다

—하재봉, 「비디오/퍼스널 컴퓨터」 전문
(『비디오/천국』, 문학과지성사, 1990, 13쪽)

첫 행 "나의 사유는 16비트 컴퓨터의 스위치를 올리는 순간부터 작동된다"를 원고지나 타자기 시대의 언어로 옮긴다면, "나는 원고지/타자기 앞에 앉아야 비로소 시상이 떠오른다"가 될 것이다. 이는 물론 오역이다. 마지막 행을 참고하지 않았기 때문이다. "나는, 내 몸 속으로 힘을 공급해주는 누군가에 의해 사육된다"고 시인은 고백한다. 이는 "컴퓨터가 복잡한 생각을 내 대신 한다"(「비디오/나는 채널 0번을 본다」)는 진술의 연장선상에서 해석해야 한다. 이들 작품에서 시적 자아는 컴퓨터를 사용해 글을 쓰거나 사유하는 것이 아니라, 컴퓨터가 사유하고 글을 쓸 수 있게끔 도와주는 일종의 시스템 관리자 역할에 머물고 있다.

시적 자아는 컴퓨터가 켜져야 비로소 하루 일을 시작할 수 있다. 그가 맡은 일이란 키보드를 통해 자신의 기억을 끊임없이 컴퓨터에 입력하거나 자신에게 불리한 기록은 '삭제' 키를 눌러 지우는 것이다. 그럼에도 그는 "세계는, 손 안에 있다"고 큰소리친다. "컴퓨터 단말기를 통하여 지상의 모든 도시와/땅 밑의 태양 그리고 미래의 태아들까지 연결"되어 있기 때문이다. 이 시가 발표될 당시에는 아직 인터넷이 보편화되지 않았으나, 시인은 마치 앞을 내다보듯 전 세계가 하나의 네트워크로 연결된 상황을 설정해 놓았다.

시적 자아가 자신의 존재를 묘사하는, "나의 두 눈은 환한 불을 켜고 있는 TV/나의 심장은 거대하게 돌아가고 있는 공장의 발전실"이란 구절은 거대한 정보화 메커니즘 속에서 자신도 모르는 사이 기계화된 인식 상태에 빠져드는 것에 대한 자의식의 경고로 해석된다. 이 경고를 표출하는 어조는 과장되어 있고 그 배경을 이루는 컴퓨터 기술 수준 역시 실제보다 앞서 나가 있는 것이 사실이다. 하지만 이 경고는 시인에게서 일상생활과 글쓰기와 컴퓨터가 서로 떼려야 뗄 수 없는 관계에 있다는 사실을 지시한다. 아울러 이런 정황을 비판적으로 인식하면서도 막상 컴퓨터로부터 벗어나지 못하는 시적 자아의 이율배반적인 심리 상태 역시 반영되어 있다고 보아야 한다. 이 시의 마지막 행에서 시적 자아를 사육하고 있는 '누군가'는 그러니까 정보화 사회의 메커니즘일 뿐 아니라 시인 자신의 욕망이기도 한 것이다.

하재봉 시인은 글쓰기 도구로서 컴퓨터의 보급 정도와 그 기술 수준을 과장하여 주로 선험적 상상력에 의지해 작품을 쓴 경우에 해당한다. 이에 비해 최근 시인들이 보여 주는 시적 상상은 보다 직접적인 경험에 바탕을 두고 있다. 그런 만큼 더 구체적인 사유의 전개 과정을 보여 준다.

시는 내 영혼을 살리는 극약
이미 나는 세상의 모든 시를 詩로 변환하는 마우스

그 친구 시집간대 하여도 그 친구 詩집?
그 사람 시건방지다 하여도, 그 사람 詩건방지다?
서울시 하여도 서울詩, 특별시 하여도 특별詩?
시원하다 하여도 詩원하다?
시인하였다고 하여도 詩인?

그리고는 시인을 정의한다

시인—영혼의 신대륙을 만드는 사람
詩人—시쳇말도 살려내는 어눌한 불한당
시인—스스로를 고용하여 스스로에 저항하며 스스로의 정신을 세우고 다듬는 CEO

시인, 1인 1기업가까지 생각하다가
시가 자본을 섬겼으면 국부론의 장과 절이 달라졌을 텐데 하다가
양은 사람을 잡아먹었어도
시는 시인이나 잡아먹었지 누굴 잡아먹은 적 있는가

詩퍼런 눈으로 다시 읽는, 詩而吾

—김은정, 「중독」 전문(『현대시학』, 2003. 8, 101-102쪽)

이 작품은 지금 이 시를 쓰고 있는 시적 자아에게 시란 도대체 무엇이며, 시인이란 어떠한 존재인가에 대한 다양한 사유를 보여 준다. 이런 부류의 작품들은 대개 진지한 어조와 상투어에 가까운 이미지들을 거느리기 십상인데,

이 시의 경우에는 양상이 다르다. 이 시는 경쾌한 언어유희를 바탕으로 자유로운 연상에 따라 시상을 펼쳐 나가고 있기 때문이다.

이 시에서의 언어유희는 "나는 세상의 모든 시를 詩로 변환하는 마우스"라는 선언을 통해 제대로 탄력을 받는다. 이 선언은 먼저, 이 시인이 볼펜이나 만년필을 사용해 시를 써 내려가는 것이 아니라 '혼글'이나 'MS 워드' 같은 컴퓨터 워드프로세서 프로그램을 이용해 시를 쓰고 있다는 경험적 사실을 알려 준다. 워드프로세서는 이 시인뿐 아니라 이 시대 대부분의 문인들에게 이공 계열 전문가들의 전자계산기만큼이나 필수 불가결한 도구가 되었다.[35] 이어서 나열되는 '시→詩'의 갖가지 자동 변환 사례들은, 단순한 말놀이의 차원을 넘어 '詩'가 시적 자아의 일상적 언어 습관은 물론 의식 세계까지 깊숙이 지배하고 있음을 드러낸다. 시적 자아는 '詩'라는 일종의 극약에 '중독'된 상태다. 그는 '詩' 없이는 살아갈 수 없다. 마지막 연의 "詩而吾"란 말놀이를 통해 표현되는, '시=나' 또는 '시와 나'라는 실존적 인식이 이런 사정을 단적으로 보여 준다. 아울러 시적 자아가 정의하는 진정한 시인이란, 자본의 자기 증식 논리를 대표하는 'CEO'가 아니라, "詩퍼런 눈으로" 자본의 비인간화를 감시해야 하는 '詩而吾'란 자각[36] 역시 이 시의 해석에서 빠뜨릴 수 없는 부분이다.

또한 이 시에서 "나는 세상의 모든 시를 詩로 변환하는 마우스"라는 선언은, 컴퓨터를 이용한 시 쓰기에서 키보드를 통한 낱소리 단위의 글자 입력 방식뿐만 아니라 마우스를 통한 프로그램 단위의 글자 처리 방식 역시 일반화되고 있음을 보여 주는 것으로 해석할 수 있다.

35 Michael Heim, *Electric Language : A Philosophical Study of Word Processing*, 2nd ed.(New Haven : Yale University Press, 1999), p.1. "The word processor is the calculator of the humanist."

36 김선태, 「물신 시대의 시와 시인」, 『현대시학』, 2003. 9, 42-43쪽.

우리가 컴퓨터 키보드를 쳐서 글을 쓸 때, 엄밀히 말해 우리들은 의미의 기본 단위인 단어를 통째로 입력하는 것이 아니다. 우리는 의미가 아니라 소리의 기본 단위인 음절을 다시 음소 단위로 나누어, 예컨대 "ㄴ, ㅏ, ㄴ, ㅜ, ㅇ, ㅓ"와 같이 자판을 두드린다. 이는 표음문자의 특성이다. 손으로 글을 쓸 때도, 타자기를 사용할 때도 이는 변함없는 글쓰기의 원리였다. 그러나 컴퓨터의 등장은 이 같은 표음문자식 글쓰기가 글쓰기 방식의 전부가 아니라는 사실을 우리 눈앞에서 증명해 준다.

지금 당장 컴퓨터를 켜고 '흔글' 워드프로세서 프로그램을 실행시켜 보자. 화면 위쪽에 다양한 '도구 상자'들이 보인다. 그 도구 상자들을 마우스로 누르는 것, 이제는 그것도 글쓰기 행위의 일부가 되었다는 말이다. 가령 「중독」의 시인이 그랬던 것처럼, '흔글' 프로그램에서 키보드로 "중독"이라 치고 나서 도구 상자 중에 '漢'을 마우스로 클릭해 보자. "중독" 대신 "中毒"이 입력될 것이다. 이는 간단한 예에 불과하다. 워드프로세서 프로그램을 설정하기에 따라, 도구 상자는 더욱 다양한 글쓰기 기능을 수행할 수 있다.

그래픽 사용자 인터페이스GUI라고 불리는 기술이 1984년 애플의 매킨토시 컴퓨터에 처음 도입된 이후, 이제는 널리 익숙해진 윈도우의 각종 아이콘들이 바로 워드프로세서 프로그램에서 사용되는 도구 상자의 모태이다. 컴퓨터의 윈도우 운영 체제에서 이런 아이콘을 누르는 것, 사실은 이것도 컴퓨터를 이용한 글쓰기의 일부이다. 그런데 최근의 한 시인은 자신의 컴퓨터 키보드에 있는 글쇠 하나를 작품 안으로 끌어들여, 그것을 아이콘으로 만드는 시도를 하고 있어 주목된다.

나는 X이다
탄생 격파 유사 인접 와류 파동 사랑 조정 이해 단절 횡단 분류 변증법 잡종 증상 현상 사물 통증 여백 분단 기원 기계 파열 순환 불멸 텍스트

환유: 한 번의 생략을 위하여
탄생—인계철선에 발이 걸려 먼지처럼 흩어진 남자의 흩어진 나날들 누혜는 눈이 없어요 155마일을 걸었을 뿐이에요
[…]
기원—유고 ← 슬로베니아 ← 보스니아-헤르체코비나 ← 세르비아 ← 크로아티아 ← 마케도니아 ← 티토 ← 오이디푸스
기계—머쉰이라는 말 참 좋아요 자의식이 없어서 좋아요 나는 라이팅 머쉰이에요 타이피스트죠 사장님은 하이힐과 미니스커트를 좋아해요

—장석원, 「끈—이론 게임: 26次元 宇宙에서 未知數 X에 어울리는 名詞는?」 부분(『애지』, 2003. 여름, 180-181쪽)

이 시는 제목과 부제목을 통해 독자들에게 하나의 게임을 제안한다. 26차원 우주에서 미지수 X에 어울리는 명사는? 이 문제에서 X의 값이 무엇인지 맞춰보라는 것이다. 이 문제는 일단 어렵게 느껴진다. 왜냐하면 이 문제는 무려 26차원 방정식에 해당하니, 모두 26개의 근을 찾아내야 하기 때문이다. 그런데 시의 본문을 읽어 나가다 보면, 이 시에서 내건 문제는 결국 미지수의 개수가 하나인 일원 방정식이란 점이 밝혀진다. 사실은, "나는 X이다"에서 X의 값을 구하는 것이 독자가 풀어야 할 진짜 문제이다.

그러고 보면 앞에 나온 '26차원 우주에서 미지수 X에 어울리는 명사는?'이란 물음은 뒤에 나오는 '나는 X이다'라는 문제의 힌트에 해당한다. 즉, 이 시의 본문에 제시된 '탄생'부터 '텍스트'까지 26개 부분의 진술 내용들을 "나는 X이

다"라는 문장의 'X'에 차례로 대입해 보자. 끈 이론string theory에서 만물의 최소 단위인 끈의 진동 형태에 따라 우주가 다르게 형성되듯,[37] 이 시에서도 미지수 X에 대입될 26개의 끈(본문의 "탄생—", "기원—" 등에서 '—' 기호는 각각 하나의 '끈'에 해당한다)이 지시하는 바에 따라 시적 자아인 '나'의 정체성이 달라진다. 이것이 퀴즈 게임 형식을 빌려 시인이 독자에게 다가선 까닭이다.

시인은 첫 번째 끈이 있는 '탄생' 부분에서, 오히려 죽음을 제시한다. 장용학의 단편소설 「요한 詩集」에서 모티프를 따 온 이 대목을 통해 시인은 거제도 포로수용소에서 진정한 자유를 찾기 위한 마지막 시도로서 철조망 말뚝에 목을 매어 자살한 '누혜'와 그의 시체에서 빼낸 눈알을 손바닥에 들고 해가 돋을 때까지 서 있으라고 다른 인물에게 명령을 내리는 폭압적 상황[38]을 독자에게 환기한다. 이런 설정을 통해, 가령 '나는 X=누혜이다'와 같은 답을 구할 수 있는 것이다.

'기원' 부분에서 시인은 컴퓨터 키보드를 작품 본문으로 끌어들이고 있다. 유고슬라비아 연방공화국의 초대 대통이었던 티토를 비롯해 연방에서 분리 독립한 6개 공화국을 [←] 키를 이용해 연결하고 맨 오른쪽에는 '오이디푸스'를 배치해 놓았다. 여기서 주목해야 할 것은 [←] 키의 쓰임이다. [←] 키는 표면적으로 기원으로부터 현상 쪽을 지시하는 것으로 보인다. 이때는 영락없이 화살표 키에 해당한다. 그러나 여기에서 [←] 키는 기원으로부터 현상을 지향하면서도 그 현상들을 지워 버리는 이율배반을 내포한다. 컴퓨터 키로 말하자면, 바로 앞에서 친 글자를 지우는 데 사용하는 백스페이스키에 해당한다. 그러니까 종이 위에 시의 본문으로 인쇄되어 있는 "[←]"는 마치 컴퓨터 프로그램에서의

37 박재모·현승준, 『초끈이론』(살림출판사, 2004), 48–50쪽.

38 장용학, 「요한 詩集」(1955. 7), 장용학·이병주, 『正統韓國文學大系 18』(어문각, 1986), 238–239쪽.

아이콘처럼 실행되어 바로 앞에 있는 단어들을 지워 버리고, 마침내는 "기원—오이디푸스"만을 독자의 뇌리에 남기게 된다. 이때 "[←]" 앞에 있는 다른 문자들은 다 지워지는데 반해 '기원—'은 지워지지 않고 남는 이유는, 끈(—)이 들어 있는 이 부분이 지워지면 이 시에서 상정한 '끈-이론 게임'이 성립되지 않기 때문이다. 이는 이 시에서 지켜야 할 게임의 법칙이다. 여기서 '나는 X=오이디푸스이다'라는 또 하나의 답을 구할 수 있다. 시인은 자신의 컴퓨터 키보드에 있는 글쇠 하나를 작품 본문에 갖다 놓아 그것을 하나의 아이콘으로 만든 셈이다.

이어지는 '기계' 부분에서, 시적 자아는 자신이 "라이팅 머쉰" 혹은 "타이피스트"라 진술하며 자의식의 혼란을 드러낸다. '나는 X=라이팅 머쉰이다'라는 또 다른 답을 일부러 보여 주는 형국이다. 이때 라이팅 머쉰이나 타이피스트라는 시어가 강하게 환기하는 것은, 거의 기계적으로 컴퓨터 키보드를 두드려 대는 시인의 모습이다. 가령, 컴퓨터 커서의 깜빡거림은 시를 쓰고 있는 시인에게 심리적 압박으로 작용할 수 있다는 언급[39]은 이런 맥락을 이해하는 데 도움이 된다. 빨리 사고하여 빨리 쓰지 않으면 안 된다는 경고 표시처럼 모니터상에서 지속적으로 운동하는 커서는, 시인으로 하여금 미처 사유가 완료되기도 전에 자판을 두드리게끔 만든다는 것이다. 어떤 이유에서든 자신의 시 쓰기가 기계화된 타성에 젖어 있는 것은 아닌가 하는 자의식의 검열이 이 대목에서 시 쓰기 주체의 분열로 표출되었을 가능성이 크다. 이 시는 결국 다양한 차원으로 분열되는 자아에 대한 고찰을 통해 시 쓰기의 주체성과 자아 정체성을 모색한 작품이라 할 수 있겠다.

39 박주택, 「컴퓨터 글쓰기와 시적 사유의 변화」, 『시와사상』, 2002. 겨울, 50-51쪽.

1.4. 시 쓰는 컴퓨터의 출현과 시 쓰기 주체의 문제

시인들의 과장 어법이나 의도된 비유에서가 아니라 이론가들의 진지한 글에서도 이른바 시 쓰는 컴퓨터에 대한 기대 섞인 언급과 전망이 꾸준히 나오고 있는 것은 다소 뜻밖의 일로 여겨진다. 최근에 제기된 주장을 살펴보자.

> 그것은 사이버로봇 시인의 가능성이다. 먼저 가장 기본적으로 컴퓨터의 데이터베이스에 들어 있는 수많은 시 텍스트와 언어 사전 그리고 사회 문화 예술의 텍스트들을 검색하는 기계와 문장 구성 기계가 결합된 상상적 로봇이 필요하다. 시인의 역할을 맡은 사람은 언제나 이 로봇을 하나의 시인 기계로 만들어 내도록 조작하고 그 기계를 시적으로 숙련시켜야 할 것이다. [⋯]
>
> 너무 방대한 정보를 담고 있어서 무한하게 여겨지는 보르헤스적인 바벨 도서관을 건드려서 로봇시인을 미로에 빠뜨린 것은 아닌가 걱정할 수도 있을 것이다. 그러나 특정한 제한을 두고 작업한다거나 몇몇 시들을 기초로 패러디하는 작업에서 출발한다면 그렇게 막막한 이야기는 아니다. 앞으로 누구나 이러한 로봇시인을 만들어 내고 키워 내고 성장시킬 수 있다.[40]

이 글을 통해 우리는 현대시와 디지털 기술의 영향 관계가 시 창작의 내적 방법의 영역까지 진입했음을 확인하게 된다. 물론 이 같은 구상이 완전히 새로운 것은 아니다. 독일의 시론가인 지크프리트 J. 슈미트에 의하면 이미 1960년대 후반에 '컴퓨터시Computopoeme'가 존재했는데, 이는 미리 입력된 어휘 목록과 여러 가지 문서 작성 규칙을 내장한 컴퓨터 프로그램을 이용하여 시 텍스트를 산출해 내는 방식이었다.[41] 국내에서도 일찍이 비슷한 논의가 있었다. 김용

40 신범순, 「사이버 시대 시의 유령적 초상과 창조적 고민의 소멸」, 『한국현대문학연구』 8집(한국현대문학회, 2000. 12), 23-24쪽.

41 Siegfried J. Schmidt, *Elemente einer Textpoetik*(München: Bayerishcer Schulbuch-Verlag,

운은 컴퓨터를 이용한 시 창작의 가능성을 타진하는 글에서, "장차 콤퓨터가 더욱 맹위를 떨치는 날 콤퓨터 시가 범람하지 않는다고 단언할 수는 없을 것이다. 사실 만네리즘에 빠져 자기 도취증에 걸려 있는 시인보다 좋은 시가 나올 수 있다"[42]는 극단적 주장을 펼치기도 했다. 한 컴퓨터 전문 잡지사에서는 이론적 논의에 그치지 않고, 베이직BASIC이란 컴퓨터 언어를 이용해 'HAIKU'라는 이름의 시 작성 프로그램을 직접 만들어 보이기도 했다.[43] 이 프로그램은 그 이름에서 짐작할 수 있듯, 영어로 된 하이쿠를 5-10초당 한 편씩 만들어 냈다. 당시로서는 정말 신기하다고 말할 수밖에 없는 성능을 과시했던 셈이다.

세계 체스챔피언 게리 카스파로프와 IBM의 슈퍼컴퓨터 딥블루의 체스 대국 장면. 1997년 5월에 열린 이 대국에서 예상을 뒤엎고 컴퓨터인 딥블루가 인간 챔피언을 꺾고 승리를 거두자 사람들은 경악했다.

또 최근에는 컴퓨터가 작성한 신문기사를 실제로 상용화하는 사례까지 등장했다. 경제 분야의 뉴스 전문 업체인 톰슨 파이낸셜이 2006년 3월부터 사람이 아닌 컴퓨터가 쓴 기사를 공급해 왔으며, 앞으로 그 같은 기사를 더욱 늘리겠다는 방침을 밝힌 것이다. 톰슨 파이낸셜이 개발한 기사 작성 프로그램은 기존의 데이터베이스를 바탕으로 기업 실적 보도 같은 정형화된 기사를 0.3초 정도의 빠른 시간 안에 작성할 수 있다고 한다.

1974), pp. 132-135.

42 김용운, 「콤퓨터로 詩作은 가능한가?」, 『심상』, 1974. 7, 22쪽.

43 월간 컴퓨터사 편집부, 「컴퓨터가 詩를 창작한다」, 『월간 컴퓨터』, 1985. 4, 58-68쪽.

톰슨 파이낸셜은 동종 업체인 로이터, 블룸버그 등과의 속보 경쟁에서 앞서기 위해 '컴퓨터 기자'를 도입했다는 것이다.[44]

이처럼 컴퓨터 기술의 발달에 따라 사람처럼 글을 쓰는 컴퓨터가 등장할 것이란 몇몇 전문가들의 예측이 이렇다 할 문제 제기 없이 상당한 설득력을 지닌 의견으로 받아들여져 왔으며, 또한 그 예측이 점차 실현되고 있는 상황임을 부인할 수는 없다. 그런데 여기에서 우리가 반드시 짚고 넘어갈 문제가 있다. 무엇보다 글 쓰는 컴퓨터 논의에서는 '컴퓨터가 글을 쓴다'는 사실 자체에 연구자들의 관심이 집중되어 버리는 경향이 발견된다는 점이다. 사회 변화를 근본적으로 이끄는 것은 기술이며 따라서 기술 발전이 곧 역사 발전의 원동력이 된다는 기술 결정론의 논리에 은연중 빠져 버린 결과이다.

컴퓨터가 글을 쓰는 것은 컴퓨터가 체스나 바둑을 두는 일과는 근본적으로 다른 문제이다. 체스나 바둑은 미리 정해진 규칙에 따라 연산을 하면 되지만, 시를 쓰는 일에는 미리 정해진 규칙이란 있을 수 없기 때문이다. 일정한 규칙에 따라 다음 목표 지점을 계산해 내는 것과 상상력에 의해 전혀 새로운 생각을 떠올리는 것은 엄연히 다르다. 만일 시인이 시를 쓰는 일련의 과정을 컴퓨터 소프트웨어로 모방한다 하더라도, 인간의 지능뿐 아니라 의식과 감성의 모든 요소를 그대로 재현해 내는 완벽한 계산적 이론을 만든다는 것은 사실상 불가능하다.[45]

더 구체적으로 말하자면, 인간의 창작 과정과 컴퓨터의 정보 처리 절차에는

44 신정선, 「컴퓨터가 기사를 쓴다」, 『조선일보』, 2006. 8. 19, A14쪽.
45 이와 관련해, "엄밀한 의미에서 '예술가로서의 컴퓨터'는 현재의 기술로는 존재하지 않는다"는 컴퓨터 전문 연구자의 견해를 참조할 필요가 있겠다. 원광연, 「디지털 문화 예술의 발전에 관하여」, 최혜실 엮음, 『디지털 시대의 문화 예술』(문학과지성사, 1999), 182쪽.

근본적인 차이가 있는 것으로 보인다. 먼저, 자신의 여러 기억들에 대한 상호 참조의 능력에서 컴퓨터는 인간을 따라올 수 없다. 이 점은 자유로운 연상의 결과들을 종합하여 결론을 도출해 내는 인간의 사고 과정을 떠올려 보면 명확해진다. 컴퓨터 시스템에서는 이를 신속한 자료 접근과 갱신 작업을 위해 가장 많이 사용되는 인덱싱indexing 기법으로 해결하려 하겠지만, 그 결과는 인간에 비해 매우 초보적인 수준에 그치고 말 것이다.

또한 인간 자신도 그 결과를 예측하기 힘든 직관에 의한 상상력은 그야말로 인간만의 특성이다. 컴퓨터는 이를 난수random number 발생 원리에 근거해 만들어 내는 우연으로 대체할 수밖에 없을 것이다. 그 수리적 결과가 인간의 경우를 넘어서지 못할 것은 너무나 분명한 일이다.

그럼에도 불구하고 미래의 어느 날, 인간에 근접하거나 인간보다 뛰어난 창작 능력을 지닌 컴퓨터가 실제로 등장한다면 과연 어떻게 할 것인가. 그때 우리는 이런 질문을 던져야 할 것이다. 컴퓨터가 생산한 그 작품의 저자는 과연 누구인가? 그 컴퓨터의 소유자인가. 아니면 컴퓨터에 기초 자료를 입력한 사람인가. 그도 아니면 작품이 출력되는 순간에 컴퓨터를 조작한 사람인가. 아니, 이 모든 사람들이 공동 저자인가? 그렇지는 않을 것이다. 이 경우 진정한 저자는, 그 사람들 가운데 한 사람이 아니라 모든 작업 과정에서 '연산'을 수행한 컴퓨터라고 판정해야 옳을 것이다.

이 지점에서 우리는 시 쓰는 컴퓨터와 관련해 대두되는 시 쓰기 주체 문제의 본질이 어디에 있는가를 분명히 해야 한다. 시 쓰기의 주체 문제는 기술의 차원이 아니라 철학의 차원에서 접근해야 할 것으로 생각된다. 기술의 선택 가능성이 기술의 선택 정당성을 허용하는 것은 아니기 때문이다. 다시 말해, 어떤 일이 기술적으로 가능하다고 해서 그것이 그대로 실행의 정당성을 부여받는 것은 아니라는 말이다. 컴퓨터로 시 쓰는 일이 가능하다고 해서, 그렇게 하는 행위 자체나 그렇게 해서 얻은 작품이 그대로 인간의 작품과 동일한 존재 가치를 지닌다고 간주해서는 안 된다. 앞으로 더 빈번히 거론될 것이 분명한 시 쓰는 컴퓨터와 그로부터 초래될 시 쓰기 주체의 문제에 대해서, 우리는 이 같은 가치 판단 기준을 미리 마련해 두어야 할 것이다.

지금까지 살펴보았듯 글쓰기 기계의 시초라 할 수 있는 타자기가 우리나라에 보급되기 시작한 1950년대 이후, 김경린이나 김규동, 민재식 등의 작품에서 타자기는 글쓰기 도구가 아니라 서구의 신문명을 비유하는 매개물로 등장했다. 타자기가 글쓰기 도구로서 선명히 부각된 대표적인 예는 1980년대의 장정일이다. 그의 시와 소설에 나오는 타자기는 글쓰기에 대한 열망 그 자체이자 그 열망을 실현하는 도구였다. 「길안에서의 택시잡기」 같은 시에서 타자기는 시인 자신의 테크놀로지에 대한 집착을 드러내는 대상으로 해석되기도 한다. 그러나 시를 퇴고할 때 필수적인 수정, 편집의 기능에서 타자기는 컴퓨터를 당해 낼 수 없었고, 1990년대 이후 지배적인 글쓰기 도구의 자리는 컴퓨터가 차지한다. 소설가 서정인과 평론가 김현의 경우는 컴퓨터 도입의 초창기를 보여 주는 좋은 예이다. 하재봉은 과장된 어조와 선험적인 상상력으로 시인에게서 컴퓨터의 의미를 천착했다. 김은정, 장석원 등 최근 시인들의 작품에서 컴퓨터는 시 쓰기의 도구이면서 동시에 시 쓰기의 주체 문제와 시인의 정체성에 대한 질문을 촉발하는 구체적 경험의 대상물이 된다. 결국 컴퓨터로 시를 쓴다는 것은, 글쓰기 도구로서 컴퓨터의 속성이 그러하듯 이전 시대 글쓰기 도구들의 특성을 내포한 상태에서 진행되는 복합적인 문자 행위라고 말할 수 있다. 또한 여기에는 필연적으로 글쓰기의 주체 문제가 내재되어 있음을 간과해서는 안 될 것이다.

2. 디지털 언어, 시의 언어로 진입하다

2.1. 시의 언어와 과학 언어

시의 언어는 언어 전달의 한 형식으로서 그 쓰임이 일상 언어에 비해 특수하고 함축적이기는 하지만 근본적으로 시의 언어와 일상 언어를 확연히 구별할 수는 없다는 것이 현대시의 일반 이론이다. 그런데 시의 언어와 일상 언어 사이에 본질적인 차이점이 없다고 인정하는 현대의 이론가들도 시의 언어와 과학 언어 사이에 대해서는 궁극적으로 어떤 차이가 존재하는 듯한 주장을 펼친다.

> i) 詩의 言語는 객관적이요 개념적인 과학의 언어와는 대조적이다. 과학의 언어는 말의 개념 표시 denotation에 주로 의존하는 데 대하여 詩의 言語는 말의 含蓄 connotation에 크게 의존하며 전자가 직접적이요 비개인적인 데 대하여 후자는 간접적이요 개인적이다. 과학의 언어와 시의 언어가 이와 같이 좋은 대조를 보이는 것은 그 양자가 언어 전달의 양극단을 이루고 있기 때문이지 과학의 언어를 포함한 보통의 언어와 시의 언어를 엄연히 구별할 수 있는 어떤 편리한 규준이 있음을 의미하는 것은 아니다.

—김종길, 「詩의 言語」(『詩에 대하여』, 민음사, 1986, 16쪽)

ii) 정보 차원의 언어들이 궁극적으로 지향하는 지점이 의미 전달이라면, 시어는 근원적 존재를 지향하는 성격을 지닙니다. 이는 바로 정보언어와 시어의 관계가 서로 길항할 수밖에 없음을 말합니다. 시인의 존재 이유가 범람하는 정보 차원의 언어들을 존재 차원으로 승화시키는 데 있다면, 정보화 시대에 있어서 시인의 언어에 대한 태도는 분명해진다고 봅니다.

—남송우, 「정보혁명 시대와 시의 언어」(『현대시』, 2000. 6, 25쪽)

김종길은 기본적으로 과학 언어를 포함한 일상 언어와 시의 언어를 구별할 수 있는 편리한 기준이 없음을 인정한다. 그러면서도 유독 과학 언어에 대해서는 그것이 언어 전달 방식에서 시의 언어와 양극단을 이룬다고 말한다. 남송우의 경우 김종길이 말한 '과학 언어'를 '정보 언어'라는 말로 바꾸어 놓았을 뿐, 그 기본 입장은 별다를 바 없다. 과학 언어에 대한 두 이론가의 공통된 입장은 아마도 I. A. 리처즈의 영향을 받은 것으로 보인다. 리처즈는 이미 1924년 『문예비평의 원리』에서 현대 과학은 진정한 지식의 모범이지만 정서적 측면에서는 부족한 점이 있으며 그 언어는 지시적 언어에 불과하다고 주장한 바 있다.[46] 그러고 보면 위에 인용한 두 연구자의 주장에는 새삼스럽게 문제 삼을 것이 없는지도 모른다. 하지만 정작 문제는 우리가 발 딛고 선 현실이 끊임없이 변화한다는 데 있다.

2.2. 시의 언어로 진입하는 디지털 언어

구체적으로 말하면, 앞선 연구자들의 일관된 견해에도 불구하고 디지털 시대

46 I. A. 리처즈, 「言語의 두 가지 用法」, 『文藝批評의 原理』(1924), 김영수 옮김(현암사, 1977), 351-366쪽.

에 즈음한 우리 현대시 작품에는 과학 언어 또는 정보 언어의 최신판이라 할 수 있는 '디지털 언어'가 당당히 시의 언어로 진입하고 있기 때문이다.

i) 우리들 뿌리는 튼튼하던가
우리들의 아이들은 내일도 안녕한가
우리의 새로운 신은 명령을 내리신다

"δλ ο στξμλεμ δμσ εκ τκ δκTεκ
αηευ ρλρ0δμλ Φη ηεμ δλεκ
δλ οηυκισμσ ρλ0ρδ τυδπξξκ δκ οTσμσθ"
이게 무슨 망발이실까
좀더 쉬운 말씀으로 들려주세요
우리의 새로운 신은 천천히 입을 여신다

"dlwp sjgmlemfdms ek wnrdjTek
ahen rlrpdml vhfhemfdlek
dlwpqnxj rlrPfmf djatnrgml tndqogkfk"
하늘이 무겁게 내려앉는다
먼저 언어가 사라지고
이어 색깔과 소리, 종이가 사라지고
지상의 풍경들이 조금씩 흐려진다

—정한용, 「 」 부분
(『슬픈 산타 페』, 세계사, 1994, 87−89쪽)

ii) 〈body〉
〈table border=0 cellpadding=0 cellspacing=0 width="100%"〉
〈tbody〉
〈tr〉
〈td valign=center width="1%"〉 〈a href="http://www.spider.web/"〉

〈img alt="muolchatsu?" border=0 height=40 src="뭘찾수? 검색결과.files/sm4.gif" width=141〉〈/a〉〈/td〉

〈td valign=center〉

[…]

〈small〉 Copyright © 2000−3000 muolchatsu? inc. All rights reserved. 〈br〉 Copyright © 2000−3000 muolchatsu? Corp. All rights reserved. 〈br〉〈/small〉

〈/form〉

〈/center〉〈/body〉〈/html〉

—연왕모, 「〈html〉〈head〉〈title〉뭘 찾는데요?〈/title〉〈/head〉」 부분
(『현대시학』, 2000. 6, 113−116쪽)

iii) 〈html〉

〈head〉

〈title〉낡은 연가〈/title〉

〈meta http−equiv='Content−Type' content='text/html; charset=euc−kr'〉

〈link rel='stylesheet' type='text/css' href='/hatmail.css'〉

〈style〉

td {font−size:10pt; color:#000000; font−family:굴러감;}

.base {font−size:9pt; color:#000000; font−family:잘굴러감;}

〈/style〉

[…]

〈img src='http://go.daum.net/bin/love_logo.gif' border=0〉〈/font〉〈/div〉〈br〉

〈/body〉

〈/html〉

—정한용, 「오래된 사랑노래」 부분
(『현대시』, 2004. 2, 123−126쪽)

위의 시편들은 1930년대 이상의 실험시나 1980년대 황지우, 박남철의 형태 파괴적 작품들과 일면 그 맥락을 같이하면서도 중요한 변별점을 지닌다. 앞선 세대의 시인들은 그들의 시가 제 아무리 형식적으로 과격하더라도 결국은 사람이 알아볼 수 있는 기호나 언어를 사용하는 데 그쳤다. 독자의 입장에서도 그들의 시를 읽고 이해하는 일이 까다롭더라도 특별한 도구를 사용한다거나 하는 경우는 없었다. 이에 비해, 위에 인용한 작품들에 사용된 언어는 기본적으로 사람이 읽고 이해하기 위한 언어가 아니다. 그 언어는 컴퓨터라는 디지털 기계가 없으면 해독이 불가능한 기호일 따름이다.

월터 J. 옹이 지적한 대로 컴퓨터 언어는 어느 면에서 영어나 산스크리트어, 말레이어와 비슷하지만, 무의식적으로 생기지 않고 미리 의식적으로 규칙이나 문법을 정하고 나서 만들어진다는 점에서 사람의 언어와는 이질적이다.[47] 또한 컴퓨터 언어는 일반 사용자들이 아니라 배후의 전문가 집단에 의해 그 형식이 결정되며, 기술 표준 경쟁에서 승리한 언어가 사용자들의 언어 사용 관습을 지배하는 속성이 있다.[48] 그러니까 컴퓨터 언어는 사람과 사람 사이의 의사소통을 위해 자연적으로 생긴 것이 아니라, 사람과 컴퓨터가 일정한 신호를 주고받기 위해 특정 상황에서만 사용되는 인공의 언어라는 것이다.

작품 i)은 그 제목부터 바코드로 되어 있어 독자들을 당혹시킨다. 바코드 리더를 갖추지 않는 한 제목의 의미를 정확히 읽을 수 없다. 우리는 다만 그 바코드가 적그리스도Antichrist를 상징하며 종말론과 관련 있음을 짐작할 따름이다. 이 작품 속에는 또한 쉽게 독해할 수 없는 그리스 문자와 영어 알파벳이

47 월터 J. 옹, 『구술문화와 문자문화』(1982), 이기우·임명진 옮김(문예출판사, 1995), 16-17쪽.

48 정과리, 「프리암의 비상구」, 『문학과사회』, 1996. 가을, 1040쪽.

잔뜩 배열되어 있다. 이를 제대로 읽어 내기 위해서는 '흔글'이라는 워드프로세서 프로그램을 실행시키고 컴퓨터 자판을 그리스어와 영어로 바꾼 뒤 한글의 자판 배열을 참조하며 일일이 타자해 봐야 한다. 시인이 구태여 작품 끝에 각주를 달고 이러한 사실을 명기해야 할 만큼 이 시에 삽입된 기호들은 독자에게 낯선 것이다.[49] 아울러 인간이 알아들을 수 없는 기계 언어로 말하는 "새로운 신"이 결국은 컴퓨터를 가리킨다는 시적 설정은 디지털 문명의 발달이 가져올 인간의 미래가 결코 밝지만은 않다는 시인의 비판 의식을 드러낸 것으로 볼 수 있다.

ii)와 iii)에서는 심지어 제목부터 본문까지 하이퍼텍스트 작성 언어인 HTMLhypertext markup language 형식으로 되어 있다. 컴퓨터 언어의 일종인 하이퍼텍스트 작성 언어를 잘 모르는 일반 독자가 이 시들을 주어진 그대로 읽고 이해한다는 것은 사실 어려운 일이다. 단지 시행 사이사이에 끼어 있는 한글 표기를 찾아 작품 전체의 맥락에서 의미를 헤아리고 시인의 의도를 짐작해 볼 수는 있다.

ii)의 경우, 화자의 어조가 다소 냉소적이기는 하지만, 이 세상을 살아간다는 것은 흡사 우리가 알아볼 수 없는 이상한 문자들 사이에서 무언가를 찾아 계속 헤매야 하는 일처럼 부조리하다는 점을 말하려는 것은 아닐까? 이렇게 어림쳐 헤아리더라도 시행의 전부를 차지하는 하이퍼텍스트 언어가 독해되지 않는 한 찜찜한 구석은 여전히 남는다. 한 평론가는 그래서 이 작품의 전문을 입력해 하이퍼텍스트 언어 형식의 컴퓨터 파일(확장자 html)로 만든 뒤 그것을 웹브라우저에서 읽어 들여 실행된 모습을 독자에게 제시하기도 했다.[50] 결국 이 시는

49 시인의 각주를 읽어 보자 : "이제 너희들은 다 죽었다/모두 기계의 포로들이다/이제부터 기계를 엄숙히 숭배하라". 정한용, 『슬픈 산타 페』(세계사, 1994), 89쪽.

인터넷 검색 사이트의 화면 구성에서 착상을 떠올린 작품이다.

iii)은 첫눈에 ii)와 같은 방식으로 구현된 작품이라는 것을 알 수 있다. 이 시는 '낡은 연가'라는 제목의 인터넷 홈페이지를 구성하는 HTML 코드를 그대로 시의 본문에 옮겨 놓았다. 그런데 이 작품의 경우에는 앞서 발표된 ii)와 비교할 때, 시적 발상이라든가 실험 의식의 측면에서 신선함이 많이 떨어지는 것을 부인할 수 없다. 이런 실험적인 경향의 작품에서는 어떤 방식으로든 최초의 시도가 아닌 한 그 존재 의의를 인정받기가 쉽지 않다. "독자들은, 컴퓨터가 아니라면, 무의미한 흑백의 인쇄물만을 볼 수 있을 뿐이다"[51]라는 비판에 대해서 이렇다 할 반론을 제기하기 힘든 것은 바로 이 때문이다. 실험적인 작품에 내재하는 '일회성'의 한계를 넘어설 수 있는 시인의 창조성이 요구된다고 하겠다.

여러 측면에서 문학적 가치 판단의 문제를 남기는 것은 사실이지만, 하이퍼텍스트 작성 언어라는 디지털 언어가 시의 언어로 사용되면서 이제는 시를 읽는 것이 아니라 '실행'시킬 수도 있는 상황에 이르렀다. 따지고 보면 이들 작품에 디지털 언어가 도입된 것은 정상적인 언어 행위가 아니다. 이런 비정상적 언어 행위를 통해 시인들은 정상적이지 못한 현실을 드러내고 세계에 대한 비판 의식을 표출한 것이라 볼 수 있다. 이것은 분명 우리 현대시에서 큰 변화임에 틀림없다. 앞으로 시의 언어와 디지털 언어 사이에 넘어설 수 없는 경계선을 긋는 일은 점차 그 설득력을 잃어 갈 것으로 보인다. 디지털 환경의 도래를 반기든 그렇지 않든, 이미 그 구체적인 변화 양상이 실제 작품에서 나타나고 있으니 말이다.

50 이창용, 「'갇혀있다'와 '찾는다'」, 『현대시학』, 2000. 7, 46쪽.
51 박수연, 「부재를 현존시키기」, 『현대시』, 2004. 2, 135쪽.

3. 하이퍼텍스트시, 아리스토텔레스 맞은편에 자리를 잡다

3.1. 인터넷을 움직이는 보이지 않는 힘

모자이크Mosaic라는 프로그램을 통해 1993년 1월 본격적으로 세상에 그 모습을 드러낸 월드와이드웹은, 단조로운 글자 위주였던 기존의 인터넷에 하이퍼텍스트 기술을 도입함으로써 글자와 그림, 동영상이 한데 어우러진 역동적인 형태의 인터넷을 만들어 냈다. 그로부터 불과 10여 년이 지난 지금, 통신망에 연결된 거의 모든 컴퓨터는 인터넷 익스플로러나 넷스케이프 커뮤니케이터 같은 웹브라우저를 통해 인터넷을 자유로이 이용할 수 있게 되었다. 짧은 기간에 믿기지 않을 만큼 폭발적으로 성장한 인터넷의 바탕에는 다름 아닌 하이퍼텍스트 기술이 있었던 것이다.

하이퍼텍스트 기술이 공개적으로 처음 제안된 것은 1945년 7월 미국 과학연구개발국OSRD 국장이었던 버니버 부시의 "As We May Think"란 논문[52]을 통해

52 지금까지 국내에 알려진 것과는 달리, 부시의 이 논문은 1945년 한 해 동안 서로 다른 두 가지 형태로 발표되었다. 먼저 7월에 *Atlantic Monthly*를 통해 현재 우리나라에서 인용되고 있는 것과 같은 형태로 처음 발표되었고, 9월에는 *Life*에 일반 독자들을 위해

서였다. 매사추세츠공과 대학MIT의 전기공학과 교수 출신인 부시는 새로운 연구 결과들이 쏟아져 나오는 데 비해 이 성과들을 효율적으로 연계시키는 작업은 너무나 미미하다는 문제의식을 지니고 있었다. 그가 의도한 것은 논문 제목이 가리키듯, 사람이 연상 작용을 통해 이것저것 자유롭게 생각하는 것과 같은 방식으로 정보를 처리하는 장치였다. "기계화되어야 하는 것은 색인에 의한 선택이 아니라 연상에 의한 선택이다"[53]라는 그의 말은 이 장치의 요체를 잘 드러낸다. 모든 정보는 서로 연결되어 있어 하나의 정보가 다른 정보를 자유롭게 불러와야 하고, 사용자가 새로 기록한 정보 역시 기존 정보에 손쉽게 연결할 수 있어야 한다는 것이었다. 하이퍼텍스트라는 용어를 직접 사용하지는 않았으나 지금의 하이퍼텍스트와 같은 기술이 이렇게 해서 사람들에게 공개적으로 제시된 것이다. 부시는 자신이 고안한 하이퍼텍스트 장치에 메멕스Memex라는 이름을 붙였다. 사람들의 기억을 확장시켜 주는 장치memory extender라는 뜻이다.

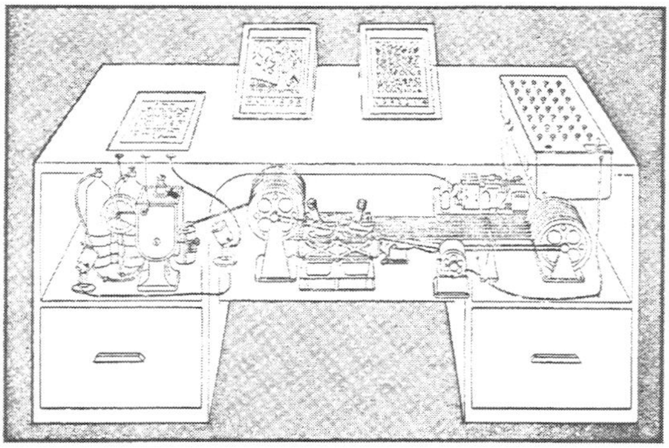

메멕스Memex 시스템 구성도

▩ 본문을 요약하는 대신 앨프레드 크리미Alfred D. Crimi의 삽화를 첨가한 형태로 다시 게재되었다. Vannevar Bush, "As We May Think," *Atlantic Monthly*, Vol.176, No.1(July 1945), pp. 101-108 ; *Life*, Vol.19, No.11(10 September 1945), pp. 112-124.

53 Vannevar Bush, "As We May Think," *Atlantic Monthly*, Vol.176, No.1(July 1945), quoted in Vannevar Bush, *Endless Horizons*(Washington, D.C. : Public Affairs Press, 1946), p. 32. "Selection by association, rather than by indexing, may yet be mechanized."

메멕스는 개인용 책상 형태로 설계되었다.[54] 메멕스에는 자료를 약 100분의 1 크기로 마이크로필름에 축소 복사할 수 있는 촬영 장치(책상 위의 왼쪽), 마이크로필름을 빠르게 찾기 위한 여러 대의 모터(책상 내부)와 조작 레버(책상 위의 오른쪽), 그리고 마이크로필름 자료를 읽고 또 거기에 글을 써 넣을 수 있는 두 대의 스크린(책상 위의 가운데)이 장착되도록 설계되었다. 당시 아날로그 컴퓨터의 원형으로 평가받은 미분 해석기를 개발하고 제2차 세계대전 발발 이후 미국 과학 정책의 가장 영향력 있는 입안자이기도 했던 부시가 메멕스의 구현 방식으로 컴퓨터가 아닌 축소 복사용 마이크로필름을 선택했다는 것은 지금 시점에서 보면 뜻밖의 사실이다. 하지만 그 당시에 막 개발되기 시작하던 초창기의 디지털 컴퓨터들은 책상 크기만 한 것이 아니라 방 전체를 차지할 만큼 컸으며 값도 비싸서 개인용 도구로 사용할 단계는 아니었다. 이 대목에서 우리는 지식 수준이 아니라 기술 수준이 현실에서의 선택 가능성을 제한하는 하나의 예를 보게 된다.

부시가 고안한 메멕스는 비록 실용화되지는 못했으나, 하이퍼텍스트 개념이 인간의 사고 작용을 닮으려는 데서 출발했다는 매우 중요한 사실을 우리에게 시사한다. 하이퍼텍스트의 모태와 지향점은 오늘날 많은 인문학 분야 연구자들이 잘못 이해하고 있는 것처럼 거대한 기계 장치나 문서 작성 시스템 그 자체가 아니라, 연상 작용을 통해 자유로이 사유할 수 있는 '인간'이었다는 점이다. 실제로 부시는 메멕스에 관한 첫 논문을 발표하고 나서 20여 년 후에 쓴 "Memex Revisited"란 글에서 다음과 같이 말하고 있다.

54 Vannevar Bush, "As We May Think," *Life*, Vol.19, No.11(10 September 1945), p. 123, quoted in James M. Nyce and Paul Kahn, eds., *From Memex to Hypertext : Vannevar Bush and the Mind's Machine*(Boston : Academic Press, 1991), p. 109.

> 오늘날의 기계는 크게 두 가지로 나뉜다. 첫째는 인간의 근육과 감각을 보완하는 것이고, 둘째는 인간의 사고 작용을 돕는 것이다. 전자는 모든 이익, 위험과 더불어 현대 문명을 가능하게 했지만, 우리는 그것을 다룰 필요는 없다. 후자는 생각하는 기계와 같은 일반적이며 막연한 용어로 불리는 경우가 있다. 그러나 이것은 잘못된 표현이다. 왜냐하면 그 기계들은 생각하지 않으며, 단지 인간이 생각하는 것을 도울 뿐이기 때문이다.[55]

위의 인용문을 보면 부시가 추구한 것은 '생각하는 기계'가 아니라 '생각하는 인간'이었음이 명확해진다. 그가 구상한 메멕스는 인간이 자유롭고 효율적으로 생각할 수 있도록 돕는 데 그 존재 이유가 있었다. 더욱이 메멕스의 구성도를 한 번만이라도 살펴보면 그것이 글을 읽고 쓰는 일과 떼려야 뗄 수 없는 관계에 있는 책상을 바탕으로 했다는 점을 금방 알 수 있다. 메멕스라는 이름부터가 바로 '인간의 기억을 확장시켜 주는 친밀한 보충 장치'[56]를 뜻한다는 사실을 다시 떠올릴 필요가 있겠다.

또한 메멕스에서 서로 다른 두 종류의 자료를 동시에 참조하며 그 자료들 사이의 '연결link'을 만들기 위하여 두 대의 스크린을 설치한 점도 주목해야 한다. 이는 최근 들어 디자인이나 건축, 의학, 출판 등의 전문 분야에서 작업 능률

55 Vannevar Bush, "Memex Revisited," in *Science is Not Enough*(New York : William Morrow & Company, 1967), p. 82. "Machines of today fall into two great divisions, first those that supplement man's muscles and his senses, and second those that aid his mind. We do not need to deal with the former, although they have made possible our modern civilization with all its benefits and its dangers. The latter are sometimes included under the general term of thinking machines, but this is an unfortunate expression, for they do not think, they merely aid man to do so."

56 Vannevar Bush, "As We May Think," *Atlantic Monthly*, Vol.176, No.1(July 1945), quoted in Vannevar Bush, *Endless Horizons*(Washington, D.C. : Public Affairs Press, 1946), p. 32. "It is an enlarged intimate supplement to his memory."

을 높이기 위해 널리 사용하고 있는 듀얼 모니터dual monitor의 원형이라고 판단되기 때문이다. 듀얼 모니터 방식은 한 사람의 사용자가 컴퓨터 모니터를 동시에 두 대 또는 그 이상 사용함으로써 한꺼번에 참조하거나 처리할 수 있는 문서 수를 늘려 주는 것이다. 사용자는 마우스의 포인터를 이쪽저쪽 모니터로 옮겨 다니면서 필요한 작업을 수행한다. 이때 모니터들은 각각 하나의 하이퍼텍스트 문서에 해당하는 것이고, 사용자가 모니터 사이를 왔다갔다 하며 만드는 마우스 포인터의 궤적은 하이퍼텍스트 문서들을 이어 주는 선line과 같은 것이라 할 수 있다.

여러모로 메멕스는 사람이 자유롭게 생각하고 또한 그 생각을 글이나 다른 형태의 결과물로 옮기는 과정에서 필요한 것이 무엇인가에 대한 선구적 통찰을 담고 있다고 생각된다. 다만 메멕스는 마이크로필름이라는 아날로그 시스템에 기초해 설계되었기 때문에 그 실용성의 측면에서 결정적 한계를 드러낸 것으로 보인다.

3.2. 메멕스 이후 월드와이드웹까지

버니버 부시의 논문을 발표 당시에 읽고, 하이퍼텍스트의 실현을 꿈꾼 사람 가운데 더글러스 엥겔바트가 있었다. 스탠퍼드연구소SRI 연구원이었던 그는 마침내 1962년, 「인간의 지력을 증대시키기 위한 개념적 틀」[57]이란 논문을 통해 자신의 오랜 꿈을 현실화할 수 있는 도구로서 컴퓨터를 선택한다. 그때까지

57 Douglas C. Engelbart, "A Conceptual Framework for the Augmentation of Man's Intellect,"(1962) quoted in Paul W. Howerton and David C. Weeks, eds., *The Augmentation of Man's Intellect by Machine*(Washington, D.C. : Spartan Books, 1963), pp. 1–29.

만 해도 컴퓨터는 주로 수학적인 계산 도구로만 사용되고 있었다. 그는 이 논문에서 인간의 지적 능력을 증진시키기 위해 컴퓨터가 갖춰야 할 기능이 무엇인가를 고찰했다. 컴퓨터 시스템에서 글과 글의 연결을 비롯해 개인 파일 보관용 공간, 여러 개의 실행창을 지닌 화면, 여러 사람이 공동으로 작업할 수 있는 장치 등이 그가 궁리해 낸 것이다.

테오도어 넬슨 역시 부시의 논문에서 큰 영향을 받은 사람인데 그가 바로 우리가 지금 사용하는 '하이퍼텍스트'와 '하이퍼미디어'란 용어[58]를 처음 만들었다. 그는 1960년부터 전 세계의 문서들을 하나의 시스템에 통합하려는 재너두Xanadu 프로젝트를 현재까지 진행해 오고 있는데, 이 과정에서 1963년 '하이퍼텍스트'란 말을 처음 떠올렸고 1965년의 인쇄물[59]에서 이를 공개적으로 언급했다는 것이다.[60] 그는 하이퍼텍스트를 이렇게 정의했다.

> '하이퍼텍스트'라는 용어를 통해 내가 의미하는 것은 비순차적인 글쓰기이다. 즉 가지를 치고 독자들에게 선택을 허용하며, 상호작용적인 화면에서 가장 잘 읽히는 텍스트이다. 달리 말해 그것은 독자들에게 서로 다른 경로를 제공하는 링크에 의해 연결된 일련의 텍스트 덩어리이다.[61]

58 하이퍼텍스트와 하이퍼미디어의 구별은 현실적으로 애매한 부분이 많은 까닭에 2000년대 초반까지만 해도 두 용어가 혼용되는 경우가 많았다. 최근 연구자들은 텍스트의 비선형적 링크 기능에 주목할 때에는 하이퍼텍스트라는 용어를 주로 사용하고, 여러 종류의 미디어가 복합적으로 작용하는 매체적 속성을 강조할 때에는 하이퍼미디어라는 용어를 선호하는 경향을 보이고 있다.

59 Theodor Holm Nelson, "A File Structure for the Complex, The Changing and the Indeterminate"(self-published, 1965).

60 Theodor Holm Nelson, "Who I Am," http://ted.hyperland.com/whoIam(2007. 10. 29).

61 Theodor Holm Nelson, *Literary Machines 93.1*(Sausalito, CA : Mindful Press, 1992), chap. 0, p. 2. 이 책은 1981년 넬슨이 자비 출판한 *Literary Machines*의 최신 개정판에 해당한다. "Well, by 'hypertext' I mean *non-sequential writing* — text that branches and allows choices to the reader, best read at the interactive screen. As popularly

이 같은 하이퍼텍스트를 이상적으로 구현하기 위해 넬슨이 시작한 것이 바로 재너두 프로젝트이다. 앞서 부시와 엥겔바트가 하이퍼텍스트를 개인의 지적 능력을 증대시키는 도구로 생각한 데 비해, 넬슨은 개인의 차원을 넘어 전 세계의 문서를 하나로 합친 문서들의 우주인 '다큐버스Docuverse'를 꿈꾸었다. 넬슨의 이 원대한 구상은 그러나 아직 실현되지 못했다. 그가 '재너두'라는 프로젝트 이름을 빌려 온 S. T. 콜리지의 미완성 시 「쿠빌라이 칸Kubla Khan」처럼 앞으로의 완성 가능성 역시 의문 부호에 머물고 있다.[62]

넬슨 이후에도 컴퓨터를 이용해서 하이퍼텍스트 시스템을 개발하려는 노력은 계속된다. 마침내 1967년, 미국 브라운대학의 앤드리스 반 담을 주축으로 한 연구진이 HESHypertext Editing System를 세상에 선보인다. 이것이 바로 실제로 작동하는 세계 최초의 하이퍼텍스트 시스템이다. HES는 텍스트만을 사용한다는 제약이 있었지만, 다른 문서로의 연결과 도약이라는 하이퍼텍스트의 기본 기능을 훌륭히 수행했다. 그 뒤에 지식 관리 시스템을 뜻하는 KMS(1983), 하이퍼텍스트 문서에 대한 사용자들의 연결선을 저장할 수 있게 만들고 이것을 최초로 '웹web'이라 부른 인터미디어Intermedia(1985) 등 다양한 시스템들이 나온다. 하지만 그때까지 독립적으로 진행되어 오던 하이퍼텍스트 시스템 연구들은 1990년대 들어 전혀 다른 환경에 놓이게 된다.

conceived, this is a series of text chunks connected by links which offer the reader different pathways"(인용문 중의 이탤릭체 강조는 원저자에 의한 것임).

62 그러나 재너두 프로젝트가 없었다면 오늘날의 월드와이드웹은 매우 다른 모양을 하고 있거나 존재하지 않았을지도 모른다. 나중에 월드와이드웹을 탄생시킨 팀 버너스리가 하이퍼텍스트 시스템의 저작권 문제와 월드와이드웹의 사회적 의미 등과 관련해 큰 영향을 받은 것이 넬슨의 재너두이기 때문이다. 팀 버너스리, 『당신이 꿈꾸는 인터넷 세상 월드와이드웹』(1999), 우종근 옮김(한국경제신문 한경BP, 2001), 25-26쪽, 100-102쪽.

각자 별개로 성장해 오던 하이퍼텍스트 기술과 인터넷이, 1989년 유럽입자 물리연구소의 팀 버너스리가 제안한 하이퍼텍스트 전송 규약(HTTP : hypertext transfer protocol)을 통해 합쳐진 것이다.[63] 오늘날 우리가 사용하고 있는 월드와이드웹의 등장이다. 하이퍼텍스트 기술을 내장한 새로운 컴퓨터 통신 체계로서 월드와이드웹은 1993년 1월 발표된 '모자이크'라는 웹브라우저를 기폭제로 기존의 텔넷, 고퍼 같은 대부분의 인터넷 방식을 순식간에 흡수해 버렸다. 월드와이드웹의 출현과 그 이후 상상도 할 수 없을 만큼 빠르게 진행된 성장의 궤적을 머리에 떠올리자면, 우리는 이 시작도 끝도 가늠할 수 없는 월드와이드웹의 내부에서 보이지 않게 작동하고 있는 하이퍼텍스트의 개념을 근본부터 다시 살펴볼 필요를 느끼게 된다.

3.3. 하이퍼텍스트 개념과 현대 비평 이론의 삼투

하이퍼텍스트가 컴퓨터 기술로 구현되기 이전에도 인류의 역사에는 선형적 텍스트의 한계를 극복하기 위한 방안으로 하이퍼텍스트와 유사한 시도들이 꾸준히 있어 왔다. 이미 씌어 있던 글자를 지우고 그 위에 글자를 다시 쓰는 기원전 이집트의 팔림세스트palimpsest를 비롯해, 본문 중의 주석에 다시 주석을 다는 방식으로 만들어진 백과사전, 줄거리보다는 작중화자의 자유 연상과 일탈을 중시하는 소설의 효시가 된 로렌스 스턴의 『트리스트럼 샌디』(1759-67) 같은 실험적 문학 작품 등이 이미 존재했던 것이다.

최근에는 인문학 분야의 연구자들이 텍스트와 텍스트의 관계에 대한 연구를

63 같은 책, 45-49쪽.

진행하는 과정에서 하이퍼텍스트의 기본 특성과 놀랄 만한 일치를 보이는 논의들을 개진하고 있다. 그들이 주로 언급한 특성으로는 텍스트간의 비선형적 연결을 비롯해 상호 참조 혹은 상호텍스트성, 텍스트 개방성, 탈중심화 현상 등을 꼽을 수 있다.

1967년에 자크 데리다는 『그라마톨로지에 대하여』라는 저서를 출간하는데, 마침 이 해는 앞서 살펴보았듯 미국의 브라운대학에서 실제로 작동하는 최초의 하이퍼텍스트 시스템인 HES를 완성한 해이기도 했다. 데리다는 이 책에서 전통적인 텍스트 접근 방식에 문제를 제기하면서, "직선적 문자의 종말은 분명 책의 종말이다"[64]라고 선언한다. 선형적인 사유와 글쓰기가 서구 문화에 하나의 억압 기제로 작용해 왔음을 비판한 것이다. 그는 또, "다차원성과 탈직선화된 시간성에의 접근은 '신화 문자'로의 단순한 퇴보가 아니다. 반대로 그것은 직선적 모델에 종속된 모든 합리성을 신화적 문자 표기의 또 다른 형태와 또 다른 시대로 나타나게 하는 것이다"[65]라고 언급한다. 이는 선형적인 글쓰기에 억눌려 있던 비선형적 글쓰기를 이제는 또 다른 차원에서 되살려 내야 한다는 주장이다. 데리다는 또한 텍스트와 텍스트 사이의 위상 문제를 거론하면서 연결liaison, 거미줄toile, 그물réseau 같은 용어를 사용했는데, 이 용어들은 텍스트 간의 관계를 일종의 네트워크 구조로 파악했다는 점에서 하이퍼텍스트 개념을 방불케 한다.

같은 해, 줄리아 크리스테바는 바흐친의 대화성 이론을 원용해 '상호텍스트성'이란 말을 문학이론 용어로 처음 사용했다. 크리스테바에 의하면, 어떤 텍스트든 다른 텍스트를 흡수, 변형해서 이뤄지는데, 이는 다시 말해 모든 텍스트가

64 자크 데리다, 『그라마톨로지에 대하여』(1967), 김웅권 옮김(동문선, 2004), 161쪽.
65 같은 책, 162쪽.

인용구로 된 모자이크와 같다는 것이다. 그녀는 기존의 상호주관성이란 개념을 상호텍스트성이란 용어로 대체한다.[66] 크리스테바에게 상호텍스트성이란 특정 텍스트만의 성질이 아니라 모든 텍스트가 공유하는 것이다. 이때의 상호텍스트성이란 곧 하이퍼텍스트 문서에서의 상호 참조 기능과 그 맥락을 같이하는 것으로 볼 수 있다.

또한 미셸 푸코는 상호 참조와 네트워크의 개념을 가지고 책에 관해 논했다. 그는 『지식의 고고학』에서 현재 우리에게 친숙한 분절과 분류, 예컨대 과학, 문학, 철학, 역사 등의 구분이 결정적인 것도 절대적인 것도 아니라고 문제를 제기한다. 책의 물질적 통일성은 물론 언설적 통일성 역시 등질적이고 균일하게 적용할 수 없다는 것이다. "한 책의 여백들은 분명하지도 결코 엄밀하게 재단되어 있지도 않다. 제목, 첫 번째 줄, 마지막 구두점의 저편에, 그의 내적인 구조 및 그에 자율성을 부여해 주는 형태의 저편에, 그것은 다른 책들, 다른 텍스트들, 다른 구절들에로의 참조의 체계 속에서 포착된다 : 그물의 코."[67] 여기서 '참조의 체계', '그물의 코' 같은 용어는 하이퍼텍스트의 상호 참조 기능과 연결 마디인 노드node를 달리 표현한 것이라 해석해도 좋을 만큼 그 의미가 유사하다.

푸코와 마찬가지로 롤랑 바르트도 『S/Z』에서 일종의 네트워크 개념을 가지

66 Julia Kristeva, "Bakthine, le mot, le dialogue et le roman," *Critique*, Vol. 239(1967), quoted in "Le mot, le dialogue et le roman," in *Σημειωτική : Recherches pour une Sêmanalyse*(Paris: Édition du Seuil, 1969), p. 85. "Tout texte se construit comme mosaïque de citations, tout texte est absorption et transformation d'un autre texte. A la place de la notion d'intersubjectivitê s'installe celle d'*intertextualitê*, et le langage poêtique se lit, au moins, comme *double*"(인용문 중의 이탤릭체 강조는 원저자에 의한 것임).

67 미셸 푸코, 『지식의 고고학』(1969), 이정우 옮김(민음사, 2000), 46쪽.

고 이상적인 텍스트의 속성에 대해 말했다. "이 이상적인 텍스트에서는 그물들이 많고 서로 작용하며, 그것들 중 어떤 것도 다른 것을 거느릴 수 없다."[68] '그물 réseaux'은 하이퍼텍스트에서의 링크와 노드로 이뤄진 네트워크 개념과 맞아떨어진다.[69] 그물들의 상호작용과 평등의 원리 역시 하이퍼텍스트의 특성과 흡사하다. 바르트는 이렇게 덧붙인다. "우리는 거기에 여러 입구들을 통해 접근할 수 있는데, 그것들 중 어느 것도 거기에서 자기가 주되고 중요하다고 독단적으로 선언할 수 없다."[70] 이는 하이퍼텍스트의 특성인 텍스트 개방성이나 탈중심화 현상과 일맥상통한다. 그는 또한 상호텍스트성과 관련하여 이런 말을 남겼다. "형식구formule의 지배, 기원의 역전, 후에 씌어진 텍스트로부터 전에 씌어진 텍스트를 불러오게 하는 그 무례함을 나는 음미한다. […] 프루스트는 내가 호출하는 것이 아닌 그냥 내게로 다가오는 것이다. 그것은 '권위서'가 아닌, 단지 순환적인 추억이다. 이것이 바로 상호 텍스트inter-texte이다. 그것이 프루스트이든 신문이든 텔레비전 화면이든 간에 무한한 텍스트를 벗어난 삶의 불가능성."[71] 여기서 바르트의 텍스트는 이미 문학 텍스트의 범위를 넘어서고 있다. 사람이든 책이든, 그런 텍스트들의 바깥에서 연결되지 않은 채 홀로 존재한다는 것은 불가능하다. 바르트가 생각한 '무한한 텍스트'는 앞서 테오도어 넬슨이

68 Roland Barthes, *S/Z*(Paris: Édition du Seuil, 1970), p. 11. "Dans ce texte idéal, les réseaux sont multiples et jouent entre eux, sans qu'aucun puisse coiffer les autres."

69 참고로, 『S/Z』의 영역본에서는 바르트가 말한 'rêseaux'를 아예 'networks'로 옮기고 있다. Roland Barthes, *S/Z*, trans. Richard Miller(New York : Hill and Wang, 1974), p. 5.

70 Roland Barthes, *S/Z*(Paris : Édition du Seuil, 1970), p. 11. "On y accède par plusieurs entrêes dont aucune ne peut être à coup sûr dêclarêe principale."

71 롤랑 바르트, 「텍스트의 즐거움」(1973), 『텍스트의 즐거움』, 김희영 옮김(동문선, 1997), 84쪽.

언급한 '다큐버스'와 겹친다.

질 들뢰즈와 펠릭스 가타리는 『천 개의 고원』에서 서구의 사유 체계와 현실 세계를 지배해 온 위계적이고 억압적인 나무 구조를 비판하면서 그 대안 모델로서 '리좀'을 제시한 바 있다. "리좀의 모든 점은 다른 어떤 점과 접속될 수 있으며, 접속되어야 한다. 그것은 한 점이나 순서를 고정시키는 나무나 뿌리와는 전혀 다르다."[72] 이들은 리좀을 이야기하면서 하이퍼텍스트의 특성을 잘 알고 있었거나 아니면 마치 월드와이드웹의 등장을 예견이라도 하는 듯하다. 이 책에서는 또한 리좀적이며 유목적인 글쓰기가 강조된다. 특히 "사유 그 자체로 하여금 유목적이 되게 하고, 책으로 하여금 모든 유동적인 기계를 위한 부품이 되게 하며, 줄기로 하여금 리좀이 되게 하는 배치"[73]의 중요성을 언급하는 대목은, 기존의 인쇄 매체보다는 하이퍼텍스트 기술이 적용된 전자 매체의 세계와 더 잘 어울려 보인다. 이른바 전자 유목민이나 디지털 노마드의 세계를 미리 내다보고 이 책을 쓴 것은 아닌가 하는 생각이 들 정도이다.

서로를 참조했다는 뚜렷한 근거가 발견되지 않는데도 불구하고 이처럼 컴퓨터 분야의 연구자들과 인문학자들이 보여 주는 놀라운 일치 현상을 과연 어떻게 이해해야 할까? 조지 P. 랜도우는 이 현상에 대해 "원인 혹은 수렴, 영향 혹은 합류?"[74]라는 미묘한 질문을 던진 뒤, '현대 비평 이론과 테크놀로지의 수

72 Gilles Deleuze et Fêlix Guattari, *Mille Plateaux : Capitalisme et Schizophrénie 2*(Paris: Les Éditions de Minuit, 1980), p. 13. "N'importe quel point d'un rhizome peut être connectê avec n'importe quel autre, et doit l'être. C'est très diffêrent de l'arbre ou de la racine qui fixent un point, un ordre."

73 *Ibid.*, p.36. "C'est un agencement qui fait que la pensêe devient elle-même nomade, le livre une pièce pour toutes les machines mobiles, une tige pour un rhizome."

74 조지 P. 랜도우, 『하이퍼텍스트 2.0 : 현대 비평이론과 테크놀로지의 수렴』(1997), 여국현 외 옮김(문화과학사, 2001), 72쪽.

렴'이란 명제로 잠정적인 결론을 내린 바 있다. 그의 논의는 되도록 여러 가능성을 포괄하는 방식으로 전개되었기 때문에 이렇다 할 오류를 드러내지는 않으나, 아무래도 현상을 종합하는 수준 이상을 보여 주지는 못한 듯하다.

컴퓨터 기술과 비평 이론이 수렴되는 현상을 나타낸다면, 그 현상을 언급하는 데서 그치지 않고 그렇게 된 근본 원인을 해명해야 할 것이다. 무엇보다 '수렴' 혹은 '컨버전스convergence'란 말은 본래 생물학의 용어이다. 동식물에서 계통이 다른 분류군이 같은 환경에 적응한 결과, 닮은 형질을 나타내며 진화하는 것을 가리킨다. 그러니까 수렴이란 용어 속에는 이미 유기체적 발전이란 시각이 내재되어 있다고 보아야 한다. 여기서 '유기체적 발전'이란 개념은 매우 문제적이다. 인간이 유기체인 것은 의문의 여지가 없으나 컴퓨터 기술을 유기체로 볼 수는 없기 때문이다. 그럼에도 불구하고 컴퓨터 기술이 유기체적으로 발전해 왔다는 명제가 현실에서 설득력 있게 받아들여지는 이유는 무엇일까? 바로 이 물음 자체에 인문학자들의 비평 이론과 컴퓨터 기술이 수렴되는 현상의 근본 원인을 밝혀 줄 답이 들어 있다고 생각한다.

컴퓨터 기술이 유기체가 아님에도 불구하고 유기체적인 발전을 이룰 수 있었던 단순하지만 심오한 방법은, 그것이 유기체를 닮으려는 데 있었던 것 같다. 달리 말하자면 컴퓨터 기술 발전의 핵심 요인은 유기체인 인간의 속성을 끊임없이 모방해 온 데 있다는 것이다. 앞에서 버니버 부시의 메멕스 장치가 바로 인간의 사고 방법을 그대로 닮으려 한 데서 출발했고 또 끝까지 그것을 지향했다는 사실을 강조한 것은 바로 이런 맥락 때문이었다. 결국 인간 본성과 컴퓨터 기술의 삼투 작용이 현대 비평 이론과 하이퍼텍스트 기술의 수렴으로 발현되었다는 것이다.

3.4. 하이퍼텍스트의 원초적 모델 '사운'

하이퍼텍스트와 관련한 지금까지의 논의를 돌이켜보면, 대부분의 논의가 서구 편향이라는 문제점을 발견할 수 있다. 하이퍼텍스트 개념의 보편적 현상을 논하는 대목에서도 우리나라는 물론 동양권의 문헌조차 거론된 적이 거의 없다. 자료 발굴이나 분석 없이 하이퍼텍스트 이론만 반복 재생산되었기 때문이다.

이 책에서는 하이퍼텍스트 개념의 원초적 모델로서 '사운射韻'을 제시하고자 한다. '사운'은 동양 한시 전통에서 운자 맞추기 놀이로 전해지는 것이다. '사운'에 대해서는 아직까지 하이퍼텍스트와 관련해서는 물론이고 해당 분야에서도 크게 거론된 경우가 없다. '사운'을 언급한 가장 최근의 문헌을 찾자면 1936년에 발표된 양주동의 「多樂樓 夜話」라는 글까지 거슬러 올라가야 한다.

> 射韻이란 것은 아는 이는 아려니와 古人 詩句를 많이 외이기 爲하야 案出한 노름이다. 任意의 字를 떠서 그 字를 첫 字로만 詩句를 외이고, 그 다음 다른 字를 떠서 五言이면 第三字, 七言이면 第四字에 그 字가 있는 句를 외이고 또 그 다음 字를 떠서 그 字가 맨 밑에 있는 句를 외여 이렇게 도라가면서 많이 외이는 사람을 壯元으로 하는데, 普通 두 편으로 갈라 勝負를 決한다.[75]

사운 놀이에서 운자는 지금의 하이퍼텍스트시로 치자면 노드node에 해당한다. 노드란 인터넷을 비롯한 각종 통신망에서 데이터를 전송하는 통로에 접속되는 하나 이상의 기능 단위를 가리키는 말이다. 주로 통신망의 분기점이나 단말기의 접속점을 이룬다. 사운 놀이에서의 운자는 하이퍼텍스트시에서 서로 다른 시구나 작품을 연결하는 노드의 역할을 해낸 것이고, 사운 놀이 자체는

75 양주동, 「多樂樓 夜話」, 『조광』, 1936. 10, 30쪽.

원초적 형태로서의 하이퍼텍스트시였던 셈이다. 또 현재 시점에서 보자면 사운 놀이는 교육과 놀이의 역할을 함께 수행한 에듀테인먼트의 선구적 모형이라 할 만하다.

더욱이 사운 놀이는 단순히 기존 작품을 인용하는 단계에서 벗어나 놀이 참가자들이 스스로 시구를 창작하는 경우도 있었다고 한다.

> 古詩에 생각나는 것이 없으면 窮餘一策으로 古人詩를 仿하야 臨時로 創作을 하는 것이다. 나도 그때 '鬼'字 中章에 '遠郊鬼火青'이란 句를 創作하야 放翁集에 있다고 뻐기다가 綻露가 된 일이 있거니와 僞作에 信用이 떠러저서 정말 放翁集에 있는 구도 번번이 實物을 보이라 하야 放翁集을 恒常 携帶하고 參席하기에 이르렀다. 그런데 이 射韻의 僞作은 古人도 종종 犯한 모양이니 前記 芝峰類說 卷十四 技藝條에 이런 挿話가 있다.[76]

이미 지어진 한시를 끌어다가 운자를 맞추는 데 그치지 않고 때에 따라서는 스스로 시구를 창작하는 경우도 생겨났다는 것이다. 특히 인용문 끝부분에서 언급한 『지봉유설』의 일화[77]는 아예 작품 한 편 전체를 새로 지어낸 경우이다. 이로 보아 사운 놀이는 애초 기존 작품을 외우고 인용하는 수준에서 출발했으

76 같은 글, 30-31쪽.

77 이수광, 『芝峰類說』(1614), 하, 卷十四 文章部 '詩藝', 남만성 옮김(을유문화사, 1994), 212쪽. "敎官 鄭碏(정작)이 일찍이 어느 연회 자리에서 射韻(옛 시에 있는 운자를 찾아내는 유희)을 하면서 놀았는데, 暮자가 나왔다. 여러 사람들이 앞을 다투어 暮자 韻이 달린 글귀를 불렀다. 碏이 스스로 한 글귀를 지어가지고 말하기를 '寥亮(요량·소리가 높고 명랑하게 울려퍼짐)하게 江天이 저문다 [寥亮江天暮]'라고 하니, 여러 사람들이 믿지 아니하고 말하기를, '이 말은 무리하다. 어느 시집에 나오는가'라고 하였다. 碏이 말하기를, '멀고 먼 모래 위의 사람을, 처음에는 외로운 白鷺인가 의심하였더니, 바람 앞에 서서 홀연히 피리를 부니, 그 소리 높고 명랑하게 울려퍼지고 강하늘은 저무네 [遠遠沙上人 初疑雙白鷺 臨風忽橫笛 寥亮江天暮] 라고 한 唐詩가 있다'고 하니, 여러 사람들이 믿고 승복하였다고 한다."

나 적지 않은 경우 참가자들은 자신의 작품을 직접 짓는 데까지 나아갔음을 알 수 있다. 기존 작품을 운자에 맞춰 외워 승부를 겨루는 놀이에 머물지 않고 자연스레 새로운 작품을 창작하는 단계까지 나아간 사운 놀이의 전통은 하이퍼텍스트의 원초적 형태로서 오늘의 시점에서도 충분히 재음미할 가치가 있다고 판단된다.

3.5. 가상공간에서 새로 탄생하는 시인·독자

이처럼 인류의 오랜 역사를 통해 전개되어 온 텍스트 구성의 원리이자 창작 방법이며 최근 각광 받는 디지털 기술로서 하이퍼텍스트의 핵심은, 각 텍스트 사이의 연결 곧 링크에 있다. 어떤 주제에 대해 더 많은 정보를 얻고 싶을 때 우리들은 단지 링크되어 있는 해당 항목을 클릭하면 된다. HTML이라는 컴퓨터 언어로 이루어진 문서들은, 서로 다른 사람이 작성했음에도 불구하고 마치 한 사람이 만든 거대한 문서처럼 작동한다는 데 가장 큰 매력이 있다. 하이퍼텍스트 원리에 의해 구동되는 인터넷은 전 지구 차원의 거대한 공동문서이자 지식공동체라고 말해도 좋을 것이다.[78]

78 '전 지구 차원의 지식공동체'라는 말을 부연할 필요가 있겠다. 이 용어는 인터넷은 물론 유비쿼터스 같은 다양한 방식의 네트워크에 기반을 둠으로써 언제 어디서나 존재하며 실시간으로 조정 가능하고, 현실적으로 그 힘을 발휘할 수 있는 지성의 결합체를 가리킨다. 현재 국내의 인터넷 통합 검색 사이트 중에서 질문뿐 아니라 집필 기능을 아울러 강조하고 있는 네이버의 '지식iN'이나 엠파스의 '지식브레인' 등이 초보적 형태의 지식공동체라고 할 수 있다. 또한 한국어를 포함해 전 세계 200여 개 언어로 운영되며 이용자 누구나 수정·보완이 가능한 인터넷 백과사전 '위키피디아Wikipedia'는 좀더 정제된 형태의 지식공동체에 해당한다. 2001년 미국의 지미 웨일스가 개설한 위키피디아의 경우, 영문 사이트에 등록된 정보 항목이 무려 100만 건을 넘어서면서도 그 정확도는 브리태니커 백과사전에 필적한다는 평가를 받고 있다. 일찍이 이 같은 전 지구적 지식공동체에

오늘날 인터넷은 기존의 신문, 방송 등의 매체와는 차원을 달리하는 성격을 지닌다. 인터넷은 사용자들의 요구에 대해서 거의 무한에 가까운 용량의 데이터베이스를 기반 삼아 실시간으로 반응할 수 있기 때문이다. 인터넷 사용자들은 기존의 대중 매체 수용자들보다 그 숫자가 폭발적으로 늘어난 것은 물론 정보의 일방적인 수용에 머물지 않고 양방향으로 상호소통하는 새로운 환경을 공유하고 있다.

이런 까닭에 인터넷에 기반을 둔 하이퍼텍스트 방식의 문학은 무엇보다 전통적 서사 구조와 작가·독자의 위상에 커다란 변화를 불러오고 있다. 일찍이 아리스토텔레스가 『시학』에서 정의한 전통적인 플롯 개념은 처음, 중간, 끝을 지닌 통일체를 지향했다.

> 전체라는 것은 시작과 중간과 끝을 가지는 것이다. 시작이라는 것은 어떤 것에 이어지는 것이 아니라 무엇인가가 자연스럽게 뒤따르는 것이다. 끝이라는 것은 어떤 것에 이어지면서 또한 그것의 필연적이고도 자연스런 결과이어야 하며, 뒤에 아무것도 따르지 않는 것이다. 중간이라는 것은 어떤 것에 이어지면서 또한 무엇인가를 이어 나가는 것이다. 그러므로 훌륭한 구성은 아무데서 시작하거나 끝나서는 안 된다.(제7장)[79]

대한 생각을 구체적으로 밝힌 최초의 인물로는 소설가이자 문명비평가인 H. G. 웰스를 꼽을 수 있다. 그는 이미 1930년대에 전 세계의 지식인들이 협력하여 지속적으로 내용을 갱신해 나가는 백과사전을 구상하고 이를 '세계 두뇌World Brain'라고 부른 바 있다. 인터넷이라는 전 지구적 네트워크가 실현된 최근에 와서는 피에르 레비가 '집단 지성 L'intelligence collective'이란 개념을 제시했으며, 하워드 블룸은 '글로벌 브레인Global Brain'이란 용어를 제안한 바 있다. 이들 개념에 관해서는 Herbert George Wells, *World Brain*(London : Methuen, 1938), reprint ed.(North Stratford, NH : Ayer Company Publishers, 1999), p. xvi ; 피에르 레비, 『집단 지성 : 사이버 공간의 인류학을 위하여』(1994), 권수경 옮김(문학과지성사, 2002), 35–43쪽 ; 하워드 블룸, 『집단 정신의 진화』(2000), 양은주 옮김(파스칼북스, 2003), 11–31쪽 등을 참조할 수 있다.

79 아리스토텔레스, 『시학』, 김재홍 옮김(고려대학교출판부, 1998), 66쪽.

이처럼 『시학』 전체를 꿰뚫는 것이 바로 플롯의 중요성에 대한 강조이다. 아리스토텔레스는 플롯에 대해 "가장 본질적이고도 핵심적인 비극의 생명이며 영혼"(제6장)이라고까지 말했다. 그가 주장한 플롯의 요체는, 하나의 온전한 전체 혹은 하나의 논리적인 단일체이다. 이에 따르면, 작가 혹은 화자의 이야기narrative는 스토리들의 시간적인 순서와는 상관없이 독자에게 선형적으로 전달될 수밖에 없다.

『시학』에 대해서는 오늘날에도 "문학 이론과 특히 비극론의 시발이 되었고, 또 종착역이 되다시피 한 사실은 부인될 수 없으며, 이는 아무리 높게 평가해도 지나치지 않는다"[80]는 견해가 일반적이다. 이에 비추어 보면, 문학 예술 작품의 구성에서 선형적 통일성에 대한 기대가 지금까지 얼마나 강하게 작용해 왔는가를 어렵잖게 짐작할 수 있다. 하이퍼텍스트 방식의 문학에서는 그러나 양상이 매우 다르다.

하이퍼텍스트 문학에서는 독자들이 선택한 이야기가 마치 인터넷의 웹사이트를 이리저리 이동할 때처럼 비선형적으로 전달된다. 하이퍼텍스트 기술을 응용하기에 따라서는, 독자들의 선택 나름으로 주인공이 달라질 수 있고 전혀 다른 사건이 발생할 수도 있다. 독자들은 자신의 선택에 따라 각기 다른 작품을 접하는 것이다.

돌이켜보면 롤랑 바르트가 「저자의 죽음」을 통해 텍스트에서 저자의 권위를 빼앗고 독자의 탄생을 선언했던 것[81]이나, 그 이듬해 미셸 푸코가 「저자란 무엇인가」에서 바르트와는 시각을 달리하며 마르크스와 프로이트처럼 무한

80 이경식, 『아리스토텔레스의 시학과 신고전주의』(서울대학교출판부, 1997), 196쪽.
81 롤랑 바르트, 「저자의 죽음」(1968), 『텍스트의 즐거움』, 김희영 옮김(동문선, 1997), 27-35쪽.

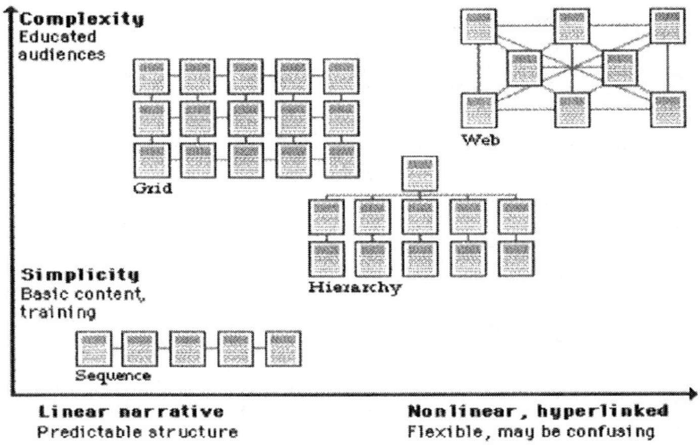

정보 구조의 네 가지 기본 유형

한 담론 가능성을 남긴 경우에 한하여 '근원적 저자'라는 유보 사항을 달아 두었던 것[82]은 벌써 한 세대 전 일이다. 이제 인터넷으로 대표되는 새로운 디지털 환경 속에서 그들의 이론은 수정을 요구받는다. 디지털 기반의 텍스트는 바르트나 푸코가 대상으로 했던 문자 언어로서의 '원본'이라는 기존 개념을 벗어나기 때문이다.

인터넷이라는 가상공간에서 저자와 독자는 실시간으로 또한 양방향으로 소통함으로써 두 문학적 주체 사이의 경계가 모호해진다. 이때 저자는 자신의 텍스트를 끝없이 고쳐 쓸 의무가 있다는 점에서는 기존의 저자와 다를 바 없지만, 자신의 텍스트를 인터넷에 개방하고 실시간으로 제시되는 독자들의 요구를 최대한 수렴한다는 점에서 기존의 저자와 명백히 다르다. 또한 독자들은 저자에게 끊임없이 고쳐 쓸 것을 요구하는 동시에 텍스트의 의미 구축 작업에

82 미셸 푸코, 「저자란 무엇인가」(1969), 김현 엮음, 『미셸 푸코의 문학비평』, 장진영 옮김(문학과지성사, 1989), 256-262쪽.

직접 참여한다는 점에서 분명 새로운 독자이다. 따라서 인터넷에 접속해 하이퍼텍스트시를 작성한다는 것은 달리 말해 아리스토텔레스의 대척점에서 새로운 방식의 시를 쓰는 것이라 할 수 있다.

하이퍼텍스트 방식의 시 쓰기를 긍정적으로 보는 사람들은 하이퍼텍스트 기술이 아리스토텔레스 이후의 선형적인 통일성의 구속으로부터 시인과 독자들을 자유롭게 해 줄 것이라는 희망을 드러낸다. 반면 하이퍼텍스트시는 단지 기술로 치장한 내실 없는 한바탕의 소란 혹은 방향감 상실이라 여기는 사람들도 있다. 양측의 주장은 평행선을 달리는 듯하다. 왼쪽 그래프[83]를 보면 그러나 이 두 가지 상반된 주장이 하이퍼텍스트의 구조적 특성을 어느 한쪽으로 치우쳐 이해한 데서 비롯된다는 사실을 알 수 있다.

독자나 사용자들 입장에서 정보 이해의 난이도를 세로축으로 하고, 가로축은 저자나 정보 생산자의 입장에서 정보 구조의 예측 가능성과 혼돈의 위험성을 기준 삼았을 때, 모든 정보 전달 양식은 크게 순차sequence · 격자grid · 계층hierarchy · 웹web의 네 가지 구조로 나뉜다. 이 그래프에서 대척점을 이루는 것은 순차 구조와 웹 구조이다. 전통적으로 선형적 이야기 구조를 대표하는 순차 구조는 예측하기 쉽고 방향 상실의 위험이 적은 반면, 유연성 있는 표현력의 측면은 상대적으로 약하다. 이에 비해 웹 구조는 역동적인 표현력은 매우 강하나 이해하기 복잡하고 혼란에 빠질 위험이 있다.

83 Michael Rees, Andrew White, and Bebo White, *Designing Web Interfaces*(Upper Saddle River : Prentice Hall PTR, 2001), p. 50. 이 그래프는 R. John Brockmann, William Horton, and Kevin Brock의 공동 논문 "From Database to Hypertext Via Electronic Publishing: An information Odyssey"(Edward Barrett, ed., *The Society of Text : Hypertext, Hypermedia, and the Social Construction of Information*, Cambridge, Mass. : The MIT Press, 1989, p. 183)에 처음 실린 것을 Bebo White가 변형해 새로 만든 것이다.

현재 인터넷의 웹 사이트들을 둘러보면, 이론적 모형으로서 순차 구조나 웹 구조 같은 양극단의 정보 전달 방식을 그대로 채택하는 사례는 거의 없다. 양극단 구조의 단점은 피하면서 장점을 살리는 형태로 계층 구조나 격자 구조를 응용하는 경우가 대부분이다. 다뤄야 할 자료의 특성에 따라 정보 구조와 표현 양식을 결정한다는 기본 견지에서, 하이퍼텍스트시의 양면적 특성을 균형감 있게 파악해야 한다는 것이다.

그렇다면 하이퍼텍스트시가 직면한 문제는 이 새로운 기술을 단지 이론적인 차원에서 서로 논박하는 것이 아니라 그것을 잘 다루어 문학적으로 승화시키는 일이라 하겠다.[84] 하이퍼텍스트는 인류의 오랜 역사를 통해 전개되어 온 개념이자 철학이며 최근 각광받는 디지털 기술인 것은 사실이지만 그 자체로 완결되는 것이 아니다. 하이퍼텍스트는 다양한 방면에 창조적으로 응용되어야 하는 하나의 방법론인 것이다. 우리의 논의가 하이퍼텍스트 그 자체에 머물지 않고 하이퍼텍스트시로 더 나아가는 것은 바로 이 때문이다.

최근 우리 문학에서도 하이퍼텍스트 기술을 응용한 시 창작 프로젝트가 몇 차례 진행된 바 있다. 먼저 문화관광부의 '2000 새로운 예술의 해' 문학분과위원회(김상수 · 김정란 · 이광호 · 이영진 · 정과리)가 기획한 「언어의 새벽 : 하이퍼텍스트와 문학」과 「生時·生詩(Live Poems)」 등 두 편의 하이퍼텍스트시 제작 프로젝트[85]와 2004년 11월 최동호·이성우 등이 구현한 「팬포엠FanPoem」 프로그램이 바로 그것이다.

2000년 4월 정과리가 주도한 「언어의 새벽 : 하이퍼텍스트와 문학」의 기본

84 배식한, 『인터넷, 하이퍼텍스트 그리고 책의 종말』(책세상, 2000), 41쪽.

85 이 두 편의 하이퍼텍스트시가 등록되어 있던 인터넷 사이트들은 운영 회사의 통폐합 등의 이유로 인해 현재 온라인상에서의 검색은 불가능하다.

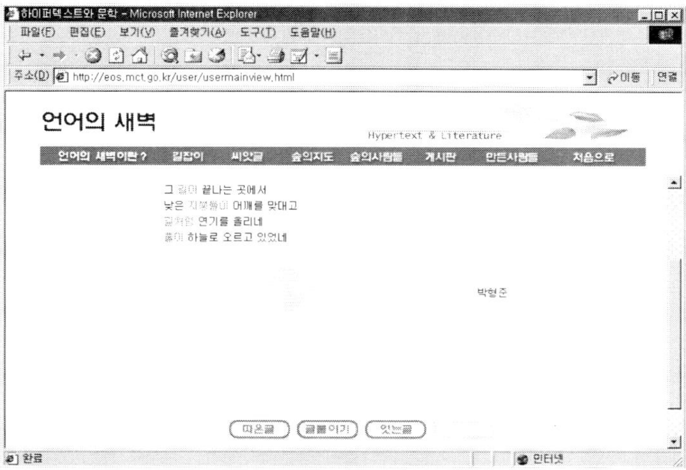

「언어의 새벽: 하이퍼텍스트와 문학」 웹사이트의 일부

구조를 보면 이렇다. 해당 웹사이트의 1단계에는 김수영 시 「풀」의 첫 시구인 "풀이 눕는다"가 제시되어 있다. 2단계에서는 이 시구를 화두 삼아 46명의 시인과 작가, 일반인들이 각각 시구를 작성해 해당 웹사이트에 남겨 두었다. 3단계에서는 앞서 46명이 써 놓은 시구를 화두 삼아 다시 123명이 자신의 시구를 작성해 놓았다. 이때 각 참가자들의 시구는 400−500자 분량에 주어진 화두의 일부(어절, 단어, 문장)를 포함해야 한다. 또한 저속한 표현은 삼가야 한다는 것이 주최 측의 인증 기준이다. 이런 식으로 모두 14단계에 걸친 많은 참가자들이 웹사이트에 접속해 자신들의 시구를 남겼다. 그 글들은 모두 하이퍼링크 방식으로 연결되어 하나의 하이퍼텍스트시를 이루게 된다.

이렇게 만들어진 작품 '하이퍼텍스트 풀'을 독자가 읽는 방법도 이전의 '원본 풀'을 대하는 것과는 매우 다르다. 예를 들어 1단계 김수영 시인의 "풀이 눕는다"에서 출발해서, 2단계에서는 46개의 시구 가운데 "그대 마음 깊은 곳에서 자라는 풀이"라는 시구가 마음에 들어 그것을 마우스로 클릭했다고 치자. 그러면

"그대 마음 깊은 곳에서 자라는 풀이/가난한 이들의 길을 열고"(이제하)라는 온전한 시구가 글쓴이의 이름과 함께 나타난다. 이 단계에서 독자는 '잇는 글' 단추를 선택해 다음 3단계의 글을 읽거나, '즉석 비평' 단추를 클릭해 해당 시구에 대한 비평에 참가할 수 있다. 다음 단계, 그 다음 단계에서도 계속 이런 방식으로 읽어 나가면 된다. 또한 이 하이퍼텍스트시는 각 어절 단위로 하이퍼링크되어 독자가 원하는 시구 단위로 선택해 읽어 나갈 수도 있다. 독자의 선택에 따라서 이 하이퍼텍스트시는 얼마든지 변형이 가능한 것이다. 여기에 저자의 권위 혹은 아우라 같은 말은 설 자리를 잃는다. 우리는 지금 눈앞의 가상공간에서 새롭게 탄생한 시인과 독자를 접하고 있는 셈이다. 아니, 그 웹사이트에 들러 클릭, 클릭했다면 우리 자신이 이미 '새로운 독자'가 된 것이다.

물론 이 같은 시도에 대해서 여러모로 찬반 논의가 일어날 수 있다. 우선 원본의 확정 문제가 제기될 것이며, 저작권의 귀속 문제 역시 현실적인 걸림돌이 될 것이다. 또한 작가와 독자 간의 상호작용이나 위상 변화는 작품 창작의 진정한 주체가 누구인가 하는 근원적인 혼란을 야기할 수도 있다. 뿐만 아니라 하이퍼텍스트시의 구조적 특성상 완결되기보다는 분산되기 마련인 텍스트를 두고 '문학성'을 문제 삼을 수도 있을 것이다. 그러나 이 시도에서는, "전통적인 독서의 행위(이 경우에는 해당 링크를 클릭하는 행위)가 곧 창조의 행위에 맞먹게 되었다는 점이 중요한 점이다. 독자에게 완성된 텍스트가 제공되는 것이 아니라, 독자가 텍스트를 완성해 가는 것이기 때문이다"[86]라는 견해가 우선한다. 시인과 독자들이 작품 창작 과정에서 상호소통하며 새로운 차원의 시인·독자로 그 성격이 변화한다는 점에 이 시도의 가장 큰 의의가 있기 때문이다.

86 권혁웅, 「새로운 세기의 새로운 글쓰기」, 『문학·선』, 2003. 하반기, 30쪽.

「生時 · 生詩(Live Poems)」 웹사이트의 일부

이 프로젝트는 또한 인터넷을 이용한 시 쓰기에서 공동 창작의 가능성을 공개적으로 타진했다는 점에서 주목된다. 다만, 각 참가자들이 시구를 작성하는 과정에서 앞 단계 참가자가 남긴 화두의 일부를 반드시 포함해야 한다든가, 일정한 분량 내에서 작품을 완성시켜야 한다는 등의 인증 기준을 둔 점은 독자들의 상호작용의 통로를 지나치게 제한한 것으로 보인다.

같은 해 11월 김정란·이중재 등이 시도한 「生時·生詩(Live Poems)」는 시인들의 기존 작품에 하이퍼텍스트 기술을 응용해 영상과 음향을 덧입힌 일종의 감상용 웹아트이다. 이 프로젝트는 문학이 시도할 수 있는 다양한 가능성 중 하나를 구체화했다는 의의를 띤다.[87] 그러나 인터넷의 큰 장점인 시인과 독자 사이의 상호작용의 통로가 마련되지 않았다는 결정적 약점을 지닌다.

앞선 두 시도는 인터넷에 기반을 둔 하이퍼텍스트시의 가능성과 한계를 동

87 이용욱, 「인터넷 시대의 서정시」, 『문학, 그 이상의 문학』(역락, 2004), 356쪽.

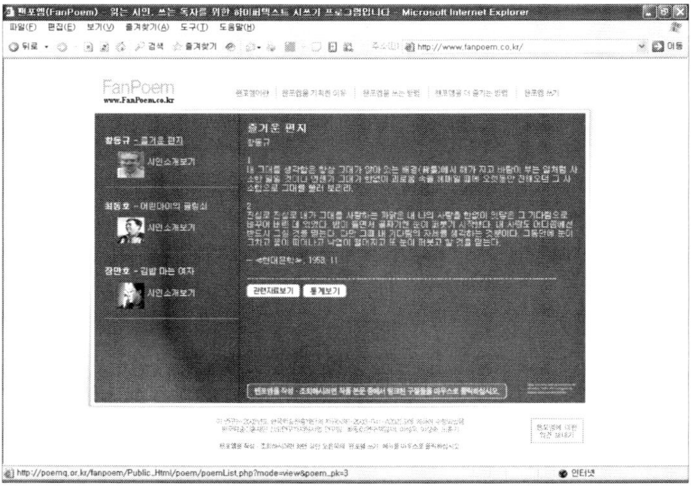

「팬포엠FanPoem」 웹사이트의 초기화면

시에 시사한다. 가능성과 한계 여부는, 시인과 독자들의 끝없이 이어지는 시적 상상력을 어떻게 양방향으로 수용할 수 있는가에 달려 있다. 시인과 독자의 상호작용 가운데 일차적인 형태는 촌평·단평이나 전문적인 비평 행위이다. 온라인이든 오프라인이든 작품에 대한 비평 행위는 우리에게 매우 익숙한 것이다. 그런데 여기서 더 나아가 시인과 독자 사이의 가장 적극적인 형태의 상호작용을 상정할 수 있다. 다름 아닌 '읽는 시인'과 '쓰는 독자'라는 위상의 변화이다. 새로운 방식의 하이퍼텍스트 시쓰기 프로그램으로서 「팬포엠FanPoem」의 가능성 역시 이 지점에 놓인다.

3.6. 팬포엠의 가능성과 실제 구현

팬포엠이란 명칭은 '팬'과 '포엠'을 합쳐 새로 만든 말이다.[88] 독자들이 좋아하는 시인의 작품이 인터넷에 하이퍼텍스트 형식으로 작성되어 공개되고, 독자들은 시인의 작품 본문 중에서 마음에 드는 구절을 마우스로 클릭, 선택하여 자신의 시를 짤막하게 지어 덧붙이는 방식으로 시 창작이 이루어진다. 이때 시인의 작품에 덧붙인 독자들의 시는 저마다 독립적인 작품이면서 동시에 서로 하이퍼텍스트 방식으로 연결된 한 편의 연작시 성격을 띠게 된다.

「팬포엠」은 앞서 시도되었던 「언어의 새벽」이나 「生時·生詩」 등 하이퍼텍스트시들의 특성을 수렴하는 한편, 동양 한시 전통에서 운자 맞추기 놀이로 전해지는 '사운'의 맥을 잇고 있다. 따라서 「팬포엠」은 하이퍼텍스트의 전통에 토대를 두고 '읽는 시인'과 '쓰는 독자'라는 변화 가능성에 초점을 맞춘 새로운 방식의 하이퍼텍스트 시쓰기 프로그램이라 할 수 있다.

인터넷에서 하이퍼텍스트 방식으로 팬포엠을 구현하는 것의 장점은 무엇보다 독자들이 손쉽게 시 창작에 참여할 수 있다는 점이다. 독자들의 입장에서는, 시 한 편 전체를 처음부터 구상하고 시를 써야 하는 것이 아니라 시인의 작품 본문 중에서 자신이 선택한

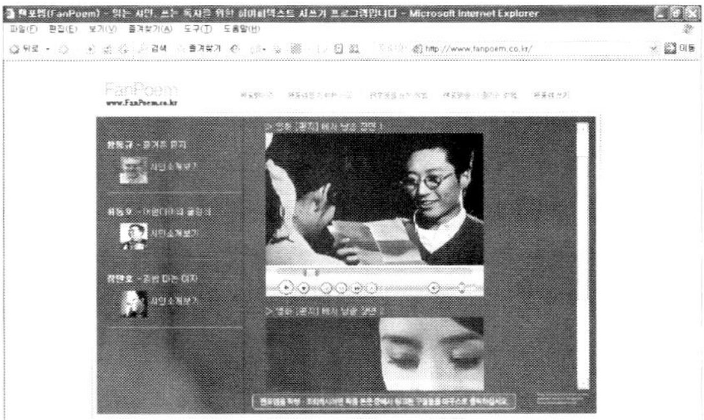

팬포엠 쓰기 화면에서 '관련 자료 보기' 단추를 클릭하면, 동영상과 시낭송 파일, 비평문 등 다양한 자료를 접할 수 있다.

88 '팬포엠'과 비슷하지만 구별해야 할 명칭으로 '팬픽fanfic'이 있다. 팬픽은 팬 픽션fan fiction의 준말로 애니메이션이나 영화, 컴퓨터 게임에 등장하는 스타를 주인공으로 팬들이 쓰는 소설을 말한다. 우리나라에서 팬픽은 1990년대 후반부터 인터넷을 통해 유행하기 시작했으나, 최근에는 대중문화 스타를 등장인물로 한 십대 취향의 동성애 소설로 변모하는 양상을 띠고 있다.

시구를 길잡이 삼아 짤막한 분량의 시구를 덧붙이기만 하면 된다. 이 덕분에 시 창작에 대한 부담으로부터 훨씬 자유로울 수 있다.

팬포엠은 일반 독자뿐 아니라 기성 시인들에게도 새로운 방식의 창작 동기를 부여할 수 있을 것으로 보인다. 시인들은 자신의 작품을 쓰기 이전에 다른 시인들의 작품과 그 작품에 더해진 팬포엠들을 읽으며 시적 영감을 얻을 수 있다. 또한 시인 자신의 작품에 덧붙인 독자들의 팬포엠을 통해서 이전과는 다른 성격의 시적 상상력의 교류와 변주를 경험할 수도 있을 것이다.

팬포엠 웹사이트(www.fanpoem.co.kr)에 접속한 사용자가 팬포엠을 작성하는 방법은 이렇다. 우선, 팬포엠 초기화면 상단 오른쪽의 '팬포엠 쓰기'를 마우스로 클릭한다. '팬포엠 쓰기' 화면에서 마음에 드는 팬포엠 기본 텍스트를 선택할 수 있다. 기본 텍스트로 설정된 작품은 다음 세 편이다.

> 황동규, 「즐거운 편지」(『현대문학』, 1958. 11, 45쪽)
> 최동호, 「어린아이의 굴렁쇠」(『공놀이하는 달마』, 민음사, 2002, 84쪽)
> 장만호, 「김밥 마는 여자」(『현대문학』, 2001. 4, 218쪽)

이들 기본 텍스트는, "문학 작품의 목표는 더 이상 독자를 소비자로 만드는 것이 아니라 텍스트의 생산자로 만드는 것이다"[89]라는 롤랑 바르트의 시각에서 보자면 '쓸 수 있는 텍스트le scriptible'[90]에 해당한다. 이 시편들을 읽고 나서 작품 관련 동영상이나 시인의 육성 시낭송 파일, 비평문 등 다양한 형태의 자료[91]를

89 Roland Barthes, *S/Z*(Paris : Édition du Seuil, 1970), p. 10. "L'enjeu du travail littêraire (de la littêrature comme travail), c'est de faire de lecteur, non plus un consommateur, mais un producteur du texte."

90 *Ibid*.

91 각 작품별 관련 자료 목록은 다음과 같다.

섭렵한다. 만일 아무런 선입관 없이 팬포엠을 쓰고 싶다면 관련 자료들은 보지 않아도 된다.

그 다음, 시인의 작품 본문 가운데 마음에 드는 구절을 마우스로 클릭한다. 사용자가 선택할 수 있는 링크 단위는 시의 형태에 따라 시행 또는 문장을 기준으로 의미의 흐름이 자연스런 범위 내에서 나뉘어 있다. 사용자가 선택한 시구에 해당하는 팬포엠들이 나열될 것이다. 여기서 다른 사람들이 쓴 팬포엠 작품을 자유롭게 살펴볼 수 있다.

마지막으로, 팬포엠 조회 화면 아래쪽의 '팬포엠 작성' 단추를 클릭하면, 자신만의 시구를 써넣을 수 있는 게시판 윈도우가 열린다. 일반적인 인터넷 게시판에 글을 쓰듯 자신의 시를 써넣은 후 '작성' 단추를 누르면 팬포엠 작성이 완료된다.

특히 팬포엠 프로그램에는 작품을 쓰는 과정에서 별도의 제한 규정이 없다. 특정 시구를 포함시켜야 한다거나, 글자 수를 몇 자 이내로 맞춰야 한다는 등 어찌 보면 운영자 위주인 작성 규칙을 없앴다. 팬포엠의 형태는 한두 행만 쓸 수도 있고, 여러 행으로 이루어진 시 한 편의 형식을 취할 수도 있다. 이는 읽는 독자에서 쓰는 독자로의 존재 전환을 보다 자유롭게 하기 위한 것이다.

한편 팬포엠 프로그램은 시를 읽고 쓰기만 하는 것이 아니라, 팬포엠 작품들

▩

황동규, 「즐거운 편지」: 황동규, 「「즐거운 편지」의 얼개」, 『詩가 태어나는 자리』(문학동네, 2001), 35-55쪽 ; 영화 「편지」(이정국 감독, 1997)에서 시낭송 장면 동영상 파일 2개.

최동호 「어린아이의 굴렁쇠」: 시인의 육성 시낭송 파일 ; 김용희, 「소금의 고독과 절정의 피」, 『현대시학』, 2004. 10, 21-24쪽 ; 시집 『공놀이하는 달마』에 관한 조정권, 이성선, 설악산인 무산의 단평.

장만호, 「김밥 마는 여자」: 시인의 육성 시낭송 파일 ; 이성우, 「시인과 사회, 그리고 그 사이의 소리들」, 『현대시학』, 2002. 9, 44-49쪽 ; 유안진, 「시가 있는 아침 : 장만호의 「김밥 마는 여자」」, 『중앙일보』, 2003. 12. 1, 35쪽.

을 상호 평가하고 전체 진행 상황을 통계 수치로 확인하는 기능을 내장하고 있다. 먼저, 팬포엠 작품을 상호 평가하거나 추천하는 기능이다. 팬포엠으로 등록된 작품들을 읽다 보면 '아, 이렇게 생각하고 쓸 수도 있구나!' 감탄하기도 하고, 또 때로는 '내 느낌과는 좀 다른 걸' 하는 생각을 가질 수 있다. 이런 느낌과 생각들을 그냥 흘려버리지 않고 '한 줄 평가'에 남길 수 있다. 팬포엠 작품 조회 화면에서 아랫부분의 공란에 의견을 적고 '저장' 단추를 누르면 된다. 이와 함께 별표 개수를 1−5개 중에서 선택해 등급을 매기는 것도 가능하다. 아울러 팬포엠 작품은 마음에 드는데 그렇다고 한 줄 평가를 써넣거나 별표로 등급 매기는 것은 번거로울 수 있다. 이런 사용자들은 '추천' 단추를 이용하면 된다. 팬포엠 작품 조회 화면에서 '추천' 단추를 누르면, 해당 작품에 대한 추천 횟수가 올라가는 것을 실시간으로 확인할 수 있다.

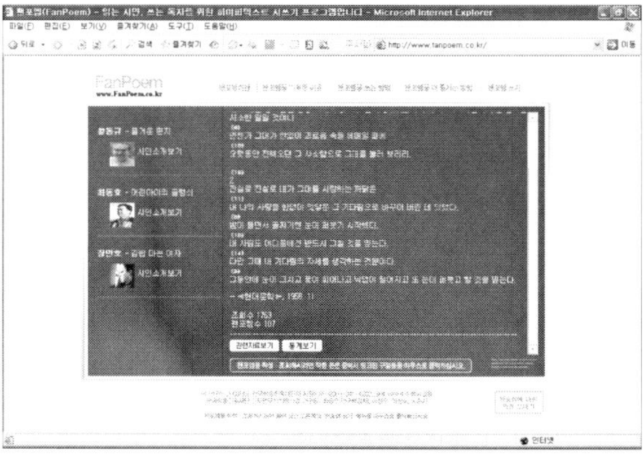
팬포엠 프로그램의 통계 산출 기능. '통계 보기' 단추를 클릭하는 그 순간의 팬포엠 작성 현황이 통계 수치로 표시된다.

또한, 팬포엠의 전체 진행 상황을 통계 수치로 점검하는 것이 가능하다. 팬포엠 기본 텍스트 조회 화면에서 아랫부분에 위치한 '통계 보기' 단추를 클릭하면, 그때까지의 팬포엠 진행 상황이 일목요연하게 통계 숫자로 표시된다. 현재 조회 가능한 항목은 팬포엠 기본 텍스트의 조회수를 비롯해 기본 텍스트에 대한 팬포엠 등록 편수, 각 시구별 팬포엠 작성 편수 등이다. 앞으로 통계 수치 항목은 더 늘려 나갈 수 있다. 이 통계 수치가 일정 기간 이상 누적되면 팬포엠 자체는 물론 시 창작 전반에 걸친 의미 있는 자료가 될 것으로 판단된다.

그런데 인터넷을 기반으로 한 시 창작 프로그램에서 가장 매력적이고 놀라운 부분은 다양한 특성을 지닌 사용자들로부터 끊임없이 나오는 창조적인 생각들이다. 하이퍼텍스트 시쓰기 프로그램을 표방한 「팬포엠」의 경우에도 그 가장 중요한 몫은 사용자들에게 돌려야 한다. 프로그램의 설계, 구현이나 운용상 미비한 점은 단기간에 개선할 수 있지만, 사용자들의 창조적 성과물은 인위적으로 축적할 수 없기 때문이다.

여기서는 2004년 11월 1일부터 2005년 1월 31일까지 3개월간 팬포엠 웹사이트에서의 프로그램 운용 결과를 비교적 객관적인 통계 수치를 중심으로 고찰하려 한다. 이 분석 방법은, "앞으로의 문학 연구는 문학 텍스트의 구성에 작용한 구조 원리나 법칙성을 찾아내기 위해 좀더 체계적으로 디지털 텍스트 제작자의 경험과 노하우, 인접 학문의 성과들을 활용하면서 연구 방법을 과학화 내지 계량화하는 방향으로 나아가야 할 것이다"[92]라는 견해를 적극 수용한 결과이다. 무엇보다 팬포엠 기본 텍스트에 대한 사용자들의 반응과 팬포엠 이용자들의 성향 분석에 초점을 맞출 것이다.

팬포엠 웹사이트에서 한 번이라도 이 프로그램을 접해 본 사용자라면, 팬포엠의 기본 목적이 하이퍼텍스트 방식의 시 쓰기에 있다는 것을 어렵잖게 짐작할 수 있다. 이 점을 전제할 때, 팬포엠 기본 텍스트에 대한 사용자들의 반응을 가장 분명하게 드러내는 것은 하이퍼텍스트 링크 단위별로 팬포엠이 작성된

92 최유찬, 「디지털문화로서의 국어국문학 연구」, 『국어국문학』 129호(국어국문학회, 2001. 12), 74쪽.

현황이다. 특정 시구를 선택하여 그 구절을 모티프로 시를 썼다는 사실은 그만큼 해당 시구에 대한 독자의 관심이 크다는 것을 표출하기 때문이다. 먼저, 황동규의 「즐거운 편지」에 대한 팬포엠 사용자들의 반응 양상을 살펴보자.

「즐거운 편지」의 하이퍼텍스트 링크 단위별 팬포엠 작성 현황

하이퍼텍스트 링크 단위	팬포엠 편수	팬포엠 백분율 (순위)
① 내 그대를 생각함은 항상 그대가 앉아 있는 배경背景에서 해가 지고 바람이 부는 일처럼 사소한 일일 것이나	18	16.8 (1)
② 언젠가 그대가 한없이 괴로움 속을 헤매일 때에	9	8.4 (7)
③ 오랫동안 전해오던 그 사소함으로 그대를 불러 보리라.	10	9.3 (6)
④ 진실로 진실로 내가 그대를 사랑하는 까닭은	16	15.0 (3)
⑤ 내 나의 사랑을 한없이 잇닿은 그 기다림으로 바꾸어 버린 데 있었다.	11	10.3 (5)
⑥ 밤이 들면서 골짜기엔 눈이 퍼붓기 시작했다.	8	7.5 (8)
⑦ 내 사랑도 어디쯤에선 반드시 그칠 것을 믿는다.	18	16.8 (1)
⑧ 다만 그때 내 기다림의 자세를 생각하는 것뿐이다.	14	13.1 (4)
⑨ 그동안에 눈이 그치고 꽃이 피어나고 낙엽이 떨어지고 또 눈이 퍼붓고 할 것을 믿는다.	3	2.8 (9)
계	107	100

우선 두드러진 점은 링크 단위 ①과 ⑦에서 가장 많은 팬포엠이 작성되었다는 사실이다. 특히 ⑦에서 많은 팬포엠이 씌어진 것은 뜻밖의 결과로 받아들여질 만하다. 사랑의 영원함을 부정하는 듯한 이 시구에 독자들은 왜 이토록 이끌렸을까? 팬포엠 웹사이트에 관련 자료로 등록된 시인 자신의 산문과 영화 「편

지」의 슬픈 결말이 독자들에게 은연중 영향을 끼쳤을 수 있다. 가령 시인은 이 시구에 대해 이렇게 언급했다. "지금 볼 때, 그 정신은 사랑도 세월이 지나면 결국 인간의 선택 대상의 하나가 될 뿐이라는, 그 시 쓸 당시 우리 정신계를 풍미했던 실존주의가 가미된 것이라는 생각이 든다. 그렇기 때문에 기다림의 끝을 예상하는 것 자체가 기다림의 한 포즈가 될까봐 '반드시 그칠 것을 믿는다'의 '반드시'라는 부사까지 동원되고 있는 것 같다."[93] 시인의 해설을 그대로 받아들인다 하더라도 의문은 남는다. 사랑의 영원성을 영악하다고 할 만큼 믿지 않는 것처럼 보이는 이 시의 화자에게서 나온 ④와 같은 진술에 독자들은 또한 큰 관심을 보이고 있기 때문이다. ④에서 이 시의 화자는 ⑦과는 상반되게 사랑의 진정성을 거듭 강조하고 있다. 이처럼, 겉으로 보기에는 양립할 수 없을 듯한 ⑦과 ④가 한 작품 안에 들어 있고, 또한 그 구절들이 가장 효과적으로 팬포엠 이용자들의 시적 상상력을 촉발한다는 데 이 시의 가장 큰 비밀과 매력이 있다고 생각된다.

마지막 시구인 ⑨를 제외한 모든 링크 단위에 비교적 고르게 팬포엠이 분포된 것도 이 작품에 대한 사용자 반응의 한 특성이다. 다만 ⑨에서 팬포엠 이용자들의 반응 정도가 급격히 떨어진 점은, 상대적으로 팬포엠 편수가 월등한 첫 시구 ①과 대비된다. 첫 시구와 마지막 시구 사이의 이 현격한 차이는 앞으로 시창작론의 관점에서 좀더 해명해야 할 부분이다.

이어서, 최동호의 「어린아이의 굴렁쇠」의 경우를 보자.

93 황동규, 「「즐거운 편지」의 얼개」, 『詩가 태어나는 자리』(문학동네, 2001), 40쪽.

「어린아이의 굴렁쇠」의 하이퍼텍스트 링크 단위별 팬포엠 작성 현황

하이퍼텍스트 링크 단위	팬포엠 편수	팬포엠 백분율 (순위)
① 어린아이는 자라서 끝내 어른이 되고/어른은 다시 어린아이가 된다	15	25.9 (1)
② 시작에서 끝으로 가고 다시 끝에서/처음으로 되돌아가는 등 굽은 굴렁쇠 바퀴	14	24.1 (2)
③ 세월의 채찍을 힘차게 휘둘러라	2	3.4 (7)
④ 굴렁쇠 굴리며 둑길을 달려라	2	3.4 (7)
⑤ 새파란 풀 찰랑거리며 자라나는 길 언덕에/굴렁쇠 바퀴가 은빛 햇살을 뿌린다	2	3.4 (7)
⑥ 민들레 피어나고, 꽃씨는 날아가고/바보는 침 흘리고,	4	6.9 (5)
⑦ 아이들의/깨소금 웃음소리/환하게 낭랑한 세상에서	7	12.1 (3)
⑧ 어른들은 마술사처럼 둥근 도넛/담배연기를 만들어 빙그레 미소 짓고	3	5.2 (6)
⑨ 물구나무선 아이들은/두 팔로 세상을 번쩍 들어 올린다	6	10.3 (4)
⑩ 해는 다사롭게 오글거리며 빛나고/연두빛 노래바람 푸르게 출렁일 때	1	1.7 (11)
⑪ 버들피리 부는 아이들은 둑길을 달리며/꽃처럼 자라난다	2	3.4 (7)
계	58	100

먼저 눈에 띄는 사실은 링크 단위 ①과 ②에 전체 팬포엠의 절반 이상이 몰려 있다는 점이다. 이 작품의 주제 의식이 집약된 구절에 팬포엠 사용자들의 관심이 자연스레 집중된 것으로 보인다. 가령 ①에 의해 씌어진 팬포엠을 보면, 「수레바퀴 아래서」(정문구)나 「회귀」(한지은), 「뫼비우스의 띠」(조치호), 「나, 이제 아이가 되련다」(한강욱), 「아이로 돌아가다」(이상백), 「굴렁쇠」(이완우), 「다섯 살의 기억」(이유진), 「어제가 그리운 지금」(정선애) 등 영원회귀의 주제 의식을 그대로 이어받은 작품들이 대부분이다. 그 다음으로 빈도수가 높은

⑦과 ⑨ 역시 같은 맥락에서 이해할 수 있다. 이 시의 제목에 나오는 '어린아이'라는 시어에 팬포엠 사용자들이 매우 민감하게 반응하고 있다. 그만큼 기본 텍스트로서 이 시의 주제 의식이 명료하다는 방증일 것이다. 아울러 팬포엠 웹사이트에 접속하는 사용자들이 대부분 일정 정도의 문학 교육을 받았거나 지금 받고 있을 것이라는 추측을 가능하게 만드는 대목이기도 하다.

이런 점들은 팬포엠 이용자들이 이 시의 주제 의식에 깊이 공감했음을 나타내지만, 상대적으로 다른 시구에 대한 관심의 정도가 위축되는 결과를 낳은 것도 사실이다. 이를테면 ⑩에서는 단 한 편의 팬포엠만이 작성되었으며, ③과 ④, ⑤, ⑪ 역시 두 편씩의 팬포엠에 그쳤다. 팬포엠을 쓰는 과정에서 특정 시구를 선택하는 것이 전적으로 사용자의 자유의사에 달려 있음을 감안한다면, 한 편의 시에서 주제 의식의 집중과 독자들의 다양한 시적 관심의 확산 사이의 미묘한 함수 관계를 고찰하는 작업 역시 필요하다고 판단된다.

장만호의 「김밥 마는 여자」에서는 작품 배경을 제시한 첫 행에 팬포엠이 집중되었다.

「김밥 마는 여자」의 하이퍼텍스트 링크 단위별 팬포엠 작성 현황

하이퍼텍스트 링크 단위	팬포엠 편수	팬포엠 백분율 (순위)
① 눈 내리는 수유 중앙 시장	13	18.9 (1)
② 가게마다 흰 김이 피어오르고	8	11.6 (2)
③ 묽은 죽을 마시다 보았지,	5	7.2 (5)
④ 김밥을 말다가/문득 김발에 묻은 밥알을 떼어먹는 여자	6	8.7 (3)
⑤ 끈적이는 생애의 죽간竹簡과	2	2.9 (12)
⑥ 그 위에 찍힌 밥알 같은 방점들을,	4	5.8 (9)
⑦ 저렇게 작은 몟목이 싣고 나르는 어떤 가계家系를	4	5.8 (9)

⑧ 한 모금 죽을 마시며 보았지	5	7.2 (5)
⑨ 시큼한 단무지며 시금치며/색색의 야채들을	4	5.8 (9)
⑩ 밥알의 끈기로 붙들어 놓고	5	7.2 (5)
⑪ 붓꽃 같은 손이 열릴 때마다 필사되는/검은 두루마리,	2	2.9 (12)
⑫ 이제는 하나가 된/그 단단한 밥알 속에서 피어오르는	5	7.2 (5)
⑬ 삼색의 꽃들을	6	8.7 (3)
계	69	100

①에서 작성된 팬포엠들은 '수유리' 또는 자신만의 특별한 공간에서의 개인적이며 구체적인 경험을 토대로 씌어진 작품이 대부분이다. 예컨대 "나, 수유리에서 태어나,/여태 수유리에서 살고 있네/세상의 모든 길들이 수유리에서/시작되고, 수유리에서 마감하네"로 시작하는 「수유리는 마음의 고향」(수유리 출신)을 비롯해, "눈 내리는 수유 중앙 시장"을 제목으로 삼거나 첫 행에 배치한 팬포엠만 해도 7편에 이른다. 작품의 도입부에 설정한 시적 배경이 독자들로 하여금 특정 장소에 대한 내밀한 기억을 불러내는 과정에서 독특한 공감의 효과를 산출한 것으로 보인다.

「김밥 마는 여자」는 특히 주요 이미지들이 작품 전편에 걸쳐 치밀하게 배치된 작품이다. 이 때문인지 팬포엠의 분포 역시 매우 고른 편에 속한다. 다만 ⑤-⑥과 ⑨-⑩, ⑫-⑬에서 보이듯, 하이퍼텍스트 시쓰기 프로그램을 구현하기 위하여 링크 단위별로 시구들을 기계적으로 짧게 끊어 놓은 것이 이미지들의 의미 연관을 저해한다는 점을 감지할 수 있다. 실제로 이들 링크 단위에서 작성된 팬포엠들을 살펴보면, 기본 텍스트와는 동떨어진 지엽적인 소재 위주의 작품인 경우가 대부분이다. 이런 점은 앞으로 하이퍼텍스트 방식의 시 쓰기

기본 텍스트 조회 빈도와 팬포엠 작성 편수 비교

	텍스트 조회 빈도	팬포엠 편수	팬포엠 작성 백분율
「즐거운 편지」	1,763	107	6.1
「어린아이의 굴렁쇠」	1,681	58	3.5
「김밥 마는 여자」	1,907	69	3.6
계/평균	5,351	234	4.4

도구를 설계하거나 구현할 때 반드시 고려해야 할 사항이다.

앞에서 팬포엠 웹사이트에 접속하는 사용자들이 대부분 일정 정도 문학 관련 교육을 받았거나 받고 있을 것이라는 추측을 한 바 있지만, 위의 도표를 보면 문학 교육과 실제 창작 사이의 거리가 그리 가깝지만은 않다는 사실을 새삼 확인하게 된다.

초기화면에서 시 쓰기 프로그램이라는 사실을 분명히 공지하고 있음에도 불구하고, 팬포엠 웹사이트에 들러 기본 텍스트를 읽은 사용자가 실제로 팬포엠 창작에까지 이르는 비율은 전체 평균 4.4퍼센트에 그친다. 동일 사용자에 의한 누적 조회 수를 감안해서 다시 계산한다 하더라도 팬포엠 작성 비율이 크게 높아질 것 같지는 않다. 인터넷이라는 가상공간에 하이퍼텍스트라는 새로운 방식의 시 쓰기 프로그램을 도입하더라도 그것이 시 쓰기 자체를 대신할 수는 없다는 것이다. 팬포엠을 비롯한 모든 저작 도구는 정도의 차이는 있을지언정 시 창작을 활성화하는 매개로서 의의를 지닐 뿐, 가장 중요한 창작 의욕과 시적 창조성은 어디까지나 개인의 몫일 수밖에 없다는 것이다.

현재 전체 234편에 달하는 팬포엠들 중에는 단 한 줄로 이루어진 작품이 있는가 하면 35행에 이르는 긴 작품(장인혜의 「달빛의 노래」)도 있다. 대개 기본 텍스트의 이미지를 빌려 모방하거나 변형하는 수준이지만, 자신만의 시적 상상력을 펼쳐 보인 예외적인 경우도 눈에 띈다(김필호의 「그친다고 해서 사랑이 아닌 것은 아니다」, 조미희의 「이유」, 박인형의 「file 인생」, 이정은의 「그곳에 서서」 등). 우리는 팬포엠 작품들에 나타나는 이 같은 편차가 개별 팬포엠으로서든 전체 연작시 개념의 팬포엠으로서든 대부분 진지한 시작 과정의 일부라는 점을 인정해야 할 것이다.

시를 쓰는 궁극의 목표는 한 편의 좋은 시이지만, 팬포엠 프로그램의 목적은 결과가 아니라 창작 과정 그 자체에 있다고 해도 좋을 것이다. 인터넷과 하이퍼텍스트, 멀티미디어 등으로 대변되는 디지털 문화 시대에 문학 작품의 창작 과정을 굳이 신비화할 필요는 없을 것이기 때문이다. 결국 팬포엠 프로그램은 한 편의 완결된 작품만을 산출하기 위한 것이 아니라 수많은 미완의 작품들을 끌어안기 위한 것이라고도 말할 수 있겠다.

앞서 살펴보았듯 하이퍼텍스트는 인류의 오랜 역사를 통해서 선형적 사고와 순차적 텍스트의 한계를 극복하기 위해 제시된 대안적 사고방식이자 텍스트 구성 원리이다. 하이퍼텍스트는 특히 최근 인터넷과 접목되면서 그 가능성을 크게 주목받고 있다.

하이퍼텍스트시는 시인과 독자의 위상 변화에 긍정적 역할을 해 온 것이 사실이지만, 다른 한편에서는 "문학이 성취했던 사유와 상상, 기법이나 문체 등을 다 팽개치고 가장 빈곤한 수준에서 이리저리 헤매는 것"[94]이라는 오해 섞인 비판을 받고 있는 것도 사실이다. 이 같은 비판은 하이퍼텍스트시가 근본적으로 비선형적 텍스트라는 고유의 특성을 충분히 파악하지 못한 상태에서

94 신범순, 「사이버 시대 시의 유령적 초상과 창조적 고민의 소멸」, 『한국현대문학연구』 8집(한국현대문학회, 2000. 12), 22쪽.

제기되는 것으로 보인다.

하지만 하이퍼텍스트가 기존의 서사 형식보다 우월한 것이라든가, 기존의 서사 형식을 포괄적으로 대체할 수 있다는 낙관은 성급하며 위험하기조차 하다는 지적[95]에는 충분히 귀를 기울여야 할 것으로 보인다. 시 분야에 국한해서 말하자면, 하이퍼텍스트 개념을 적용한 시와 기존의 시는 어느 한쪽이 다른 쪽을 대체하거나 부정할 수 있는 것이 아니기 때문이다. 다만, 우리는 하이퍼텍스트 개념을 받아들여 현대시의 새로운 형태를 모색하는 과정에서 디지털 기술이나 지식은 유연하게 받아들이고 공유하되, 무엇보다 개인의 창조성을 최대한 보장해야 한다는 점을 먼저 고려해야 할 것이다.

95 정호웅, 「정보화 시대의 문학연구와 문학교육의 새로운 방향」, 『한민족어문학』 37집 (한민족어문학회, 2000. 12), 95쪽.

4. 멀티미디어시, 홈시어터 시스템과 맞붙어도 되는가

4.1. 인간의 감각 기관에 총체적으로 접근하려는 노력

문학 작품에서 시각, 청각 등의 감각 이미지는 엄밀히 말해 그 자체로서 존재하는 것이 아니다. 그것들은 독자들의 자발적인 '협조' 아래 심리적으로 재현되는 것에 불과하다. 이런 이유로 텔레비전이나 영화 등 소리와 이미지를 자체적으로 내장한 영상 매체에 밀려 문학의 입지가 좁아진 것은 엄연한 현실이다. 그러나 소리와 이미지 등을 '멀티미디어'란 용어로 한데 묶어 제공하는 디지털 기술의 등장은, 문학의 새로운 활로 개척과 영역 확장에 중요한 변수가 되고 있다.

1990년대 이후 본격적으로 거론되기 시작한 '멀티미디어'는 그 기술적 발전과 확산에도 불구하고 아직 개념 규정이 모호한 용어에 속한다. 다만 그 어원으로 보자면 1960년대 아방가르드 예술이나 히피 문화에서 보여 준 음악, 광선, 쇼 등을 동반하는 이른바 '멀티미디어 해프닝'에서 그 뿌리를 찾을 수 있다. 이후 1970년대에는 슬라이드 쇼에 사운드가 함께 제공되는 교육용 패키지를 '멀티-미디어'라고 부른 바 있다.[96]

현재 멀티미디어라는 용어는 논의되는 분야에 따라 매우 다양한 의미로 통용되고 있다. 이를테면 컴퓨터 통신 공학자들은 컴퓨터 데이터를 하나의 시스템에서 다른 시스템으로 전송해 주는 하드웨어를 멀티미디어라고 지칭하는 반면, 오디오·비디오 전문가들은 이미지를 사운드와 함께 전달하는 표현 양식을 가리킨다. 그리고 콘텐츠 생산자들은 하나의 스크린에 텍스트, 그래픽, 사운드를 통합한 패키지를 멀티미디어라고 부른다.[97]

이 같은 개념적 모호성과 용법의 다양함에도 불구하고 멀티미디어라는 용어를 가로지르는 중요한 특성들을 종합한다면, 다음과 같은 정의를 내리는 것이 가능하다. 멀티미디어란 다양한 매체를 통합하여 인간의 감각 기관에 총체적으로 접근하는 것이다.

우리의 이 정의에서 먼저 '다양한 매체를 통합한다'는 말은 매체 중심적 접근법을 염두에 둔 것이다. 이는 어디까지나 방법론적인 정의이다. 매체 기술은 인류의 역사를 통해 끊임없이 발전해 왔으며 미래에도 분명 그러할 것이다. 서로 다른 분야에서 개발되는 매체 기술을 통합하는 것, 이제는 이것도 하나의 독립된 고유 영역으로 인정해야 한다.

또한 '인간의 감각 기관에 총체적으로 접근한다'는 말은 모든 기술의 주체와 중심은 기술 그 자체가 아니라 인간이어야 한다는 점을 표현한 것이다. 이는 물론 멀티미디어의 이상적 형태를 가정한 것이다. 현실적으로 인간의 모든 감각 기관에 인공적인 수단을 통해 총체적으로 접근할 수 있는 기술은 아직 개발되지 않았다. 다만 그러한 상태를 지향할 뿐이다. '가상현실' 기술이 고도로 발달한다 하더라도 인간의 모든 감각 기관을 완전히 충족시키는 그런 경지

96 Richard Wise, *Multimedia : A Critical Introduction*(New York : Routledge, 2000), pp. 1–4.

97 이재현, 『멀티미디어와 디지털 세계』(커뮤니케이션북스, 2004), 4쪽.

에는 도달하지 못할 것이다. 만일 그런 경우가 있다면 그것은 비정상적 수단에 의한 마비 혹은 죽음의 상태일 것이다. 따라서 멀티미디어라는 용어는 현실적으로 다음과 같이 재정의할 필요가 있다. 멀티미디어란 다양한 매체를 통합하여 인간의 감각 기관에 총체적으로 접근하려는 것이다.

4.2. 멀티포엠이 제기하는 몇 가지 문제들

우리 현대시에서도 이러한 멀티미디어 기술이 외부 환경에 그치지 않고 작품 내부에서 중요한 구성 요소로 작용하는 작품들이 그 모습을 드러내기 시작했다. '멀티미디어시' 또는 '멀티포엠' 등으로 불리는 이 작품들의 등장은 시 양식의 변화가 당대의 기술 발전과 매우 밀접하게 연관되어 있음을 실증적으로 보여 주는 예다. 이런 흐름을 이끈 대표적인 시인으로는 원구식과 장경기를 거론할 수 있다.

> 엄청나게 빠른 속도로 변화하고 있는 정보화시대·멀티미디어시대의 기술은 예술의 양식에 어떠한 변화를 가져올 것인가. 가장 먼저 눈에 띄는 변화는, 기술의 발전이 지금까지 가져 온 양식의 세분화를 멈추고 이제는 종합화를 향해 그 걸음을 매우 빠르게 옮기고 있다는 점이다. 시와 소설, 사진, 회화, 음악 등 인접 장르의 구분이 무너지고, 예술이 종합적인 형태를 지향하고 있는 것이 최근의 현실이다.[98]

원구식은 정보기술의 발전이 예술 양식의 종합화를 촉진하고 있다는 현실 진단에서 출발한다. 이 진단은 물론 그만의 독특한 이론에서 나온 것은 아니다.

98 원구식, 「누가 시의 위기를 말하는가 : 멀티미디어 시대에 있어서 시인의 역할」, 『현대시』, 1997. 1, 20-21쪽.

오늘날에는 거의 일반론에 가까운 진술이다. 그런데 오히려 이런 사정 때문에 그의 주장은 현실적인 힘을 획득하는 것으로 보인다. 그는 또한, 영상 매체가 고도화될수록 문자를 적게 요구하는데 바로 이 지점에서 압축된 운문으로서 시의 필요성이 강조된다고 지적한다. 이에 따라 시의 영역은 가요를 비롯하여 멀티미디어 전반으로 확대된다는 것이다. 더 나아가 그는 활자 매체보다 적은 비용으로 시와 노래와 영상을 동시에 표현할 수 있다면, 이제 시는 당연히 '말스러움'에서 '노래스러움'으로 이동해야 한다고 주장한다.[99] 그는 매우 현실적인 대안을 내놓는다.

> 이 고단한 사업의 첫 삽은 시의 영역을 확대하는 데서 찾아야 한다. 시의 영역은 더 이상 축소될 수 없을 만큼 축소되어 있다. 시가 활자 매체를 고집한 지가 얼마나 오래되었던가. 그러나 시가 굳이 활자 매체만을 고집할 필요가 없는 시대가 되면 우리는 당연히 새로운 양식을 생각해야 하는 것이다. 시 속에 음악을 받아들이고, 영상을 받아들이고, 서사적 구조를 받아들여 예전의 시와 같은 영역을 회복하여야 한다.[100]

활자 매체에 대한 집착에서 벗어나 다른 양식 요소들을 과감히 시 속에 받아들이자는 이 주장은 분명 멀티미디어시를 염두에 둔 것이다. 원구식의 말대로 그것이 "예전의 시와 같은 영역"을 회복하게 해 줄지는 의문이다. 하지만 그는 시의 영역을 확대하기 위한 이론적 논의만이 아니라 현실적인 실천이 필요하다는 입장에서 이 글을 쓴 것으로 보인다. 원구식의 이 같은 주장을 실제 작품 활동으로 뒷받침한 시인이 바로 장경기이다.

99 원구식, 「'말스러움'에서 '노래스러움'으로의 이동」, 『현대시』, 1997. 7, 20–30쪽.
100 원구식, 「누가 시의 위기를 말하는가 : 멀티미디어 시대에 있어서 시인의 역할」, 『현대시』, 1997. 1, 23–24쪽.

장경기는 멀티미디어와 관련해서 시의 신생 장르를 개척해야 한다는 매우 적극적인 주장을 펼친다. 그는 문자와 소리, 영상 등 모든 가능한 표현 매체들을 한데 아우르는 형태의 시에 '멀티포엠multipoem'이란 이름을 붙였다. 그에 의하면 멀티포엠은 지면에 발표되는 문자시와는 달리 극장이나 텔레비전에서 상영하거나 CD-ROM 등의 매체를 통해 발표된다.[101] 그는 여기서 머물지 않고 한 편의 원작으로 다양한 응용 서비스를 개발하는 원소스 멀티유스one source multi use 방식을 멀티포엠에 도입하겠다는 계획을 밝히기도 했다.[102]

실제로 장경기는 멀티포엠 작품들을 직접 창작하고 이를 다양한 매체를 통해 발표해 왔다. 비디오테이프로 만들어진 『夢想의 피』(1998)를 비롯해 CD-ROM으로 제작된 『안개의 집』(1998)과 DVD 타이틀로 출시된 『장경기 멀티포엠 작품집』(2003), 그리고 장편 연작시 『마고』(2001)를 원작으로 그 이듬해부터 영화·연극·사진집·음반·캐릭터·멀티포엠 등 이른바 토탈 콘텐츠를 시도 중인 '마고'가 그 대표적 예다.

다음 화면은 인류 문명의 한 주기가 마감되고 있음을 동양의 창조 신화와 개인적 체험을 모티프로 형상화했다는 『안개의 집』[103]을 컴퓨터를 이용해 실행한 영상을 그대로 지면에 옮긴 것이다. 이 화면을 통해 짐작할 수 있듯 멀티미디어시는 그 전달 방식의 측면에서 이전의 문자시와는 확연히 다르다. 일단 컴퓨터나 전용 플레이어가 있어야만 시를 감상할 수 있다. 문자시를 눈으로 읽던 것과는 매우 다른 상황이다. 말 그대로 '독자'가 아니라 '감상자'가 되어야 한다. 장경기의 멀티포엠은 무엇보다 정보화 시대를 대변하는 매체인 컴퓨터를 시

101 장경기, 「멀티포엠의 가능성」, 『현대시』, 1997. 7, 42-56쪽.
102 장경기, 「토탈 콘텐츠, 토탈 엔터테인먼트 속의 시」, 『현대시』, 2001. 3, 40-58쪽.
103 장경기, 『안개의 집』, CD-ROM(나라미디어, 1998).

장경기의 멀티포엠『안개의 집』을 컴퓨터를 이용해 감상하는 화면

창작과 수용의 장으로 끌어들였다는 점에서 매우 의미 있는 시도라고 평가된다. 그러나 여기에서 우리는 몇 가지 미학적인 문제를 제기할 수 있다.

먼저, 컴퓨터 기술에 의한 이른바 멀티 언어가 문자 언어로서 시의 언어를 대체할 수 있다는 장경기의 기본 태도에는 중대한 오류가 내재된 것으로 보인다. 장경기는『안개의 집』이 수록된 CD-ROM 시집의 해설에서 이렇게 적고 있다. "문자의 두 가지 폐해는 첫째, 인간으로 하여금 논리와 추상화 중심으로 세계를 보게 만드는 횡포, 둘째, 그럼으로써 문자를 통한 인식 주체로서의 인간의 세계에 대한 카리스마적 횡포에 있다. 멀티포엠은 추상적인 기호가 아닌 보다 직접적인 이미지와 음, 그 밖의 모든 표현 수단을 동원함으로써, 인간을 인식 주체로서의 폭군적인 자아로부터 해방시키고, 문자를 통한 추상화, 기호화의 오류로부터 해방시킨다." 성귀수가 이미 지적했듯, 장경기의 이 말은 언어의 자의성을 겨냥하는 측면에서는 일면 타당하다. 하지만 문자 언어로서 시어의 특성을 지나치게 무시했다는 점에서 한계를 드러낸다.[104] 더욱이 '이미지와

음, 그밖의 모든 표현 수단'으로 문자 언어를 대체했을 때, 그가 말하는 멀티포엠의 정체성은 상당히 모호해진다. '멀티미디어시'에서 '시'는 떼어 버리고 '멀티미디어'만 남겨 놓은 형국이 되어 버리는 것이다. 여러 매체를 사용한다 하더라도 시의 문학적 정체성이 훼손되어서는 안 될 것이기 때문이다.

그렇다고 장경기의 멀티포엠을 별도의 새로운 예술 장르로 규정하는 데에도 많은 무리가 따른다. 그는『안개의 집』타이틀 화면에, "멀티포엠은 사이버공간과 실제공간이 혼재된 세계 속을 살아가는 현대인, 다중감각이 체질화되어 가는 현대인을 향해서 피워 올린 21세기 신예술장르입니다"라는 자막을 삽입해 놓았다. 그러나 이 작품에서 화면에 표시되는 문자와 영상, 스피커를 통해 들려오는 소리는 기존의 문자시에 비해 분명 색다른 감상 경험을 제공하는 것은 사실이지만, 그것이 기존의 영상 시집이나 예술적 취향의 영화에 비해 어떤 새로움을 지니는가에 대해서는 아무래도 부정적인 평가를 내놓을 수밖에 없다. 이 작품에 동원된 문자와 소리, 영상 등의 매체 요소들은, "필자의 멀티포엠 작업의 주요 관심사는 결국 기호문자가 표현해 낼 수 없는 영역을 표현해 낼 수 있는 '새로운 언어'에 대한 실험과 개발 과정"[105]이라는 시인의 언급과는 달리 작품 전체의 의미 요소로서 융합되지 못했으며, 더구나 그 매체 요소들은 새로운 장르적 상상력의 차원까지는 나아가지 못했기 때문이다. 최근 발표된『마고』[106]의 경우, 오히려 멀티미디어의 비중이 더 커졌을 뿐 근본 문제는 여전히 해결되지 않은 것으로 보인다.

104 성귀수, 「멀티포엠 실험이 내게 불러일으킨 몇 가지 논점에 관한 고찰」, 『시와반시』, 2000. 가을, 161-162쪽.
105 장경기, 「멀티포엠 창작 현장 리포트 2005」, 『리토피아』, 2005. 가을, 336쪽.
106 장경기, 『마고』, CD-ROM, 『리토피아』, 2005. 가을, 특별부록.

한민족의 창세 신화이자 인류의 창세 신화로 알려진 '마고신화'를 모티프로 한 장경기의 멀티포엠 『마고』의 주요 장면들.

4.3. 인간 주체의 시각에서 다시 출발해야 할 멀티미디어시

이제 우리는 멀티미디어시에서 '멀티미디어'라는 매체 중심적 정의에 충실한 것이 오히려 문학 장르로서 멀티미디어시의 정체성을 모호하게 만든다는 이율배반적인 결론에 도달한다. 그 대신 우리는 '인간의 감각 기관에 총체적으로 접근하려 한다'는 인간 주체의 시각에서 멀티미디어시의 개념을 유연하게 재정의할 필요가 있다. 예컨대 다음 시편들은 직접적으로 영상이나 소리를 내보내는 대신 시의 본문이 '실행'되거나 간접적으로 소리를 '환기'하는 기법으로 멀티미디어시의 효과를 살린 작품들이다.

먼저 연왕모 시인의 「<html> <head> <title> 뭘 찾는데요?</title> </head>」(『현대시학』, 2000. 6, 113–116쪽)라는 희한한 제목의 작품은, 그 본문을 웹브라우저에서 읽어 들여 '실행execution'하는 것이 가능하다. 이때 주목할 것은, 시의 본문이 웹브라우저를 통해 읽히면서 텍스트를 보여 주는 게 아니라 일종의 컴퓨터 언어로 작동하여 다음과 같은 실행 화면을 생성한다는 점이다.

이 화면은 인터넷 이용자라면 누구나 한 번쯤 접속해 보았을 '구글'이나 '네이버' 같은 인터넷 검색 사이트를 본뜬 것이다. 그런데 이 화면은 검색어에 대해 적절한 검색 결과를 내놓지 못한 경우에 해당한다. 화면 중앙의 "당신의 검색어 '?'에 대한 검색 결과가 없습니다"란 메시지를 보면 이런 사정을 짐작할 수 있다.

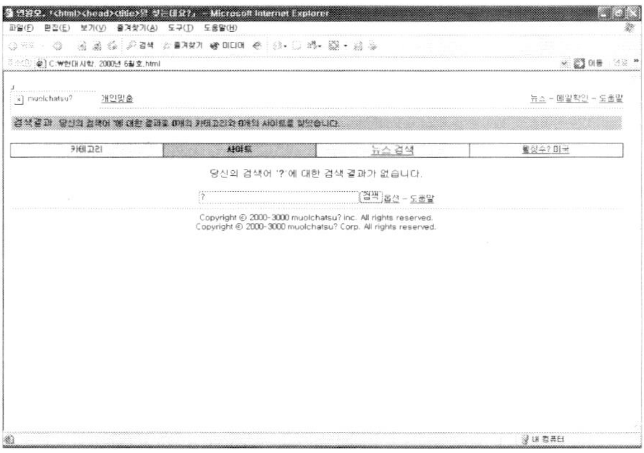

연왕모 시인의 작품 본문을 웹브라우저에서 읽어들여 실행한 화면

이는 물론 고정된 화면이다. 시의 본문을 시인이 고쳐 쓰지 않는 한, 이 시의 본문으로 이루어진 이 검색 엔진은 영원히 아무것도 찾아내지 못한다. 이 시의 본문을 수고스럽게 실행시켜 본 독자가 맞닥뜨리는 것은 그러므로 영원히 그 답을 찾아낼 수 없는 질문 그 자체로 구성된 화면인 셈이다.

거꾸로, 독자들이 이 상태에서 작품의 본문을 읽기 위해서는 웹브라우저 메뉴의 '보기(V)', '소스(C)'를 차례로 선택하면 된다. 컴퓨터 언어의 일종인 하이퍼텍스트 작성 언어(HTML)에 익숙지 못한 독자가 이 시의 본문을 읽고 그 뜻을 이해한다는 것은 사실상 불가능한 일이다. 아니 어쩌면 그럴 필요조차 없다. 이 시에서 진정한 의미는, 쉽게 알아볼 수 없는 시의 본문이 끊임없이 무엇인가를 찾아내야 하는 인터넷 검색 엔진을 구성한다는 사실 그 자체에 있을 것이기 때문이다.

이 시도에 대해서 연구자의 문학적 가치관에 따라 서로 다른 평가가 나올 수 있다. 하지만 이 작품이 우리 현대시에서 창작 기법과 수용 방식의 변화를 단적으로 드러낸다는 점은 그 누구도 부인할 수 없을 것이다. 또한 이 작품은 멀티미디어시에서 '멀티미디어'의 의미를 단순히 이미지나 소리 차원이 아니라 '실행'의 영역까지 확장하고 있다는 점에서도 그 의의를 인정받아야 할 것으로 판단된다.

여기서 우리는 또한 HTML을 사용한 멀티미디어시와 하이퍼텍스트시의 차이점을 분명히 해둘 필요가 있다. 두 가지 시 형식이 모두 HTML을 사용하는 것은 사실이다. 그러나 하이퍼텍스트시는 인터넷과 같은 온라인 공간에서든 아니면 통신망에 연결되지 않은 컴퓨터의 하드디스크에 저장된 오프라인 상태에서든, 하이퍼링크 방식으로 작성된 또 다른 하이퍼텍스트 문서와 반드시 연결되어 있어야 한다. 이 조건을 충족시켜야 비로소 진정한 의미에서의 하이퍼텍스트시라고 할 수 있다. 이에 비해 HTML을 사용한 멀티미디어시는 다른 하이퍼텍스트 문서와 반드시 연결될 필요는 없다. HTML은 단지 멀티미디어 기능을 구현하기 위한 프로그램 언어로 사용될 뿐이기 때문이다. 연왕모 시인의 작품이 바로 이런 경우의 멀티미디어시에 해당한다.

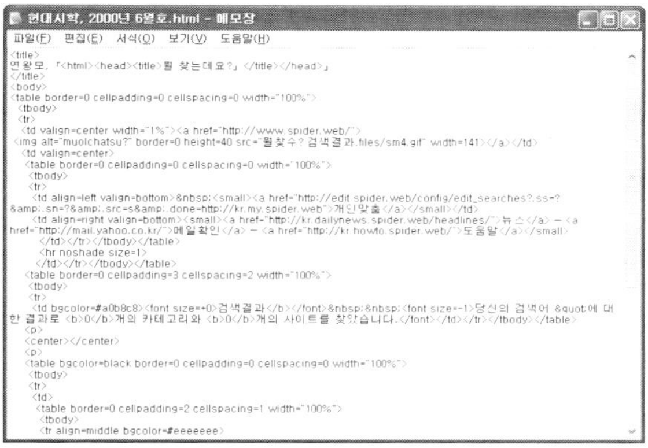

```
현대시학, 2000년 6월호.html - 메모장
파일(F) 편집(E) 서식(O) 보기(V) 도움말(H)
<title>
연왕모,「<html><head><title>뭘 찾는데요?」</title></head>」
</title>
<body>
<table border=0 cellpadding=0 cellspacing=0 width="100%">
 <tbody>
 <tr>
  <td valign=center width="1%"><a href="http://www.spider.web/">
 <img alt="muolchatsu?" border=0 height=40 src="뭘찾수?검색결과.files/sm4.gif" width=141></a></td>
  <td valign=center>
   <table border=0 cellpadding=0 cellspacing=0 width="100%">
    <tbody>
    <tr>
     <td align=left valign=bottom> <small><a href="http://edit.spider.web/config/edit_searches?.ss=?
&amp;.sn=?&amp;.src=s&amp;.done=http://kr.my.spider.web">개인맞춤</a></small></td>
     <td align=right valign=bottom><small><a href="http://kr.dailynews.spider.web/headlines/">뉴스</a> - <a
href="http://mail.yahoo.co.kr/">메일확인</a> - <a href="http://kr.howto.spider.web/">도움말</a></small>
      </td></tr></tbody></table>
      <hr noshade size=1>
     </td></tr></tbody></table>
   <table border=0 cellpadding=3 cellspacing=2 width="100%">
    <tbody>
    <tr>
     <td bgcolor=#a0b8c8><font size=+0>검색결과</b></font>  <font size=-1>당신의 검색어 &quot;에 대
한 결과로 <b>0</b>개의 카테고리와 <b>0</b>개의 사이트를 찾았습니다.</font></td></tr></tbody></table>
   <p>
   <center></center>
   <p>
   <table bgcolor=black border=0 cellpadding=0 cellspacing=0 width="100%">
    <tbody>
    <tr>
     <td>
      <table border=0 cellpadding=2 cellspacing=1 width="100%">
       <tbody>
       <tr align=middle bgcolor=#eeeeeee>
```

웹브라우저에서 '보기-소스' 메뉴를 통해 연왕모 시인의 작품 본문을 표시한 화면 그런데 멀티미디어시의 성격과 존재 의의를 논할 때, 지금까지 살펴본 작품들 못지않게 다음과 같은 유형의 작품을 통해서도 우리는 중요한 시사점을 얻을 수 있다.

> 오늘 새벽 나는 간신히, 간신히, '90년대에 나온 한 두껍고 풍요하고 지루한, 했던 소리 또 하는 듯한 시집을 사흘에 걸쳐서 다 읽고 나서, 같잖았다.
>
> 국제적으로 놀고 있었고, 했던 몽타주 또 하고 있었고, 횡설수설, 성실하기는 성실하구나, 끊임없이 중얼거려대다가, 억지로, 억지로, 끼워 맞추어본 다음, 꾹꾹 눌러서 포장을 하고 있었다. (얘가 이럴 지경까지는 아니었을 텐데……)
>
> 그래서……
>
> 후다닥, 두려움에, 1997년도에 나온 내 시집을 다시 읽어보았다. 어어어? 삼십 분만에 다 읽히는 빈약한, 텅 빈 내용에다, 한 여자에 빠져 폐가 망신한 내용이 전부였다! 도대체, 도무지, 이럴 수가!
>
> 나는 한동안 멍하니, 멍청하게, 앉아 있다가, 후다닥, 내 일생 일대에서 처음으로, 진정으로, '반성'이란 걸 하는 마음으로 이 '자서' 또는 '후기'를 쓴다, 쓰노라!
>
> 독자여, 독자 제위여, 그동안, 나 몰래, 얼마나 많이들 나를 비웃으셨는지! (아아, 주디가 열 개라도 드릴 말씀이 없네요…… ^^)))!
>
> 2003년 11월 12일
> 가짜 시인, 박 남 철
>
> 정태춘, "탁발승의 새벽 노래"
> 〈embed src="http://song.oldbutgood.co.kr/정태춘,박은옥-탁발승의_새벽_노래.asf" loop="true"〉
>
> —박남철, 「자서 또는 후기」 전문(『문학과사회』, 2004. 봄, 49-50쪽)

이 시는 사흘에 걸쳐 읽은 다른 시인의 시집에 대한 비판적 인식이 도리어 삼십 분만에 다 읽히는 자신의 시집에 대한 자괴감으로 바뀌는 과정을 그려낸 작품이다. 시인이 거론하고 있는 자신의 시집은, "나는 늘 내가 현실주의자인 걸로 착각하며 살아온 듯하다"로 시작해 "모니터를 끄면 사라지는 내 사랑이여"로 끝나는 후기가 붙은 『자본에 살어리랏다』(창작과비평사, 1997)이다. 그로부터 6년 뒤에 다시 쓰는 자서 또는 후기가 바로 이 작품인 셈이다.

이 작품에서 주목해야 할 부분은 마지막 대목이다. 이 부분은 인터넷 홈페이지에서 가수 정태춘·박은옥의 「탁발승의 새벽 노래」라는 음악 파일을 감상하는 데 필요한 HTML 소스를 그대로 작품 안에 삽입하는 방식으로 이루어져 있다. 그러니까 이 시는 음악이라는 멀티미디어 요소를 내장하는 방식이 아니라 독자들에게 '링크' 또는 '환기'하는 방식으로 멀티미디어시의 기능을 수행하는 특이한 작품이라 할 수 있다. 최근의 인터넷 환경에 어느 정도 익숙한 독자라면 해당 음악 파일을 인터넷에서 찾아 들으면 되고, 좀더 적극적인 독자라면 음반을 통해 그 곡을 감상하는 것도 가능한 일이다.

이때 중요한 점은, 독자가 자발적으로 특정 음악을 듣도록 만드는 힘은 이 시 전체의 의미 구조에서 비롯된다는 사실이다. 이 시는 무엇보다 폭력과 자학 사이에서 형태 파괴를 일삼던 기존의 박남철 시와는 다른 자기 성찰을 보여준다. 때문에 이 시의 제목에 나오는 '자서'는 자신의 저서에 써 붙이는 머리말로서의 자서가 아니라 스스로의 잘못을 진술하여 적는 자술서를 의미하는 듯하고, '후기'는 시집의 본문 끝에 덧붙이는 글이 아니라 삶의 끝에 가서 기록하는 글 같다는 생각을 불러일으킨다. 바로 이러한 점이 독자들에게 '탁발승의 새벽 노래'라는 제목의 음악이 이 시의 정조에 썩 어울릴 것이라는 느낌을 갖게 만든다. 이 공감의 힘에 의해 이 시는 실제로(독자가 이 음악을 찾아 들을 경우) 또는 가상으로(독자의 기억 재생에 의해) 해당 음악 파일을 무한히 반복해서(loop="true") 재생하게 된다.

이 대목이 중요하게 시사하는 것은, 멀티미디어시에서 각각의 매체 구성 요소들이 독자들에게 일방적으로 강요되는 방식으로는 진정한 멀티미디어시의 효과를 거두기 힘들다는 점이다. 그런 방식의 멀티미디어시라면, 첨단 방식의 대형 화면과 5.1, 7.1 혹은 그 이상의 채널로 입체 음향을 뿜어내는 홈시어터 시스템에 길들여진 독자들에게 소구하는 힘이 미약할 수밖에 없기 때문이다. 우리는 현대시에서 '새로움'의 문제를 생각할 때 창작 기법의 변화만이 아니라 작품이 놓여 있는 현실의 맥락도 함께 고려해야 한다.

결국 멀티미디어시의 활로는 멀티미디어 요소들을 독자들에게 얼마나 현란하게 보여 주고 들려주느냐에 달려 있는 것이 아니라, 해당 멀티미디어 요소가 한 작품의 의미 구성 요소로서 얼마나 적절히 결합되었는가에 달려 있다는 것이다. 이는 달리 말해, 가령 김종길이 설정한 시의 네 가지 의미 요소인 말뜻, 말소리, 이미저리, 어조 등의 요소[107]와 멀티미디어 요소가 서로 유기적으로 결합하여 시의 전체 의미를 효과적으로 산출할 수 있어야 한다는 뜻이다. 멀티미디어시라면 물론 이 여러 가지 요소 중에서 멀티미디어 요소를 상대적으로 더 비중 있게 만드는 일도 얼마든지 가능하다. 요컨대 멀티미디어 요소가 시인의 당위에 의해서가 아니라 독자의 공감에 의해 작품에 내장됨으로써 시의 텍스트와 디지털 매체의 특성이 상호작용해야 한다는 점, 바로 여기에 멀티미디어시의 존재 조건과 그 가능성이 놓여 있다는 것이다.

107 김종길, 「시의 요소」, 유종호·최동호 편저, 『시를 어떻게 만날 것인가』(작가, 2005), 49-67쪽.

5. 디지털 정보 시대, 시 쓰기와 시 읽기는 진화하는가

5.1. 지식이 아니라 정보가 시 해석의 열쇠

컴퓨터와 인터넷으로 대변되는 디지털 공간에서 정보를 수집하는 방식으로 시를 쓰고, 또 같은 방식으로 시를 읽어 내는 일 역시 디지털 시대의 변화된 문학 환경을 실증적으로 보여 주는 예라고 할 수 있다. 이에 해당하는 대표적인 작품을 시와 비평문으로 나누어 고찰하려 한다. 먼저 이원 시인의 작품을 읽어 보자.

> 도마뱀은 두 앞발로 붉은 줄기를 딛고 머리로
> 한낮의 허공을 살짝 들어올리고 있다
> 겹겹의 불빛이 뒤덮인 텅 빈 청계고가는
> 어둠에 매몰된 청계천을 두고 남은 뼈 같은 차선으로
> 한밤의 허공을 내지르고 있다
>
> 도마뱀과 청계천 모두 허공의 길이다
>
> 내가 불러내는 어느 말은 도마뱀 속으로 오고

내가 불러내는 어느 말은 청계천 속으로 온다
오래된 말들도 빛의 속도로 온다
내내 도마뱀의 허공으로 오기도 하고
내내 청계천의 허공으로 오기도 한다

도마뱀과 청계천이 만나고 갈라지는
말들이 올라타고 달리는
허공의 길을 나는 모른다

줄기 밖에서 흔들리는 도마뱀의 꼬리를 찾기도 전에
청계천의 어둠에 길을 이어보기도 전에
도마뱀과 청계천은 사라지고
내가 불러낸 말들은 순식간에 오장육부를 꺼내놓고

도마뱀과 청계천 사이에서
말들을 자꾸 불러내는 나는
기다린다 말머리가 보이기 전에
존재의 무게로 먼저 흔들리게 될지도 모를
모니터 속의 허공을

—이원, 「백과사전은 도마뱀과 청계천 사이에 있다」 전문
(『실천문학』, 2004. 봄, 40-41쪽)

시를 분석하는 일반적인 방법은 해당 작품을 몇 가지 주요한 의미 요소로 나누어 살펴보는 것이다. 시 분석 방법에 관해서 많은 이론적 관심을 표명해 온 김종길은 1920년대 후반 영미 비평에서 허버트 리드와 에즈라 파운드, I. A. 리처즈 등의 견해를 참조하여 시의 의미 작용에 관여하는 네 가지 요소를 설정한 바 있다. 김종길이 주목한 시의 의미 요소는 말뜻, 말소리, 이미저리, 어조이

다. 이 네 가지 요소가 서로 유기적으로 결합하여 시의 의미 작용을 이룬다는 것이다. 물론 이 네 가지 요소 중에 어느 한 가지만으로 시의 의미 작용이 충분히 달성되는 경우는 거의 없다. 네 가지 요소 중 어느 것이 상대적으로 더 중요한 요소로 작용하는 경우가 있을 뿐이다.[108]

김종길이 언급한 시의 네 가지 의미 요소를 염두에 두고 위에 인용한 이원의 시를 구체적으로 살펴보자. 대부분의 독자들은 먼저 이 시의 제목이 의미하는 바를 추론하면서 본문을 읽어 내려 갈 것이다. 이 시에는 일단 말뜻을 헤아리기 어려울 만큼 난해한 시어는 없다. 시의 의미에 영향을 줄 만큼 말소리를 특별하게 운용한 구절도 발견되지 않는다. 화자의 어조도 그 반대의 뜻으로 새겨야 할 만큼 뒤틀린 부분이 없다. 그렇다면 이 시는 이미저리 사용에 주의를 기울이는 방식의 시 읽기만으로도 그 의미 구조를 파악할 수 있을 것 같다.

이 시는 그러나 이 같은 우리의 기대를 저버린다. 말뜻을 모르는 시어 하나 없는데, 작품의 의미 구조가 제대로 드러나지 않는다. 제목부터 그 의미를 짐작하기 힘들다. '백과사전'이 '도마뱀'과 '청계천' 사이에 있다니, 도대체 무슨 뜻일까. 아무리 궁리해 보아도 '백과사전'과 '도마뱀'과 '청계천' 사이에서 의미 있는 연관을 찾을 수가 없다.

혹시 '도마뱀'과 '청계천'은 어떤 관련이 있을까. 시의 본문에는 "도마뱀과 청계천 모두 허공의 길이다"라는 구절이 있고, "내가 불러내는 어느 말은 도마뱀 속으로 오고/내가 불러내는 어느 말은 청계천 속으로 온다"는 구절이 나온다. 우선, 도마뱀과 청계천이 모두 '허공의 길'이란 표현은 그것들이 실제의 도마뱀이나 청계천이 아닐 수도 있음을 의미할 것이다. 또한 '말을 불러낸다'는

108 김종길, 「시의 요소」, 유종호·최동호 편저, 『시를 어떻게 만날 것인가』(작가, 2005), 49-67쪽.

것은 백과사전에 등재된 표제어를 찾아보는 행위를 가리키는 듯하다. 그렇다면 인류의 지식이 집약된 백과사전이란 것은, '도마뱀'으로 표현된 오래된 자연과 '청계천'으로 표상된 인간의 삶 모두를 포괄한다는 의미가 아닐까. 이 작품은 결국 오늘날 인류의 지적 문명이 자연과 인간 사이에서 적절히 조화를 이루어야 한다는 점을 말하고 있는 것이리라.

그런데 이것으로 이 시의 주요 의미 구조를 모두 밝힌 것일까. 만일 그러하다면 이 시의 마지막 행에 나오는 "모니터 속의 허공"은 또 무엇을 의미하는 것일까? 지금까지 이 시를 읽어 온 방식으로는 별달리 뾰족한 대답을 내놓을 수가 없을 것이다.

이 시는 단적으로 말해 정규 교육 과정을 이수한 사람이 도서관의 책을 읽으며 축적한 지식만으로 접근해서는 해석의 실마리를 찾기가 쉽지 않은 작품이다. 이 작품을 읽어 내려면 이 시에 나오는 '백과사전'과 '도마뱀'과 '청계천'이 무엇을 비유하는가 궁리할 것이 아니라, 그것들이 실제로 무엇인가를 알고 있어야 한다. 이 시를 해석하는 데 절대적으로 필요한 것은 학문적 지식이나 추론의 능력이 아니다. 그보다는 이 시를 쓴 시인과 동시대인으로서 공유하는 경험이나 정보가 결정적 역할을 한다. 이 시의 마지막 행에 나오는 "모니터"란 용어야말로 지금 우리에게 필요한 경험이나 정보가 무엇인가를 암시하는 키워드이다.

지금 시인은 컴퓨터 모니터를 들여다보며 시를 쓰는 중이다. 이 시에 나오는 '백과사전'과 '도마뱀'과 '청계천'이 모두 그 모니터 안에 들어 있다. 시인이 모니터를 통해 보았을 것을 우리도 함께 보도록 하자. 먼저 '백과사전'이다.

이 시에서 말하는 백과사전은 종이로 된 책이 아니다. 그렇다고 CD-ROM이나 DVD 타이틀로 제작된 전자 매체도 아니다. 인터넷에서 제공되는 온라인 방식의 백과사전이다. 다음 화면은 시인이 사용한 『두산세계대백과 엔싸이버』라는 인터넷 백과사전 사이트에서 '정보' 항목을 검색해 본 결과이다. 이 시인은 시를 쓰는 데 필요한 지식이나 정보를 주로 인터넷 방식의 백과사전을 통해 얻고 있었던 모양이다. 이로써 이 시에 대한 새로운 해석의 실마리가 풀렸다. 이어서 '도마뱀'이 무엇인지 확인해 보자.

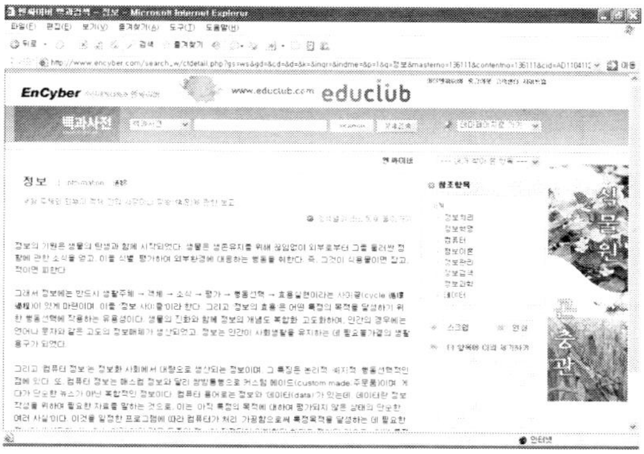

인터넷에서 온라인 방식으로 제공되는 백과사전

그 다음 화면은 온라인 백과사전 사이트의 콘텐츠 상세 항목으로 이동하는 로딩타임 중에 삽입되는 광고 화면 중의 하나이다. 이 화면을 보고 나면 시인이 작품의 도입부에서 "도마뱀은 두 앞발로 붉은 줄기를 딛고 머리로/한낮의 허공을 살짝 들어올리고 있다"고 한 대목이 상상이 아니라 묘사에 의한 구절이었음을 알게 된다. 이 광고 화면은 물론 운영 회사 측의 의도에 따라 얼마든지 다른 것으로 교체될 수 있다. 이 회사의 온라인 백과사전을 이용해 특정 항목을 검색하기 위해서는

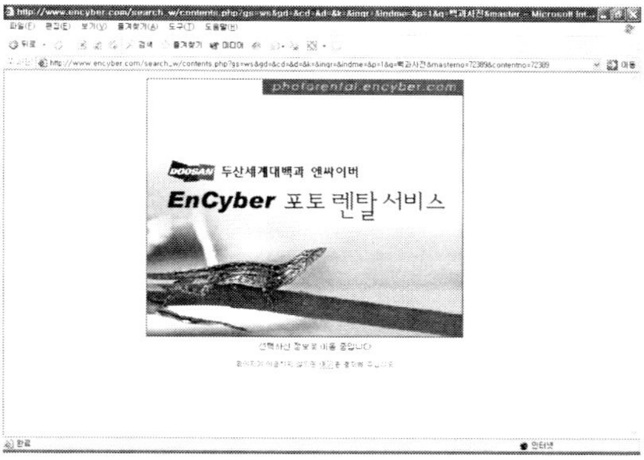

온라인 백과사전 이용 시 삽입되는 광고의 하나

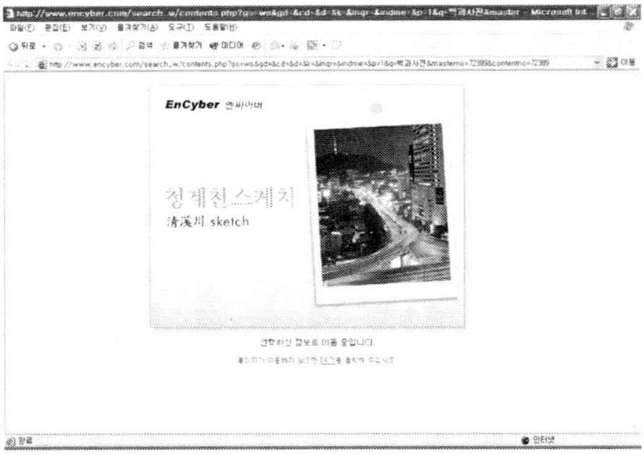

'도마뱀' 화면과 번갈아 삽입되는 광고 화면

누구나 이런 종류의 광고를 거쳐야 한다. '청계천'도 이러한 광고 가운데 하나이다.

"겹겹의 불빛이 뒤덮인 텅 빈 청계고가는/어둠에 매몰된 청계천을 두고 남은 뼈 같은 차선으로/한밤의 허공을 내지르고 있다"는 구절을 이 화면 옆에 두고 읽는다면, 이 시의 의미 맥락이 한층 투명하게 다가오는 것을 느낄 수 있다.

앞의 '도마뱀' 화면과 이 '청계천' 화면이 번갈아 가며 광고로 삽입되는 인터넷 백과사전을 이용하면서 떠올린 착상을 시로 옮긴 것이 바로 이 작품이다. 제목에서의 "백과사전은 도마뱀과 청계천 사이에 있다"는 진술은 바로 이런 정황을 표현한 것이다. 이렇게 되면 이 작품의 해석은 앞서 우리가 행했던, '인류의 지적 문명은 자연과 인간 사이에서 조화를 이루어야 한다'는 의미와는 다른 방향으로 나아갈 수밖에 없다.

첫째 연은 앞서 지적했듯 온라인 백과사전 이용 직전에 삽입되는 두 종류의 광고 화면을 묘사한 것이다. 둘째 연부터 넷째 연까지는 손으로 책장을 넘겨가며 백과사전을 읽던 시대는 지나가고 있으며, 이제 백과사전은 인터넷이라는 가상공간에 존재하면서 컴퓨터 모니터를 통해 우리에게 지식을 전달한다는 사실을 그려내고 있다. 여기서 "허공"은 인터넷의 가상공간cyberspace을 한자식 표현으로 달리 옮긴 것이고, "빛의 속도"는 주로 광케이블optical cable을 이용해 가설되는 초고속 인터넷망을 염두에 둔 시구이다. 다섯째, 여섯째 연에서는 이 같은 현실에 대한 시인의 문제의식이 표출된다. 인류의 모든 지식의 결정체라 할 백과사전은 도서관이 아니라 "존재의 무게로 먼저 흔들리게 될지도 모를/모니터 속의 허공"에 있으며, 우리들은 그 백과사전을 이용하려면 어쩔 도리 없이 '도마뱀'과 '청계천' 같은 첨단 기법의 광고 메시지에 노출되어야 한다. 그렇다고 이런 변화를 무작정 거부할 수도 없다. 이제는 시인 역시 이런 현실을 단순히 비판만 할 수는 없게 되었다. 예컨대 컴퓨터 워드프로세서로 원고를 써서 이메일을 통해 잡지사나 출판사에 원고를 보내는 사람이, 이제는 그 개념이 변화된 '글쓰기'와 '의사소통 양식'에 관한 성찰은 하지 않고 단순히 과학기술을 비판만 한다면, 이 또한 올바른 태도는 아니기 때문이다. 인터넷에 온라인 방식으로 제공되는 백과사전과 그 백과사전에 접근하려면 어쩔 수 없이 보아야 하는 광고 사이에서 느끼는 이 같은 이율배반은 비단 이 시인만의 것이 아닐 것이다.

결국 이 작품에 대한 적절한 해석의 가능성은 동시대인으로서 이 시에 나오는 '백과사전'과 '도마뱀'과 '청계천'에 관한 정보를 공유하는가 여부에 달려 있다. 이 시의 경우처럼 시인이 그런 사정을 각주 등을 통해 밝혀 놓지 않으면, 학문적 지식에만 의존하는 독자는 그만큼 해당 작품을 오독할 위험성이 크다. 인터넷이라는 동시대적인 혹은 실시간적인 정보가 작품의 주요 모티프가 될 수 있고 또한 그렇게 씌어진 작품을 읽어 내는 데에도 그 정보가 결정적 역할을 하는 시대가 이렇게 우리 앞에 도래한 것이다.

5.2. 인터넷 정보의 유동성과 존재론적 불안

이어 인터넷을 통해 필요한 자료를 수집하는 방식으로 시를 읽어 내는 최근의 사례를 고찰하려 한다. 지금도 그렇지만 앞으로는 더욱더 많은 사람들이 인터넷이라는 가상공간에서 자신의 문제를 해결해 나갈 것으로 보인다. 우리가 살펴볼 김유중의 「섬세한 욕망의 너울」(『현대시학』, 2000. 7)이란 비평문은 이근배의 시 「오디」(『시와사상』, 2000. 여름)에 대한 작품론으로 씌어진 글이다. 대상 텍스트와 비평문 사이의 발표 시점이 인접한 것으로 미루어 알 수 있듯 김유중의 글은 월평의 성격을 띤 것이기도 하다. 일단 시 「오디」를 먼저 읽어 보자.

> 어린 날 끝물 뽕잎을 따러
> 보리밭 머리 등굽은 뽕나무에 올라 앉으면
> 누에가 고치를 치기 전의 세상이
> 검붉은 열매로 매달려 있다
> 감꽃처럼 떫은 첫 입맞춤이 닿기 전의
> 혀끝과 입술에 녹아드는 오디
> 누에는 왜 명주실로 집을 지어
> 나방이가 되지 못하고 끝나는 것일까
> 보리밭 이랑 넘어가는
> 맨발 계집애의 가는 허리를 보다가
> 손에 쥔 오디가 으깨지고 으깨지고
> 쉬, 쉬, 쉬, 쉬잇
> 무지개 서는 오줌발에
> 깜부기로 마스러지는
> 뽕나무 위의 하늘

이근배의 이 시를 읽고 나서, 평론가인 김유중으로서는 잡지사의 원고 마감일로 인해 비평문을 완성하기까지 그리 많은 시간을 가질 수는 없었을 것이다. 자신이 직접 선정한 텍스트라 하더라도 경우에 따라서는 작품 분석 과정에서 특정 분야의 정보가 더 필요할 때가 있다. 이때 어떤 경로를 통해 필요한 정보를 입수할 것인가 하는 점은 누구라도 회피할 수 없는 현실적인 문제이다.

김유중은 「오디」를 읽다가 '누에 고치'에 관한 정보가 필요했던 모양이다. 이 정보를 얻기 위해 그가 선택한 방법은 도서관이나 서점에서 전문 서적을 구한 것이 아니라 인터넷을 이용하는 것이었다. 무엇보다 시간을 절약하기 위한 선택이었겠지만, 오늘날의 시점에서 보자면 그의 선택은 매우 보편적인 것으로 받아들여진다. 일반인은 물론 전문 연구자들도 인터넷 정보를 자신의 글에 전거 표시 없이 이용하는 것조차 예사로운 일이 되어 가고 있기 때문이다. 다만 평론가 김유중은 자신이 비평문을 쓰면서 인터넷 정보를 이용한 사실을 글의 첫머리에 공개적으로 밝혀 놓았다는 점에서 우리의 주목을 끄는 것이다. 그가 '누에 고치에 관한 보고서'라는 소제목을 붙인 부분[109]을 발표 당시의 지면 그대로 보이면 다음 쪽과 같다.

여기서 김유중은 누에 고치와 관련된 정보 검색이 필요했던 것은 자신이 '서울 촌놈'인 까닭이라고 말한다. 이는 솔직한 고백 같다. 실제로 그는 이 글의 다른 부분에서 '서울 촌놈'의 작은 실수를 보여 주기 때문이다. "어린 시절, 뽕잎 따러 간 뽕밭에서 맛보았던 감꽃처럼 떫은 오디의 맛을 떠올리게 만든다. 덜 익어 차라리 잊지 못하게 만드는 묘한 맛의 여운."[110] 이 대목은 이근배 시의 한 구절을 축자적으로 해설한 부분인데, 덜 익은 오디가 감꽃처럼 떫은맛을 낸다는 것은 사실과 다르다. 오디가 덜 익었을 때는 새콤한 맛이 난다. 익을수록 단 맛이 더 강해진다. 이는 물론 작품 분석에 큰 영향을 주지 않는 사소한 착오에 불과하다.

우리가 확인하려는 것은 평론가 김유중이 자신이 지니지 못했던 경험과 지

109 김유중, 「섬세한 욕망의 너울」, 『현대시학』, 2000. 7, 28-29쪽.
110 같은 글, 32쪽.

누에 고치에 관한 보고서

• 누에는 알 → 애벌레 → 번데기 → 나방 단계를 모두 거치는 완전 탈바꿈 곤충이다. 누에는 알 상태로 겨울을 나고 봄이 되어 뽕잎이 돋아나기 시작하면 알에서 하나 둘 애벌레가 태어난다.

• 애벌레는 4일 동안 밤낮 없이 뽕잎을 먹은 후 허물 벗기(잠자기)를 한다. 누에는 한 번 허물을 벗을 때마다 나이를 1령씩 더 먹게 되는데 모두 4번 허물을 벗고 5령의 나이가 되면 고치를 짓는다. 누에가 마지막 4번째 허물을 벗은 1주일 가량 지나면 누에 몸 속은 온통 비단실이 전체 몸의 40% 정도 가득 차게 된다.

• 그러면 누에는 더 이상 뽕잎을 먹지 않고 집(고치)을 지을 곳을 찾는다. 누에는 토사관을 통해 실샘에서 8자나 S자 모양으로 토해내면서 고치를 만든다. 누에 한 마리가 토해내는 실의 길이는 1500m~1700m이며 고치를 짓기 시작한 지 이틀 쯤 지나면 고치가 완성되고 다시 1주일 정도가 되면 누에는 번데기로, 그로부터 다시 1주일이 지나면 번데기는 나방으로 탈바꿈한다.

• 나방은 보통 이른 아침에 스스로 고치를 뚫고 밖으로 나오며 나방 암컷은 고치에서 나오자마자 날씬한 수컷을 유혹하여 짝짓기를 시작한다. 암컷 한 마리는 500~700개의 알을 낳고 1주일 정도가 지나면 40여일 가량의 생을 마감한다.

(http://simanim.pe.kr/information/in__11.html)

• 알에서 깨어난 애기 누에를 뽕잎을 먹여 키웁니다. 누에가 다 자라면 고치 짓기를 시작합니다. 고치 짓기가 완성된 누에 고치를 뜨거운 물에 끓이면서 실의 올을 뽑아 물레를 이용하여 실 날기를 하고, 바디에 실을 꿰어 도루마리에 감아 이를 베틀에 올려놓고 명주를 짭니다.

(http://www.nsm.go.kr/center/html/sci/한국/의식주/누에고치.html)

이근배의 시 「오디」를 읽고 난 뒤, 내가 맨 먼저 한 일은 인터넷 상에서 누에 고치와 관련된 정보를 체크하는 것이었다. 나서 자라는 동안 줄곧 〈서울 촌놈〉일 수밖에 없었던 나로서는(지금은 물론 〈충청도 양반〉이 되었지만), 이 정도의 지식만으로도 이 시를 제대로 읽고 감상하는 데 상당한 도움이 되었다고 말할 수 있을 정도니까.

식을 인터넷을 통해 단번에 벌충하고 있다는 사실이다. 그가 인터넷을 검색해 얻은 정보로 작성한 '누에 고치에 관한 보고서'를 보라. 그는 이 '보고서'를 토대로 누에 고치가 인간 욕망의 대상이자 동시에 그 희생물이란 인식을 보여 주면서, 글쓰기란 결국 페넬로페의 천짜기를 뒤집어 놓은 것이란 참신한 명제를 내놓는다. 이런 맥락에서 이근배의 「오디」는 인간의 욕망이 아직도 그처럼 아름답고 순수한 상태로 보존될 수 있음을 섬세하게 드러낸 작품이라 평가하고 있다. 김유중이 앞에서, "이 정도의 지식만으로도 이 시를 제대로 읽고 감상하는 데 상당한 도움이 되었다"고 한 말은 결코 빈말이 아니었던 것이다.

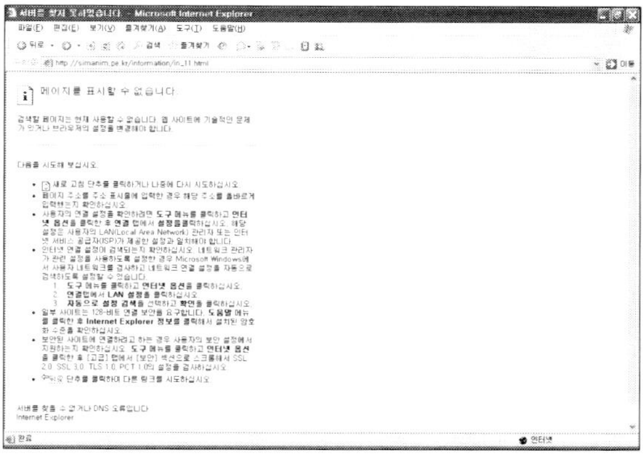

인터넷 주소 "http://simanim.pe.kr/information/in_11.html"로 검색한 결과 화면

그렇다면 인터넷 정보를 이용한 시 읽기는 이제 더할 나위 없는 선택인가. 우리는 김유중이 인터넷 정보의 출처로 밝혀 놓은 두 개의 인터넷 사이트를 검증해 볼 필요가 있다. 그가 적어 놓은 두 군데 인터넷 주소는 다음과 같은 화면들을 우리에게 보여 준다.

먼저 "http://simanim.pe.kr/information/in_11.html"이란 인터넷 주소는 위의 화면과 같은 검색 결과를 표시한다. 이는 해당 인터넷 문서를 저장하고 있던 서버가 없어졌거나, 인터넷 주소 자체가 잘못된 경우이다.

김유중이 표기해 놓은 인터넷 주소가 잘못되었을 가능성은 거의 없다고 판단된다. 왜냐하면 'http://simanim.pe.kr'이란 개인 도메인으로 검색해도 같은 결과가 나타나기 때문이다. 이것은 'simanim.pe.kr'이란 개인 명의로 등록된 서버가 더 이상 인터넷상에서 운영되지 않는다는 것을 뜻한다. 김유중이 '누에 고치'라는 검색어로 정보를 찾고 있었을 당시에는 이 서버가 인터넷상에 존재했겠지만, 지금은 그 서버가 시스템의 오류나 운영자 측 사정으로 인터넷에 연결되지 않은 것이다. 해당 서버가 인터넷에 존재하지 않으므로 김유중이 보았던 것과 똑같은 인터넷 문서를 우리는 더 이상 찾아볼 수 없게 되었다.

인터넷 주소 "http://www.nsm.go.kr/center/html/sci/한국/의식주/누에고치.html"로 검색한 결과 화면

다음, "http://www.nsm.go.kr/center/html/sci/한국/의식주/누에고치.html"이란 인터넷 주소 역시 김유중이 보았던 문서 대신 왼쪽의 오류 표시 화면을 내보낸다. 이 경우는 앞서와 약간 다르다. 이 화면은 서버는 인터넷에 연결되어 있으나 해당 인터넷 문서가 더 이상 존재하지 않을 때 표시된다. 물론 인터넷 주소가 틀렸거나 특정 시점에서 서버에 과부하가 걸려 일시적으로 해당 파일을 읽을 수 없을 때도 이런 결과가 발생한다. 2-3일의 시간 간격을 두고 여러 번에 걸쳐 인터넷 주소를 조금씩 변형해 가며 접속을 시도해 보았지만 결과는 마찬가지였다. 김유중이 보았던 인터넷 문서는 국립중앙과학관 홈페이지에 속한 것이었는데, 무슨 이유 때문인지 해당 인터넷 문서가 삭제되었거나 다른 곳으로 이동되었을 것으로 판단된다.

우리는 이 문서도 확인할 수 없는 것이다.

인터넷을 이용하다가 이 같은 오류 화면에 뜻하지 않게 마주치는 것은 사실상 매우 흔한 일이다. 가령, 개인용 웹 문서인 블로그Blog나 가입 회원이 무려 1천만 명을 넘어섰다는 싸이월드의 미니홈피[111]는 물론 최근 웹 2.0 시대의 새로운 서비스로 주목받고 있는 유튜브YouTube의 사용자 제작 콘텐트UCC와 위키피디아Wikipedia로 대표되는 온라인 무료 백과사전도 여기서 예외가 아니다. 이러한 오류 메시지들은 인터넷 문서 일반에 대한 우리들의 신뢰를 근본적으로 흔들어 놓는다. 앞서 평론가 김유중이 애써 달아 놓은 전거 표시들의 유효기간은 고작 몇 개월에 불과했을 것이다. 언제부터 그 문서들이 인터넷에서 사라졌는지, 그것조차 확인할 길이 없다. 이는 물론 김유중의 잘못이 아니다. 지금 우리가 사용하고 있는 인터넷 시스템의 구조적 약점에서 비롯되는 문제이다.

현재 우리가 인터넷에서 보고 있는 모든 정보들은 말 그대로 일시적이며 가변적인 정보들이다. 자신의 컴퓨터로 모든 인터넷 파일을 무한정 다운로드할 수 있다면 모르되, 그렇게 할 수 없는 현실에서 인터넷 정보는 영원히 유동적일 수밖에 없다. 눈앞에 두고 보면서도 그 존재를 끊임없이 의심해야 하는 정황이다. 앞서 이원 시인이 자신의 시 「백과사전은 도마뱀과 청계천 사이에 있다」에서 "모니터 속의 허공"이란 표현을 사용한 것은 그러고 보면 참으로 적절하다. 이원 시인은 또한 다음과 같은 시를 발표하기도 했다.

> 한 줄기에 열 개의 분홍 금낭화가
> 나란하게 달려 있다

111 김두영, 「미니홈피 '싸이월드' 가입자 1,000만 돌파」, 『동아일보』, 2004. 10. 1, A34쪽.

두 개는 검게 시들었다
지고 있는 꽃들은 저희들 각각
지상에 내려와야 한다 나는
업데이트된 애기동자꽃을 연다 그러나
애기동자꽃의 서버를 찾을 수 없다는 그곳에서
나는 갑자기 멈추어 선다
막힌 세계 너머에는 광활한
신대륙이 펼쳐지고 있겠지만
창은 금방 벽이 되어 내 앞에 선다

—이원, 「나는 검색 사이트 안에 있지 않고 모니터 앞에 있다」 부분
(『문학과사회』, 2000. 가을, 973쪽)

시적 자아가 찾아보려는 인터넷 문서를 저장하던 서버가 갑자기 없어져 버렸다. 이는 물론 인터넷의 기술적 한계에서 비롯된다. 한낱 물리적이며 기술적인 문제에 불과할 수도 있는 이 경험으로부터 그러나 시적 자아는 존재론적 불안을 느낀다. "창"이 "벽"으로 전이되기 때문이다. 이 같은 대상물의 존재 전환은 시적 자아의 심리 기제를 고려해야 온전히 이해할 수 있다. 시적 자아는 지금 모니터 안에 있는 대상들뿐 아니라 모니터 앞에 있는 현실 주체인 '나'도 '갑자기 멈추어 서는' 상황에 직면할 수 있다는 존재의 위기를 느끼기 때문이다. 이와 관련한 다음 언급은 정곡을 찌른다. "그가 마음을 빼앗기고 있는 대상은 인터넷 세계가 아니다. 광대무변廣大無邊의 인터넷 세계를 떠돌며 인터넷의 '말'과 '풍경'을 자유로이 재현하지만 그는 늘 '자신'과 '내부'가 궁금하다. 클릭 한 번으로 명멸하는 사이버 세계가 아니라 모니터 앞에 앉아 세계와의 접속을 위해 클릭하는 자신이 늘 주목의 대상이었다."[112] 우리가 인터넷의 정보를 이용해 시를 쓰고 또 읽을 때, 이러한 존재론적 물음으로부터 기술적으로든 심리적

으로든 자유로울 수 없다는 것은 이제 누구도 부인할 수 없는 사실이다. 우리 시대의 기술과 심리학이 궁극에 가서는 별개일 수 없음을 이 시는 예리하게 묘파한 것이다.

5.3. 온라인과 오프라인 방식을 결합하는 글쓰기

인터넷 정보의 불확정성과 유동성이라는 문제를 기술적으로 해결하려는 시도가 전혀 없었던 것은 물론 아니다. 이미 1960년 미국의 테오도어 넬슨은 전 세계의 모든 문서를 하나의 시스템에 통합한다는 원대한 목표 아래 재너두 Xanadu 프로젝트를 기획한 바 있다. 재너두 시스템에 올라온 글은 지워지지 않으며 영구히 보관된다. 설령 새로운 버전이 나온다고 하더라도 예전 것을 지워서는 안 된다. 앞서 우리가 김유중의 글을 통해 확인한 것처럼 다른 사람들이 그 문서에 전거 표시를 해 두었을 수도 있기 때문이다. 이런 경우에는 이전 문서와 새로운 문서를 모두 저장하되 몇 번째 버전인지를 명시하는 방법을 쓰면 된다.[113] 넬슨의 이 생각은 그러나 아직까지 구현되지 못했으며, 앞으로의 실현 가능성 역시 불투명하다.

다만 우리는 여기서 현재의 인터넷과 넬슨의 재너두 프로젝트 등을 종합적으로 고려하여 디지털 정보를 활용한 '글쓰기 지원 데이터베이스' 같은 것을 구상해 볼 수는 있다. 글쓰기 지원 데이터베이스에는 방대한 문학 원전과 다양한 형태의 이차 자료를 저장해 두되, 인터넷이라는 온라인 특유의 개방성과

112 이상숙, 「하이퍼텍스트 세상에서 길을 잃다, 어떻게 나갈까?」, 『작가와비평』 2호(2004. 11), 374쪽.

113 Theodor Holm Nelson, *Literary Machines 93.1*(Sausalito, CA : Mindful Press, 1992), chap.3, pp. 12–13.

데이터베이스 저장 장치라는 오프라인의 안정성을 결합시킨 형태를 취해야 한다는 것이 그 요체이다.

이 데이터베이스를 인터넷에 연결해 놓음으로써 그 이용을 최대한 개방하고 자료의 업데이트를 허용하되, 모든 데이터는 사용자들의 컴퓨터가 아닌 데이터베이스에 저장하고 최종 관리는 전문 인력이 맡도록 한다. 이는 방대하지만 통제 불가능한 인터넷 검색 엔진이나, 이용자들의 접속 상태에 따라 데이터베이스의 정보가 유동적일 수밖에 없는 현재의 개인 대 개인(P2P : peer to peer) 방식의 파일 공유 기술과는 크게 구별되는 것이다. 이런 구상을 현실화하려면 물론 막대한 인력과 장비가 요구되겠지만, 그 필요성마저 부인할 수는 없을 것이다.

인터넷으로 대변되는 디지털 공간에서 정보를 수집하는 방식으로 시를 쓰고, 또 읽어 내는 것은 디지털 시대의 문학 환경 변화를 단적으로 나타내는 사례라 할 수 있다. 앞서 살펴본 이원의 시에서는 인터넷의 동시대적 정보가 주요 모티프로서 작품의 의미 형성 과정에 작용하고 또한 그렇게 씌어진 작품을 읽어 내는 데도 그 정보가 결정적인 역할을 했다. 김유중의 비평문은 인터넷에서 자료를 수집하는 방식으로 시를 읽어 내는 최근의 경향을 잘 보여 준다. 더 많은 시인과 연구자들이 이런 방식으로 자신의 글을 써 나갈 것으로 보인다. 이러한 추세와 관련해서, 디지털 정보를 이용해 시를 쓰고 읽어 내는 과정에서 의식의 변이 양상을 추출해 내는 것도 앞으로 의미 있는 연구 과제가 될 것으로 판단된다.

또한 우리는 인터넷의 거의 모든 정보들이 말 그대로 일시적이며 가변적이어서 그 전거를 확정할 수 없다는 구조적인 문제점을 지적했다. 이는 단지 기술상의 문제가 아니라 인간의 지식 체계의 한 부분이 유동적이 되면서 그 존재를 끊임없이 의심해야 하는 실존적 상황으로의 전이를 예비하는 것으로 보인다. 이에 대한 실천적 대안이 필요한 이유가 바로 여기 있다. 우리는 온라인과 오프라인 방식을 결합한 글쓰기 지원 데이터베이스를 하나의 대안으로 제시했다.

앞으로는 시 쓰기와 시 읽기의 양 측면에서, 동시대에 생산되고 있는 디지털 정보의 효용과 그 가치에 대한 새로운 인식은 물론 그에 합당한 미적 판단 기준을 마련해야 할 것으로 보인다. 시 쓰기와 시 읽기의 '진화'는 이 과정을 거쳐야 비로소 그 가능성과 의의를 분별할 수 있을 것이다.

제 2부

현대시는 디지털 기술에 어떻게 대응하는가

디지털 기술과 관련한 현대시의 변화와 영역 확장의 가능성 못지않게 디지털 기술이 인간의 사고방식과 가치관에 미치는 영향 역시 반드시 고찰해야 할 문제이다. 디지털 기술이 하나의 보편 기준으로 현실의 거의 모든 분야에 영향력을 발휘하는 오늘날 현대시의 책무란, 변해야 할 것과 변하지 말아야 할 것을 분별하면서 부정적 현실에 대하여 통찰력 있는 비판으로 맞서는 일이라고 판단하기 때문이다.

우리 시대를 이끌고 있는 어떤 사람들은, "모든 정보는 당신의 손가락 끝에 달려 있다"라는 표현을 즐겨 사용한다. 이 말은 정보고속도로라 불리는 컴퓨터 네트워크의 구축에 뒤따르는 혜택을 강조하고 있다. 그러나 여기서 우리가 정작 주목해야 할 것은 '손가락 끝'이 아니라, 그 손가락 끝을 움직이는 인간의 사고와 가치관이어야 한다.

제2부에서 디지털 기술의 가치중립성에 대해 먼저 문제를 제기하는 것은 바로 이런 맥락 때문이다. 이 문제 제기를 토대로 우리는 인간의 사고방식과 가치관에 디지털 문명이 가한 영향을 그려낸 시편들을 다음 몇 단계로 나누어 분석할 것이다. 우선, 인류 최초의 '디지털 재앙'이라는 밀레니엄 버그를 그려낸 작품들을 통해 인류의 재앙에 대한 재인식의 필요성을 제기하려 한다. 또한 일상의 영역까지 가치관 전도가 심화되어 급기야 자아 정체성의 혼란을 초래하는 상황을 담아낸 시편들을 고찰할 것이다. 이어서 유비쿼터스 네트워크가 실현되면서 대두하고 있는 디지털 감시 사회의 위험을 경고하는 작품들, 마지막으로 사이보그와 유전자 조작 문제를 다루는 가운데 인류의 미래에 대한 전망을 제시하는 작품들을 살펴보려 한다.

이들 논제를 통해 궁극적으로 확인하려는 것은 시대의 예리한 촉수로서 한 사회의 모순과 갈등에 대응하는 현대시의 정체성 문제이다.

1. 디지털 기술은 가치중립적인가

1.1. 과학 기술의 이데올로기화 과정

산업혁명이 시작된 18세기 중엽부터 공업과 기계의 중요성이 강조된 까닭에 과학 기술[114]은 독립적이고 절대적인 가치를 지닌 것으로 인식되어 왔다. 특히 20세기 중반 이후 과학 기술 혁명이라 일컬어질 만큼 비약적인 발전을 이룩한 현대의 과학 기술은 사회 구조 전반은 물론 개인의 의식 세계에까지 큰 영향을 미치고 있다. 이처럼 인류 사회에서 과학 기술이 차지하는 비중이 점차 커지면

114 '과학 기술'이란 용어는 '과학'과 '기술'을 합쳐 부르는 편의상 명칭이다. 엄밀히 말해 '과학'과 '기술'은 구별된다. 그 대상·동기·목적에 따라 과학과 기술은 다음과 같은 차이를 지닌다. 과학은 인간의 '지적 활동'과 그 결과 나타난 '지식'으로, 기술은 '육체적 활동'과 그 결과 생긴 '인공물'로 대별된다. 즉, 과학의 결과는 지식의 축적으로, 기술의 결과는 물건의 탄생과 개량으로 나타난다. 과학은 지식이고 기술은 물건이며, 과학은 이론이고 기술은 실천이다. 또, 과학은 정신노동의 산물이고, 기술은 육체노동의 산물이다. 그런데 이러한 구분은 우리에게 명확한 개념을 전달하기는 하지만, 과학이 실천일 수 있고 기술이 지식일 수 있는 가능성을 차단한다. 그래서 최근의 과학사학자들은, 과학과 기술은 서로를 만나 상호작용하는 다양한 접점을 만들어 왔으며 이런 경향은 앞으로 더욱 증대될 것이라는 데 의견을 모으고 있다. 홍성욱, 『생산력과 문화로서의 과학 기술』(문학과지성사, 1999), 196-216쪽.

서 과학 기술 자체를 바라보는 시각은 물론 과학과 사회의 관계를 바라보는 철학적 관점도 변해야 한다는 주장이 꾸준히 제기되어 왔다.

지난 20세기 전반기 논리실증주의에 기반을 둔 과학철학은 과학을 그 자체로 객관적이고 합리적인 것으로 간주했다. 이에 의하면 과학은 논리적이며 누적적으로 끊임없이 발전해 나가는 것이었다. 그러나 이런 논리실증주의적 시각은 1950년대와 1960년대를 거치면서 파기된다. 대표적으로 토머스 쿤은 『과학혁명의 구조』에서 한 시대의 과학적 가설, 법칙, 이론, 믿음, 실험의 총체를 패러다임paradigm이라 명명했는데, 한 패러다임에서 다른 패러다임으로의 전이는 기존 학설처럼 논리적이거나 누적적인 과정을 거치는 것이 아니라고 주장했다. 예컨대 코페르니쿠스의 천문학 이론이나 드 브로이의 물질 이론도 처음 제안되었을 때는 설득력 있는 근거를 갖추지 못했다는 것이다. 그는 이렇게 덧붙인다. "패러다임이 투쟁에서 승리를 거둘 운명이라면, 설득력 있는 수효와 강도가 증강될 것이다. 그에 따라서 보다 많은 과학자들이 개종할 것이고, 새 패러다임의 탐사 작업이 계속될 것이다."[115] 여기서 쿤은 의도적으로 '개종'이란 종교 용어를 사용했다. 패러다임의 선택이 마치 종교에서의 개종과 흡사한 비합리적 과정이며, 패러다임의 전이는 단선적 진보나 축적에 의해 이뤄지지 않는다는 점을 강조한 것이다. 쿤 이후 과학의 합리성·객관성·보편성은 과학에 내재하는 것이 아니라 역사적·사회적으로 형성되는 것이라는 시각이 점차 설득력을 얻기 시작한다.

또한 허버트 마르쿠제는 과학 기술을 하나의 이데올로기로 파악했다. 기술이나 기계를 단순한 수단의 의미가 아니라 보다 확대된 사회 조직의 원리로

115 토머스 S. 쿤, 『과학혁명의 구조』(1962), 김명자 옮김(까치, 1999), 224-225쪽.

받아들인 것이다.

> 오늘날 정치 권력은 기계 조작과 그 기계의 기술적 구조를 지배함으로써 자신의 힘을 나타낸다. 선진 산업 국가와 발전도상에 있는 산업 사회의 정부는 산업 문명의 발달에 유용한 기술적, 과학적, 기계적인 생산력을 동원하고 체계화하고 이용하는 데 성공해야만 비로소 그 안위를 보장받을 수 있다. 이러한 생산력은 어떤 특정 개인이나 집단의 이해를 초월하여 사회 전체를 하나로 결집시킨다. 기계의 물리적인 (물리적일 뿐일까?) 힘이 개인의 힘은 물론 많은 사람들로 이뤄진 집단의 힘보다도 우월하다는 비정한 사실 때문에, 기계 조작을 통하여 그 기본 체제가 구성된 모든 사회에서 기계는 가장 효과적인 정치 도구가 된다.[116]

마르쿠제는 여기서 기술이 산업 분야에만 적용되는 것이 아니라 사회, 정치 등의 전 영역에 관철되는 지배 도구라는 점을 분명히 하고 있다. 특히 그는 고도 산업사회에서 인간의 사상과 행동이 체제 안에 완전히 내재화되어 변혁의 힘을 상실했다는 비판적 견해를 피력했다. 한편으로 그의 이론은 인류 역사에서 과학과 기술을 지나치게 이데올로기적인 면에 한정시켰다는 비판을 받는 것도 사실이다.

116 Herbert Marcuse, *One-Dimensional Man : Studies in the Ideology of Advanced Industrial Society*(Boston : Beacon Press, 1964), p. 3. "Today political power asserts itself through its power over the machine process and over the technical organization of the apparatus. The government of advanced and advancing industrial societies can maintain and secure itself only when it succeeds in mobilizing, organizing, and exploiting the technical, scientific, and mechanical productivity available to industrial civilization. And this productivity mobilizes society as a whole, above and beyond any particular individual or group interests. The brute fact that the machine's physical (only physical?) power surpasses that of the individual, and of any particular group of individuals, makes the machine the most effective political instrument in any society whose basic organization is that of the machine process."

위르겐 하버마스는 과학과 기술이 본질적으로 이데올로기라는 마르쿠제의 관점에 동의하지는 않지만, 과학과 기술의 논리가 하나의 보편적 기준으로 사회생활의 모든 영역에 깊이 침투해 있는 것을 후기 자본주의의 우려할 만한 특성이라고 지적한다. "과학을 물신화하는 오늘날의 지배적인, 보다 투명한 배경이데올로기는 낡은 유형의 이데올로기보다 더욱 저항할 수 없는 광범위한 것이 되어 있다."[117] 하버마스가 말하는 배경이데올로기는 현대 사회에서 더 교묘하면서도 철저하게 작동하여 우리가 그것을 인식하는 것이 불가능할 정도가 되었다. 다만 하버마스가 과학과 기술을 전면적으로 부정한 것은 아니다. 과학자 공동체가 지식의 단순한 생산에 안주하지 않고, 그들의 연구 결과와 지식이 갖는 사회적·인간적 함의에 관하여 자기 성찰과 개방적 논의를 거듭한다면 과학과 기술이 인류의 번영에 기여할 수 있다고 보는 것이 하버마스의 기본 입장이다.

1970년대 후반부터는 이른바 사회구성주의가 대두하여 과학을 이해하는 새로운 틀을 제시한다. 이 이론에 따르면 과학 지식의 형성 과정에는 사회적 이해관계가 가장 근본적인 영향을 미친다는 것이다. 가령, 사회학자인 앤드루 피커링은 『쿼크의 구성』의 서문에서, 20세기 입자물리학의 최고 발견이라고 간주되는 기본 소립자 쿼크는 "입자물리학자들의 관례가 만든 결과이지 발견한 것이 아니다"[118]라고 지적한다. 쿼크라는 것이 있다면 입자물리 이론과 실험에 더할 나위 없이 좋겠다는 입자물리학자들의 기대와 합의가 마치 쿼크를

117 위르겐 하버마스, 『'이데올로기'로서의 기술과 과학』(1968), 하석용·이유선 옮김(이성과현실사, 1993), 102-103쪽.

118 Andrew Pickering, *Constructing Quarks : A Sociological History of Particle Physics* (Chicago : The University of Chicago Press, 1984), p. x. "The reality of quarks was the upshot of particle physicists' practice, and not the reverse."

발견해 낸 것처럼 재구성되었다는 주장이다.[119]

이러한 견해는, 과학적 진리는 과학자들이 참이라고 공유한 믿음 이외에 아무것도 아니라는 극단적인 구성주의의 명제를 지지하는 기반이 되었고, 1990년대 이후 인문학자들과 과학자들 사이에서 벌어진 사회구성주의 이론 논쟁의 원인을 제공하기도 한다. 물리학자인 스티븐 와인버그가 『최종 이론의 꿈』을 통해 피커링의 견해를 비판하고 나선 것이 대표적 예이다. 와인버그는 "과학이 사회적 과정이라는 관찰로부터, 과학에 작용한 사회적·역사적 영향력 때문에 마지막 결과물인 우리의 과학 이론도 사회적이라는 결론에 도달하는 것은 정말이지 논리적 오류이다"[120]라고 주장한다. 그는 그러나 자신의 주장을 논리적으로 입증하는 대신, 등산과 과학을 비유적으로 등치시키는 방식으로 과학은 구성되는 것이 아니라 객관적으로 실재하는 것이란 자신의 생각을 되풀이해서 진술한다. 이는 설득력 있는 논증이라기보다는 자신의 기존 입장을 지켜 내려는 궁색한 변명에 불과하다고 판단된다.

최근 국내의 한 연구자는 인식론적 측면에서는 과학 기술이 가치중립적일 수 없다는 점을 인정하면서도, 도덕적으로는 과학 기술이 얼마든지 중립적일 수 있다는 의견[121]을 내놓기도 했다. 이 견해는 과학 기술의 가치중립성을 당위적으로 주장하는 데서 그치지 않고 하나의 대안을 제시하려 했다는 점에서 주목된다. 다만 문제 해결의 실마리가 개인의 윤리 차원으로 환원되는 또 다른

119 *Ibid.*, pp. 114–116.

120 Steven Weinberg, *Dreams of a Final Theory : The Scientist's Search for the Ultimate Laws of Nature*(New York : Vintage Books, 1993), p. 188. "It is simply a logical fallacy to go from the observation that science is a social process to the conclusion that the final product, our scientific theories, is what it is because of the social and historical forces acting in this process."

121 신중섭, 「과학 기술과 이데올로기」, 『씨올의 소리』, 1990. 12, 56쪽.

문제를 야기하는 것으로 보인다. 또한 이 같은 대안은 개인 차원이 아닌 국가 차원에서 결정되어 실행되는 과학 기술 정책에 대해서는 무력할 수밖에 없다.

기술은 그 자체로 존재 의의를 지니는 것이 아니라 그 기술이 편입되어 있는 구체적인 생산 체계 속에서만 작동할 수 있다. 이 점을 고려하지 않은 채 기술을 우상으로 숭배하는 것은 하나의 이데올로기이다. 이때 이데올로기란 일종의 인지 착오에 지나지 않는다. 따라서 디지털 기술을 포함한 과학 기술의 가치중립성과 관련하여, "과학은 가치중립적인가?"라는 질문을 던져 놓고 '그렇다' 혹은 '아니다'라는 두 가지 답 중에서 하나를 고르라고 강요하는 일은 더 이상 적절치 않다.[122] 대신 우리는 다른 방식으로 질문을 던져야 할 것 같다. 과학 기술은 얼마나 가치중립적일 수 있는가? 또한 과학 기술은 어떻게 가치중립적일 수 있는가? 이 물음이 겨냥하는 것은 물론 과학 기술 그 자체가 아니다. 과학 기술 뒤에 숨어 있는 주체로서의 인간 자신이다.

이 같은 논의를 전제로 하여 이 책에서는 전 세계인의 우려 섞인 관심 속에 1991년부터 현재까지 진행 중인 미국과 이라크의 전쟁이 실제는 첨단 기술이 동원된 디지털 전쟁이며 동시에 왜곡된 기술 이데올로기에 의해 지탱되고 있는 전쟁임을 작품 분석을 통해 논증하려 한다. 이와 함께 지금까지의 전쟁과는 매우 다른 속성을 드러낼 것으로 보이는 컴퓨터를 이용한 사이버 전쟁의 문제를 이론적으로 고찰하고자 한다.

1.2. 디지털 기술이 '가치중립적'으로 이어 놓은 세계의 실상

우리의 거의 모든 일상생활에서 기본 원리가 된 디지털은 실상 군사 분야에서

122 홍성욱, 『과학은 얼마나』(서울대학교출판부, 2004), iii－iv쪽.

더욱 가공할 위력을 발휘해 왔다. 최초의 디지털 컴퓨터인 1946년의 에니악 ENIAC이 미국 육군의 탄두 궤도를 계산하기 위한 방편으로 개발되었다는 사실부터가 디지털 기술의 가치중립성에 근본적인 의문을 제기하게 한다. "현대 과학의 거의 모든 분야가 전쟁 기술의 개발에 그 뿌리를 두고 있다"[123]는 주장에 심정적으로는 동조하고 싶지 않더라도 실증적으로나 논리적으로는 동의할 수밖에 없는 것이 우리의 현실이다.

우리의 뇌리에 아직도 생생하게 남아 있는 걸프전은 본격적인 디지털 전쟁의 시초였다. 첨단 디지털 장비로 무장한 미국의 전폭기들은 1991년 1월 이라크의 수도 바그다드의 밤하늘로 날아들었다. 미군 조종사들이 상대한 것은 그러나 실재하는 도시 바그다드가 아니라 전폭기의 컴퓨터 스크린에 나타난 이미지였다.

> 밤에 시작된 전쟁은
> 단 한 번의 융단폭격으로
> 모래의 도시를 저주로 가득 메웠지
> 포탄이 교회건 학교건 병원이건
> 한 입에 집어삼키고
> 개구락지처럼 뻗은 사람들을 뱉아낼 때
> 그 돈 주고도 할 수 없는 구경
> 얼마나 짜릿했으랴
> 하늘에 계신 우리의 조종사들이시여
> 죽음처럼 잠든 사막을 배경으로
> CNN TV에 나와 웃으며 말했지
> "…처음엔 좀 두려웠죠…

123 어니스트 볼크먼, 『전쟁과 과학, 그 야합의 역사』, 석기용 옮김(이마고, 2003), 30쪽.

(사이, 껌을 씹고)
좀 지나니까 홍분도 가라앉고…
나중엔 아무렇지도 않았어요…
(사이, 껌을 씹고)
그저 게임하는 기분였죠…"

—정한용, 「바그다드」 전문(『현대시학』, 1991. 3, 96쪽)

전폭기 조종사들이 "하늘에 계신" 것은 단순히 비행기에 몸을 싣고 있다는 공간적 차원의 이유 때문만이 아니다. 그들은 지상에 있는 사람들의 생사여탈권을 쥐고 있다는 점에서 하늘에 있는 신과 같은 존재가 된다. 물론 이런 상황을 가능케 한 것은 바로 디지털 기술이다. 디지털 기술은 아날로그의 경우와는 비교할 수 없을 만큼 뛰어난 성능으로 깜깜한 밤에도 지상의 공격 목표물을 정확히 조준할 수 있게 해 준다. 전쟁에 참가한 사람들은 이제 상대방의 죽음을 현장에서 직접 보고 느끼는 살육의 죄책감에 시달리지 않아도 된다. 현실의 공간과 기술적으로는 연결되어 있으나 윤리적으로는 단절된 컴퓨터 스크린을 보며 버튼을 누르면 끝이다. 디지털 기술은 '가치중립적'으로 세계를 이어 놓을지는 모르지만, 그 연결 고리 안에서 인간적 가치와 책임 의식은 쉽게 실종되어 버린다.

전쟁은 이제 텔레비전 인터뷰에서 조종사가 말했듯 '게임'이 되어 버렸다. 컴퓨터 게임에서처럼 조종사는 수많은 인명과 재산을 빼앗는 행위의 주체자이면서 동시에 '구경꾼'이다. 자신의 행위에 대한 책임 의식은 희박해진다. 그 유명한 책 『시뮬라크르와 시뮬라시옹』의 저자인 장 보드리야르가 이 걸프전을 두고 '그것은 실제의 전쟁이 아니라 텔레비전 전쟁, 다시 말해 대중 매체적 사건이며 하나의 구경거리'라는 요지의 주장을 펼쳤다가 다른 이론가들로부터 무책임한 궤변이라 공격받은 것[124]은 무심코 지나칠 일이 아니다.

시인은 이 작품에서 겉으로 중립적인 태도를 취하는 것처럼 보인다. 특히 조종사의 텔레비전 인터뷰 장면을 전하는 작품의 뒷부분은 마치 희곡의 한 대목처럼 조종사의 대사와 행동지시문으로 이루어진다. 시인은 자신의 생각을 드러내 말하는 게 아니라 독자에게 텔레비전의 한 장면을 보여 줄 뿐이다. 이는 언뜻 과학 기술은 가치중립적이므로 다른 윤리적 가치 등을 고려해 그 개발 여부를 결정할 필요는 없다는 최근 몇몇 과학자들의 주장을 연상시킨다. 그러나 과연 그뿐일까? 이 작품에서 시인의 비판 의식은 오히려 겉으로 가치 유보적인 것처럼 보이는 이 대목에 교묘히 내재한다. 즉 그것이 비록 명령 체계에 의한 것이었더라도, 민간인을 포함한 수많은 인명을 살상한 조종사가 자신이 한 일을 껌을 짝짝 씹으며 전자오락을 한판 하고 난 것과 같다고 인식하는 태도는 얼마나 끔찍한 가치관의 상실을 대변하느냐는 것이다. 더 나아가 그 장면을 화면에 여과 없이 내보내는 세계 최대의 뉴스 전문 채널과, 그 화면을 그대로 받아 디지털 기술의 발달에 초점을 맞추는 또 다른 언론들과, 그 언론들에 길들여지는 사람들이 줄을 잇는 광경을 상상해 보는 것만으로도 문제의 심각성이 느껴질 것이다.

> 밤하늘에 온통 꽃불이 터진다
> 누구를 위한 무슨 축제인가
>
> 발사!

---

124 Christopher Norris, "Baudrillard and the War that Never Happened," in *Uncritical Theory : Postmodernism, Intellectuals and the Gulf War*(London : Lawrence & Wishart, 1992), pp. 11–31.

꽃불 1호
스커드 미사일

발사!
꽃불 2호
패트리어트 요격 미사일

애 어른 할 것 없이 모두
그 실황중계에 넋을 잃고 있는
스릴 만점 우리 시대의 전쟁놀이

전사자는 없다
TV카메라가 잡아주지 않는 한
있어도 없는 허깨비들이여

다만 걸프만의 물새 몇 마리
애교로 양념으로
시커멓게 원유범벅이 되는 봉변

우리 시대의 전쟁놀이는
그래서 더욱 흥행성이 높다
누구를 위한 무슨 축제인가

—이형기, 「전쟁놀이」 전문
(『죽지 않는 도시』, 고려원, 1994, 48-49쪽)

전쟁은 이제 놀이가 되고 축제가 되어 버렸다. 이런 상황이 가능해진 것은 고도의 과학 기술에 기반을 둔 '실황중계' 덕분이다. 당시 텔레비전에서는 미사일에 특수 카메라를 장착하여, 그 미사일이 날아가서 마침내 목표물을 맞히기까지의 과정을 말 그대로 생중계하곤 했다. 컴퓨터 게임 속에서나 가능했던 일이 실제 우리의 현실에서 일어나고 있으며, 그것을 우리는 아무런 위험 없는 안방에 앉아서 실시간으로 지켜본다는 사실은 많은 사람들을 흥분시키기에 충분했다. 시인은 그런 정황을 "애 어른 할 것 없이 모두/그 실황중계에 넋을 잃고 있는/스릴 만점 우리 시대의 전쟁놀이"라는 시구로 표현한다. 무수한 사람들이 다치고 죽어 나가는 전쟁을 무슨 놀이나 축제라도 되는 양 받아들였던 우리들은 시인의 말마따나 잠시 넋을 잃고 있었던 셈이다.

우리를 그렇게 만든 것은 무엇보다 이 시에 나오는 "TV카메라"이다. 텔레비전 카메라에 찍힌 전쟁 장면이 지구 저편에서 이편의 우리에게 전달되기까지는 분명 많은 첨단 기술이 개입된다. 그런 기술들 자체에 대해서는 어떤 가치관이나 이데올로기를 논할 필요가 없을지도 모른다. 문제는 텔레비전 카메라의 시선이다. 그 시선은 전쟁으로 죽는 사람들을 외면한다. 그들은 "TV카메라가 잡아주지 않는 한/있어도 없는 허깨비들"이 된다. 텔레비전 화면에 들어올 수 없는 전사자들은 사람들의 관심권 밖으로 밀려난다. 세상에 없는 존재처럼 취급당한다. 그 대신 텔레비전 카메라는 기름을 뒤집어쓴 물새 몇 마리에게 시선을 줄 뿐이다. 정작 보아야 할 것은 외면해 버리는 것이다. 또 설사 전쟁에서 죽은 사람들 모습이 카메라에 담겼다 하더라도 그 모습이 텔레비전을 통해 우리에게 전달되는 경우는 극히 제한적이다. 카메라의 시선을 돌릴 수 있는 사람들은 그 카메라에 담긴 내용을 '편집'할 권한도 가졌기 때문이다. 그들은 마치 자신들이 이 세계를 자기들 마음대로 잘라내고 덧붙일 수 있다는 듯, 카메라에 촬영된 내용들을 편집한다. 이렇게 외면하거나 편집되는 텔레비전 카메라의 시선이야말로 역설적으로 과학 기술 뒤에 도사린 이데올로기의 존재를 방증한다.[125] 고도로 발달한 인간의 과학 기술이 오히려 인간 자신의 참모습은 제대로 볼 수 없게 만든 것이다.

이로부터 12년이 지난 2003년 3월, 미국은 이라크에 대해 다시 군사 공격을 감행했다. 이와 관련한 가장 논쟁적인 화두는 동시대인으로서 이 전쟁을 지지하는가 또는 반대하는가 하는 태도 결정의 문제일 것이다. 그런데 최근의 작품 가운데는 전쟁의 정당성 여부에 대한 편 가름을 넘어서 그 견해를 표명하는 방법에서 남다름을 보여 주는 경우가 있어 주목된다. 이때 우리는 시인들이 자신의 견해를 드러내는 방법 그 자체가 새로운 의미를 산출한다는 점을 눈여겨보아야 한다.

석유를 석류로 읽던 친구가 있었지
'석유' 하고 선생이 때려도 '석류' 하던 그 친구
유난히 붉은 잇몸을 감추고 있었지
입 안 가득 핏물을 머금은 채 묵묵히 귀싸을 맞던
친구, 어느 날 사망 부음이 인터넷을 떠돌 때
나는 그의 두터운 잇몸이 생각났지
늦가을 파란 대문 너머 익어가는 석류는

125 텔레비전 카메라를 통한 진실 왜곡은 이 시에서 다루고 있는 1991년의 걸프전뿐 아니라 2003년의 이라크전에서도 별 차이 없이 반복되고 있는 것으로 밝혀졌다. 이라크전에 대한 국내 텔레비전 방송 3사(KBS, MBC, SBS)의 뉴스 보도 사례를 실증적으로 분석한 최근의 한 연구는 주로 다음과 같은 문제점을 지적한다. 첫째, 국내 TV 방송 뉴스는 방송사의 개별적 논조나 특성보다 뉴스 정보원인 CNN의 시각에 크게 의존한다. 둘째, 미국의 정치적·전략적 입장은 뚜렷하고 구체적으로 제시되는 반면 이라크의 경우는 그렇지 못하다. 셋째, 미국과 이라크의 대결 구도는 지나친 선악 이분법에 기초하는데, 이를 이용해 미군의 파병 증가나 세계 각국에 대한 파병 요청을 정당화한다. 넷째, 미·영 연합군의 피해는 구체적으로 혹은 선정적으로 보도하면서도 이라크의 피해 상황은 거의 보여 주지 않는다. 다섯째, 인터뷰가 방송사의 의도에 의해 연출되는 경향이 있다. 백선기, 『전쟁 보도와 미디어 담론 : 미국-이라크 전쟁에 대한 미디어 담론 구조를 중심으로』(커뮤니케이션북스, 2005), 315-319쪽.

그의 죽음처럼 낯설어 '석류' '석유'
하고 몇 번이나 되뇌어보았지
또 세월이 지나,
전쟁이 휩쓸고 간 사막의 어느 골목에서
석류 파는 여인을 보고 번개처럼 알았지
불타는 유전의 검은 연기를 배경으로
잇몸을 보이며 웃고 있는 여인
핏물이 굳어지면 저렇듯 두터운 잇몸이 된다는 것을
석류는 잇몸이 빛나는 과일임을
그리고, 석류는 석유와 가까운 과일임을

—정병근, 「석류」 전문(『현대시』, 2003. 10, 110쪽)

이 시에서는 먼저 결구를 보자. 시인은 두 가지를 말한다. 석류와 잇몸은 그 모양새가 닮았다는 것. 이 점은 다시 생각할 필요도 없다. 그 다음, 석류는 석유와 가깝다는데, 서로 발음이 비슷하다. 결국 석류는 그 모양새가 사람의 두터운 잇몸을 닮았고 그 발음은 석유와 비슷하다. 이렇게 말해 놓고, 시인은 시치미를 떼고 물러나 버린다.

이 시의 앞부분에 석류의 발음과 모양새에 얽힌 두 개의 삽화가 있다. 두 가지 삽화를 굳이 구별하자면 과거와 현재, 이곳과 저곳, 일상과 전쟁으로 갈라진다. 하지만 이 구별은 어디까지나 편의적이다. 이 시에서 시적 자아가 떠올리는 석유·석류에 얽힌 과거 친구에 대한 기억은 현재 전쟁으로 인해 "불타는 유전의 검은 연기를 배경으로" 석류를 팔고 있는 이국의 여인과 겹친다. 그리고 전 지구적 차원에서 실시간 중계가 가능한 인터넷이라는 매스미디어 덕분에 공간적인 이곳과 저곳의 구별은 실상 무의미해졌다. 일상과 전쟁 모두 폭력과 죽음을 지척에 두고 있다는 점에서 보더라도 이 점은 마찬가지이다. 죽은 친구의 기억과 이국 여인의 현실을 매개하는 것이 바로 석류와 석유의 유사한 발음이고 핏물 색깔 석류를 연상시키는 닮은 잇몸이다. 결국 과거와 현재, 이곳과 저곳, 일상과 전쟁에 근원적으로 내재하는 폭력과 죽음을 이 시인은 '석류'에서 추출해 내고 있는 것이다.

> 그렇게 웃는 나날이 계속되었다, 낯선 이들이 이곳으로 들어와서 퍼런 큰 새를 타고 다니는 동안, 아이들은 폭탄을 주머니 속에 넣고 다녔다, 나귀가 지나가는 자리마다 검은 기름이 솟아났다, 검은 기름 속에서는 아주 오래전에 사라진 사람들이 끈적거리면서 나타나 오래전에 헐린 집에 대해서 물었다, 그때마다, 그 강변에 꽃이 피었다, 붉거나 흰 꽃들이었다, 바람이 불면 꽃은 지고, 꽃 진 자리에서 열매가 돋아났다, 돋아난 열매는 우는 여자의 눈동자 모양을 하고 있다, 열매를 먹으면 갑자기 마음속에 쟁여둔 슬픔으로 가는 마음이 사라졌다, 자지러지게 웃고 싶어서 강변으로 나가서 그렇게 웃었다, 아이들의 주머니 속에 든 폭탄이 터져 아이들이 공중에서 흩어졌다, 그런데 그렇게 웃는 나날들이 계속되었다, 우는 여자의 눈동자 같은 열매가 우리를 지켜보고 있었다,
>
> —허수경, 「그렇게 웃는 나날이 계속되었다,」 전문
> (『문학동네』, 2003. 가을, 365쪽)

이 시의 의미를 파악하자면 '웃음'을 모조리 '울음'으로 바꾸어 읽는 것만으로도 충분하다. 하지만 의미를 이해하는 것이 한 편의 시에 이르는 모든 길은 아니다. 이 시의 경우, 그 나머지 길 가운데 빠트릴 수 없는 하나가 시인과 화자를 분리하는 일이다. 이 작품에 등장하는 화자는 엄밀히 말해 정상적인 심리 상태가 아니다. 이 시의 화자는 정신의 실조 상태에 처한 것으로 설정되어 있다. 때문에 이 작품은 시인과 화자를 구별해 놓고 읽어야 하며, 바로 그래야 한다는 사실 자체가 이 작품이 지닌 문제의식의 일단이다.

자신에게 닥친 비극을 감당하지 못하는 사람은 울지 못하고 실없이 웃게 된다. 정신을 지탱하던 끈을 놓치기 때문이다. 이 시에서 제목과 본문의 첫 번째 문장 등을 통해 모두 세 번 반복되는 "그렇게 웃는 나날이 계속되었다"라는 구절은 이런 정황을 상기하게 만드는 효과적인 장치이다. 이어 두 번째 문장, 낯선 이들이 이곳으로 들어와서 '퍼런 큰 새'를 타고 다닌다는 진술 역시 짚고 넘어가야 할 부분이다. 자신의 머리 위를 공포로 물들이며 날아가는, 첨단의 기술이 집적된 폭격기를 '퍼런 큰 새'라고 말하는 사람이 있다면 그는 철모르는 어린아이가 아니면 영락없이 정신 나간 사람일 것이다. 이 시에서는 물론 후자의 경우가 더 개연성 있다.

아울러 이 구절에서 '그렇게'라는 말은 "웃는 나날이 계속되었다" 이후 문장 전체를 꾸미기도 하지만, 별도로 '웃는'을 한정해 수식하는 것으로도 읽을 수 있다. 이때 '그렇게'는 본문에 나오는 "자지러지게 웃고"와 자연스레 연결된다. 그리하여 시인이 말한 '그렇게 웃는 나날'이란 곧 화자가 정신의 실조 상태에 빠진 상태를 지칭한다. 화자의 상태를 이렇게 이해하고 다시 읽으면, 이 시에 배인 슬픔과 분노가 어떠한 종류의 것인지 또 얼마만큼한 정도의 것인지 비로소 실감할 수 있다. 한마디로 전쟁은 인간이 하는 행위 중에서 가장 크게 미친 짓이며, 그 전쟁에 동원되는 과학 기술 역시 비이성적이며 폭력적인 이데올로기로 전락하고 만다는 것이다. 결국 이 시의 제목 "그렇게 웃는 나날이 계속되었다,"는 전쟁에 마침표를 찍지 못하고 쉼표만 찍어 대고 있는 '미친 역사'에 대한 시인의 반어인 셈이다.

그런데 과학 기술의 비약적인 발전에 힘입어 그 실현이 임박한 것으로 거론되는 컴퓨터를 이용한 사이버 전쟁은, 지금까지의 전쟁과는 또 다른 속성을 드러낼 것으로 보인다. 사이버 전쟁의 가능성이 공개적인 지면을 통해 논의되기 시작한 것은 이미 십여 년 전 일이다. 1995년 8월 시사 주간지 『타임』의 커버스토리로 게재된 한 기사는 당시로서는 생소했던 사이버 전쟁의 양상을 보도했다. "미국은 곧 마우스와 키보드, 컴퓨터 바이러스에 의한 전쟁을 수행할 것이다. 그러나 그 같은 공격을 받기도 쉬워질 것이다"[126]라는 리드로 시작된 이 기사는, 사이버 전쟁에서 주로 다음과 같은 일들이 벌어질 것으로 전망했다. 상대 국가의 은행이나 주요 건물에 전자파를 발사함으로써 건물 내의 컴퓨터 시스템을 파괴한다. 전화 교환 설비를 비롯한 통신 시스템을 무력화하고 국영 텔레비전 방송망에 끼어들어 심리전 방송과 거짓 정보를 유포함으로써 상대 국민들의 사기를 떨어뜨린다. 적군의 컴퓨터망에 바이러스를 침투시키고 항공망이나 교통망 관제 시스템에 논리폭탄logic bomb을 설치함으로써 상대국의 항공기 운항이나 군수 물자 수송을 임의로 조작한다.

이 예측이 황당하기만 한 것은 아니다. 이 기사에서 언급한 내용의 사이버 전쟁은 그 정도의 차이는 있으나 이미 1991년의 걸프전을 시발로 1999년의 코소보전, 2001년에 발발한 아프카니스탄전, 2003년에 시작된 이라크전을 거치면서 실제적으로 운용되어 왔기 때문이다.[127] 모두 미국 주도하에 치러진 이 전쟁들은 한편으로 첨단 디지털 기술의 실험장 역할을 수행한 셈이다.

미국은 또한 2006년 2월 국토안보부 주도하에 영국, 오스트레일리아, 뉴질랜드 등의 115개 이상 공공기관이 참여한 가운데 '사이버 스톰Cyber Storm'이란 작전명으로 국가 주요 시설에 대한 대규모 사이버 공격을 감행했다. 이 군사작

126 Douglas Waller, "Onward Cyber Soldiers," *Time*, Vol.146, No.8(21 August 1995), p. 38. "The U.S. may soon wage war by mouse, keyboard and computer virus. But it is vulnerable to the same attacks."

127 박태운, 「未來戰 樣相에 관한 硏究 : 최근 전쟁 사례를 중심으로」(한남대학교 행정정책대학원 석사학위논문, 2004. 8), 57쪽.

전은 공공시설을 파괴할 목적으로 연방, 주, 국제 정부를 겨냥한 사이버 공격이 발생할 경우 공동 대응 능력이 어느 정도인가를 점검하기 위해 실시된 것으로 알려졌다.[128]

2007년 5월에는 발트해의 인터넷 강국 에스토니아에서 유례 없는 사이버 전쟁이 발발했다. 3주 이상 계속된 이 전쟁에는 인구 130만의 작은 나라인 에스토니아가 감당하기 힘든 무려 100만 대의 컴퓨터가 공격에 동원된 것으로 밝혀졌다. 비정상적인 대량 접속을 유발해 특정 컴퓨터 시스템을 마비시키는 '분산 서비스 거부 공격DDOS'이란 해킹 기법에 의해 에스토니아 대통령궁을 비롯해 의회, 각 부처, 언론사, 은행 등의 전산망과 홈페이지가 다운됐다. 심지어 이동통신 네트워크도 공격당한 것으로 알려졌다. 실체가 드러나지 않은 공격자로 러시아가 의심받고 있는 가운데 이번 사이버 전쟁의 피해 규모가 수천만 달러에 이른다는 집계가 나왔다. 에스토니아는 대도시 거리에서 인터넷 무선 접속이 가능하고, 인구의 절반 이상이 인터넷 뱅킹을 이용하는 정보기술 강국이어서 피해가 더 컸다는 분석이다.[129] 일인당 초고속 인터넷 보급률 세계 1위인 우리나라의 경우에는 특히 시사하는 바 크다고 하겠다. 이렇듯 사이버 전쟁은 이미 우리 눈앞의 현실이 된 것이다.

여기서 우리가 주목해야 할 것은 사이버 전쟁이 기존 방식의 전쟁과는 매우 다른 문제를 야기한다는 사실이다. 기존의 전쟁은 총력전이나 전면전이라 할지라도 전쟁 당사국 간의 전쟁으로서 주로 국가 지도자와 군인들에 의해 치러

128 Ben Arnoldy and Gordon Lubold, "Could the U.S. Repel a Cyberattack?," *USA Today* (7 June 2007), http://www.usatoday.com/tech/news/computersecurity/2007-06-07-us-cyberattack-preparation_n.htm.

129 이태규, 「100만 컴大軍 공격, 에스토니아 '초토화' : 러-에스토니아 '사이버 전쟁'」, 『한국일보』, 2007. 5. 19, 12쪽.

지는 것이었다. 이에 비해 사이버 전쟁은 전쟁과는 직접적인 관련이 없는 은행, 주식 시장 등에 혼란을 발생시키거나 교통, 통신, 방송 시설에 전면적인 마비를 일으킴으로써 교전 상대국은 물론 인접 국가, 더 나아가 전 세계 국가들에 실질적인 피해를 주게 된다. 사이버 전쟁에 대해서 화생방 무기 사용을 전쟁법으로 금지하는 것과 같은 규제가 필요하다는 지적[130]은 일단 적절하다고 생각한다. 그러나 남는 문제는 그런 규제 사항을 어떻게 현실에 적용할 수 있겠는가 하는 점이다. 디지털 기술과 윤리적 가치가 충돌을 일으킬 때, 그것을 얼마나 혹은 어떻게 조절할 것인가 하는 실천적 차원의 문제는 앞으로도 우리가 결코 회피할 수 없는 과제가 될 것으로 보인다.

1.3. 디지털 기술은 얼마나/어떻게 가치중립적일 수 있는가

산업혁명 이후 과학 기술은 독립적이고 절대적인 가치를 지닌 것으로 인식되어 왔으나, 1960년대 이후에는 과학의 기본 속성이 역사적·사회적으로 형성되는 것이라는 인식틀이 제시되었다. 대표적으로 마르쿠제는 과학 기술을 이데올로기로 파악했으며, 하버마스는 과학 기술 논리가 보편적 기준으로 사회생활에 침투하는 것을 후기 자본주의의 특성으로 보았다. 과학 기술이 도덕적으로는 가치중립적일 수 있다는 의견도 개진되었으나, 문제 해결의 실마리가 개인의 윤리 차원으로 환원되는 또 다른 문제를 남긴다. 이 대목에서 기술을 실체로 인식하는 기술 이데올로기와 기술을 속성으로 인식하는 기술과학을 엄밀히 구분해야 한다는 지적이 설득력 있게 받아들여진다. 따라서 우리는 과학 기술

130 이민수, 「과학 기술의 발달과 전쟁 윤리」, 한국철학회 엮음, 『기술문명에 대한 철학적 반성』(철학과 현실사, 1998), 164-165쪽.

은 얼마나 혹은 어떻게 가치중립적일 수 있는가 하는 인간의 주체성에 초점을 맞춘 질문을 던져야 할 것이다.

우리는 또한 디지털 시대에 가치관의 혼란을 심화시키는 단초는 디지털 기술의 이데올로기적 속성에 있다는 점을 전제로 미국과 이라크의 전쟁을 다룬 시편들을 분석했다. 1991년의 걸프전을 다룬 정한용의 시 「바그다드」는 디지털 기술이 전쟁 현장을 스크린 위에 올려놓는 가운데 인간적 가치와 책임 의식이 실종되는 맥락을 묘파했다. 이형기의 「전쟁놀이」는 텔레비전 카메라 뒤에 도사린 이데올로기를 고발하고 있다. 고도로 발달한 인간의 과학 기술이 오히려 인간 자신의 참모습은 제대로 볼 수 없게 만든다는 것이다. 2003년 다시 발발한 이라크전에 대해 정병근, 허수경 등의 시인은 자신의 견해를 드러내는 방법 그 자체로서 새로운 의미를 산출해 냈다. 정병근의 「석류」는 일상과 전쟁에 근원적으로 내재하는 폭력과 죽음을 석유와 석류의 유사성과 이질성에서 추출해 냈다. 허수경은 「그렇게 웃는 나날이 계속되었다.」에서 전쟁은 인간의 행위 중에서 가장 비이성적이며, 그 전쟁에 동원되는 디지털 기술 역시 비이성적이고 폭력적인 이데올로기로 전락하고 만다는 점을 드러내고 있다. 또한 기존의 전쟁과는 달리 실질적인 세계 전쟁을 초래할 것으로 전망되는 사이버 전쟁은, 디지털 기술과 윤리적 가치가 충돌을 일으킬 때 그것을 이론뿐 아니라 실천의 차원에서도 해결하는 것이 우리의 과제임을 시사하고 있다.

결국 디지털 기술이 가치중립적이라는 믿음은 무책임하거나 위선적이라고 할 만큼 비현실적인 것이 되었다. 디지털 기술이 가치중립적이어야 한다는 생각 역시 실천적 대안이 제시되지 않으면 현실성이 없기는 마찬가지이다. 대신 우리는 디지털 기술이 얼마나 그리고 어떻게 가치중립적일 수 있는가를 모색해야 할 시점에 와 있는 것이다.

2. 밀레니엄 버그, 인류 최초의 디지털 재앙으로 기록되다

2.1. 세기말 혹은 세상의 종말 사이에서

새 천 년의 길목에서 '밀레니엄 버그' 또는 'Y2K'[131]라는 이름으로 사람들을 불안케 했던 '디지털 재앙'이 있었다. 불과 몇 년 전 일이다. 그때 재앙이 올 수밖에 없는 이유를 설명하던 언론들의 논리는 정연했다. 컴퓨터 업계 쪽에서 제공되었을, 적당히 전문적이고 또 적당히 대중적인 그 기사들은 일반인들을 설득시키기에 조금도 모자람이 없었다. 밀레니엄 버그의 발생 원인과 예상 시나리오, 게다가 대비책으로 연일 지면과 화면이 넘쳐 났다. 한 컴퓨터 전문가는 '당신이

131 '밀레니엄 버그' 또는 'Y2K'는 서기 2000년에 발생하는 컴퓨터의 대혼란으로 인해 인류에게 닥칠 재앙을 가리키던 말이다. 이는 컴퓨터 시스템 구축 초기인 1960년대부터 기억 용량 절감이나 간편함을 이유로 컴퓨터의 프로그램과 반도체 칩에 연도 표시를 본래의 네 자리가 아닌 두 자리 숫자로만 표시해 온 관행에서 야기된 문제이다. 예컨대 2000년을 '00'으로 표기하는 방식인데, 정작 2000년이 되면 컴퓨터는 '00'이라는 연도 표시를 '2000'이 아니라 '1900'으로 인식하기 때문에 모든 컴퓨터 시스템과 프로그램들이 예측할 수 없는 대혼란에 빠진다는 것이다. 여기에서 '밀레니엄 버그'란 용어는 천 년을 일컫는 밀레니엄millennium과 컴퓨터의 오류를 뜻하는 버그bug를 합성한 말이다. 또 'Y2K'는 밀레니엄 버그의 다른 이름으로 'Y'는 연도year의 첫 글자에서, 마지막 'K'는 1000을 뜻하는 킬로kilo에서 비롯된 용어이다.

Y2K를 대비하기 위해 할 수 있는 열 가지의 목록'이란 것을 제시하기도 했다.[132] 밀레니엄 버그에 대한 불안 심리가 고조되어 가던 1999년 12월의 마지막 사흘간, 국내 일간 종합지 가운데 하나인 『중앙일보』에 게재된 밀레니엄 버그 관련 기사들을 검색해 보았다.

Y2K 사흘 앞으로… 막바지 비상 점검 (12월 29일, 1-2쪽)
"Y2K 걱정에…" 5천만 원 찾아둔 30대 승용차서 도난당해 (12월 29일, 25쪽)
중기청, Y2K상황실 24시간 운영 (12월 29일, 31쪽)
中企 Y2K 현장 점검 - "지금이라도 데이터 백업 서둘러야" (12월 29일, 48쪽)
데이터 백업·복구 어떻게 하나 (12월 29일, 48쪽)
집안의 PC 점검 요령 (12월 29일, 48쪽)
"Y2K 불감증 심각, 내년 초 대혼란 우려" (12월 29일, 48쪽)
'Y2K 정부상황실' 가동 (12월 30일, 2쪽)
전 세계 Y2K 대처도 '빈익빈 부익부' 뚜렷 (12월 30일, 9쪽)
라면·부탄가스·생수·분유… Y2K 특수 신바람 (12월 30일, 27쪽)
기업들 Y2K 대책 - 31일 오후부터 밤샘 비상근무 (12월 30일, 27쪽)
장병 19만 명 Y2K 불침번 (12월 31일, 4쪽)
전 국민이 Y2K 문제 대비를 (12월 31일, 7쪽)
Y2K 큰 재앙은 없어 - 국제 Y2K 협력센터 "전 세계 대비책 양호" (12월 31일, 8쪽)
Y2K 대처 요령 (12월 31일, 8쪽)
한국도 위험국가로 꼽혀 (12월 31일, 8쪽)
정부 Y2K 비상 근무 (12월 31일, 29쪽)

132 마이클 하이어트, 『디지털 대재앙 Y2K』, 이기문 옮김(사이언스북스, 1999), 234-235쪽. 열 가지 목록의 제목을 보이면 다음과 같다 : ① 친구들 몇 명이 모여서 상의하라. ② 당신에게 더 이상 필요 없는 것들은 팔아 치워라. ③ 당신에게 필요한 모든 중요 서류의 목록을 만들어라. ④ 물을 비축하기 시작하라. ⑤ 식량 저장 계획을 세워라. ⑥ 비상 식품을 조리할 때 사용할 버너를 구입하라. ⑦ 더 안전한 지역으로 이사가는 것도 고려하라. ⑧ 응급 의료 지식을 배워라. ⑨ 당신이 모르던 근처의 이웃과 사귀어라. ⑩ 대체 화폐 형태를 확보하라.

법원 소환장 Y2K 소동 - 수원지법 170명에 "1900년 출두" 통보(12월 31일, 31쪽)

신문 기사의 제목만 보더라도 밀레니엄 버그에 대한 불안 심리가 어떤 정점을 향해 치달아 간다는 점을 감지할 수 있다. 이때의 불안 심리는 개인적 차원의 문제에 그치지 않았다. 신문 기사 제목들이 "Y2K 불감증 심각, 내년 초 대혼란 우려" 혹은 "한국도 위험국가로 꼽혀" 같은 경고나 "전 국민이 Y2K 문제 대비를" 같은 구호, 그리고 "정부 Y2K 비상근무" 같은 선포의 형식을 띤 데서 짐작할 수 있듯 그 불안의 상태는 집단 심리 현상에 가까웠다. "Y2K 큰 재앙은 없어"라는 제목의 기사가 유일하게 다른 논조를 띠고 있지만, 이 기사는 특정 단체의 말을 인용하는 형식인데다 인접한 반대 성향의 기사들에 묻혀 제 목소리를 내지 못하는 형국이었다.

2.2. 밀레니엄 버그에 대한 비판과 인류의 재앙에 대한 재인식

밀레니엄 버그를 둘러싼 당시의 상황에 대해 시인들은 과연 어떻게 대응했을까. 이를 알아보기 위해 1999년 한 해 동안 주요 문예지에 발표된 시 중에서 밀레니엄 버그 혹은 Y2K를 다룬 작품의 현황을 먼저 조사했다.[133] 결과는 다소 의외였다. 해당 작품이 겨우 3편에 불과했기 때문이다. 강연호의 「밀레니엄 버그」와 권영준의 「구형은 슬프다」, 진영대의 「밀레니엄 버그」가 그 작품들이다. 유독 우리 시인들만이 밀레니엄 버그에 대해서 무관심했다고는 생각되지

133 조사 대상으로 삼은 문예지는 다음 22종이다(가나다순) : 『동서문학』, 『라쁠륨』, 『문예중앙』, 『문학과사회』, 『문학과의식』, 『문학과창작』, 『문학동네』, 『문학사상』, 『서정시학』, 『세계의 문학』, 『시안』, 『시와반시』, 『시와사람』, 『시와사상』, 『시와시학』, 『실천문학』, 『애지』, 『작가세계』, 『창작과비평』, 『현대문학』, 『현대시』, 『현대시학』.

않는다. 다만 밀레니엄 버그의 특성상 그것을 시적 소재로 삼기에는 적절치 않다고 여겼거나 작품으로 다루는 일을 버겁게 느꼈을 것으로 판단된다.

밀레니엄 버그를 다룬 세 편의 작품들은 공통적으로 당시의 밀레니엄 버그 상황에 대해서 비판적인 태도를 취하고 있다. 하지만 그것을 드러내는 방법에서는 미묘한 차이가 발견된다. 먼저 강연호 시인의 작품을 보겠다.

> 한 천년에서 다른 천년으로 건너가는 것이
> 어쩌면 이렇게 쉬운 줄 몰라
> 아니 쉽다고 생각하는 순간 무슨 일이
> 터질지도 몰라 터졌으면 제발 터졌으면 하고
> 바라는 건지도 몰라 터져야 할 것이 터지지 않아
> 조바심을 하고 있는 건지도 몰라
> 터질 때 한꺼번에 터지자고
> 잔뜩 벼르고 있는 건지도 몰라 물집처럼
> 화농처럼 문드러지고 있는 건지도 몰라
> 글쎄 세기말이라니까 거기다가 한 천 년이 가고
> 새로운 천 년이 시작된다니까
> 당연히 모를 수밖에 없는 건지도 몰라
> 생전에 한 백 년에서 다른 백 년으로 건너가는 것도
> 쉽지 않은데 두 천 년이라니
> 두 천 년의 벌린 가랭이 사이에 끼어 있다니
> 어마어마하지? 혹은 에로틱하지?
> 두 천 년에 걸쳐 사는 기분이 어떠셔?
> 러시안 룰렛에서 또르르 탄알집 돌아가는 소리 같지 않아?
> 하긴 약간의 버그가 있다고들 하지 버그는 벌레야
> 그럼 살충제를 뿌림 되잖아 하긴 그래
>
> —강연호, 「밀레니엄 버그」 전문(『현대시』, 1999. 4, 94쪽)

이 시의 전반부를 지배하는 것은 밀레니엄 버그와 관련해 고조되어 가던 불안 심리이다. "터져야 할 것이 터지지 않아/조바심을 하고 있는 건지도 몰라" 같은 구절은 그 불안이 하나의 심리적 억압 기제로 작용하고 있음을 드러낸다. 12월 31일까지 마음 졸이고 있을 것이 아니라 차라리 지금 결판을 보는 게 낫겠다는 조바심은 비단 시인 혼자만의 것이 아니었을 것이다.

작품 후반부에 이르면 시인의 대응이 냉소적인 말놀이 형태로 표출되기 시작한다. 이를테면 "생전에 한 백 년에서 다른 백 년으로 건너가는 것도/쉽지 않은데 두 천 년이라니/두 천 년의 벌린 가랭이 사이에 끼어 있다니" 같은 부분은 거의 육담에 가깝다. "백 년"과 "천 년"에서의 '년(年)'을 '여자'의 낮은말인 '년'으로 바꿔치기함으로써, 지금까지 유지되어 오던 사태의 심각성에 찬물을 끼얹는 기법을 사용한 것이다. 시적 장치로서의 위악이라 할 만하다.

이어서 화자는 "두 천 년에 걸쳐 사는 기분", 다시 말해 밀레니엄 버그에서 야기된 심리 현상을 '러시안 룰렛'의 경우에 비견한다. 러시안 룰렛은 19세기 말 러시아 귀족들 사이에서 성행한 게임이다. 아니 게임이라기보다는 목숨을 건 일생일대의 도박이다. 이는 러시아인 특유의 호기와 차르 체제에서 내일을 모르고 살아가던 당시 지배층의 퇴영적 분위기를 반영하는 하나의 현상이었다. 이 시에서도 역시 '두 천 년에 걸쳐 사는' 묘한 분위기를 대변하는 모티프로 사용된 것이다. 회전식 6연발 권총을 자신의 머리에 겨누는 러시안 룰렛에서 진짜 총알이 튀어나와 사람이 죽을 확률은 이론상 6분의 1이다. 나머지 6분의 5는 살아남을 수 있다는 이야기다. 제삼자로서는 살아남을 확률이 상당히 높은 것으로 느껴진다. 하지만 당사자는 그렇지 않다. 심리적으로는 '사느냐 죽느냐' 하는 것밖에 없어 죽을 확률이 2분의 1로 껑충 뛰어오른다. 이때 죽을 확률이 50퍼센트라는 것은 그 확률이 99퍼센트라는 것보다 오히려 더 극한의 공포를 자아낼 수 있다. 삶을 포기한다면 모르되 삶에 대한 기대가 남아 있을수록 죽음에 대한 공포 역시 커지기 때문이다. 밀레니엄 버그에 대한 위험을 경고하는 언론 보도가 점차 가중되던 1999년의 상황에서, 그 모든 위험성을 믿거나 말거나식의 소문으로만 치부할 수 없었던 사람들에게는 밀레니엄 버그가 러시안 룰렛 같은 것으로 인식되었을 수도 있다. 그러나 이 시의 화자는 이런 심리 기제를 조롱한다. '-하지?/-어떠셔?/-같지 않아?/하긴-/-하긴 그래'로 이어지는 독특한 화법은 제삼자의 위치에서 차가운 비웃음의 어조를 띠고 있다.

이 시의 마무리 역시 냉소적인 말놀이 방식으로 이뤄진다. 이 모든 것의 원인이라는, 컴퓨터 시스템과 프로그램의 오류를 뜻하는 "버그"를 글자 그대로 "벌레"로 치환한다. 그리고 거기에 "살충제를 뿌림 되잖아"라는 말을 덧붙여 놓았다. 이런 방식의 대응이 밀레니엄 버그를 직접적으로 해결하는 것은 물론 아니다. 하지만 무지막지하게만 보이는 현실의 문제를 의도적으로 비껴 봄으로써 문제의 근본 원인과 그 해결책을 다른 각도에서 재인식하게 만든다는 점에서 주목할 만한 가치가 있을 것이다.

i) 내겐 너희들이 수억만 년 전 유인원으로 보여
밀레니엄 버그를 두려워하며 아주 잠깐 기쁨뿐인,
아주 긴 고통뿐인, 삶을 살아가는 너희들은 모두 구형이야
세상은 신형만이 살아남는다는 것, 역사를 일궈왔다는 걸,
벌써 망각한 건 아니겠지
이제 누군가로부터 새로운 인류사는 써질 거야
자본만을 숭배했던 한없이 미개한 구형 족속들,
아직도 삐걱거리는 뼈 속에
꿈이라는 아주 보잘것없는 바이러스를 내장해 놓은 거니?
다 하찮은 속임수야, 생은 축복이다란 감언이설에 더 이상 속지 마

곧 너희들은 너희들이 배태시킨 자식들로부터
집단 살해당할 거야
초대형 스크린에 무정자 수정된, 신형 인간 류시아를 봐
저 투명한 피부를 빨면 야자수 즙액 같은 달콤한 허무가
입안 가득 빨려나올 것 같지 않니?
이젠 버려, 그 욕되고 진부한
사이버가 사이비란 생각들을.

—권영준, 「구형은 슬프다」 전문(『문학과창작』, 1999. 4, 113-114쪽)

ii) 사 년 전에 들여놓은 나의 컴퓨터는 아직도 도스를 쓴다. 파일을 불러낼 때마다 1,203,827바이트 프리, 하고 제 목숨 제 손으로 계산하고 있다. 그동안 컴퓨터와 나누었던 대화들을 낱낱이 기억하고 있다. 소모적이고 짧았던 대화조차 방을 하나씩 내주고 있다. 잊지 않고 산다는 것은 고통이다. 그런데도 나의 컴퓨터는 어디에 버그가 생겼는지 파일을 지울 수 없는 결정적인 결함을 가지고 있다. 유일한 희망은 어느 날 나의 컴퓨터가 모든 기억을 상실하는 것이다. 그런 것이다. 이 얼마나 황홀한 희망인가. 기억상실증에 걸려 나는 아버지를 내 아들로 기억할 것이다.

—진영대, 「밀레니엄 버그」 전문(『문학과창작』, 1999. 5, 138쪽)

두 작품에는 공통적으로 믿을 수 없는 화자들이 나온다. i)은 일반적인 독자와는 대립적인 위치에 있는 화자를 내세워 반어의 효과를 노리고 있으며, ii)는 숫자까지 동원해 가며 정확성을 기하는 듯하다가 마지막에 가서 얼토당토않은 말을 함으로써 반어의 의미를 산출한다.

i)의 화자는 스스로를 '신형 인간'이라 생각하고 있다. 때문에 독자는 물론 시인도 '구형 인간'이 되어 버린다. 이 시의 제목이 '구형은 슬프다'라는 점을 상기해야 한다. 화자가 조롱하는 구형 인간의 특징은 이렇다. 밀레니엄 버그를

두려워하고, 자본을 숭배하고, 꿈을 간직하며 살아간다. 모두 맞는 말 같다. 그럼 무엇이 문제인가. 바로 그 같은 속성들 때문에 오늘날의 인류는 보기에 따라 유인원처럼 어리석다는 것이다. 예컨대 자기들이 만들어 놓은 컴퓨터라는 기계의 오류를 끔찍이도 두려워하고, 자본에 대한 숭배에서 여태 벗어나지 못했으며, 그러면서도 막연한 기대와 몽상을 품고 살아가고 있기 때문이다. 시인, 독자들과 대립적인 위치의 화자에게서 나온 말에 일리가 있다면 이미 그 자체로 자기비판은 성립되었다고 할 수 있다.

ii)에서 밀레니엄 버그는 "제 목숨 제 손으로 계산하"는 행위로 묘사된다. 1999년에서 2000년으로 넘어가면서 오류가 발생하니 어쩌니 하는 일들이 자승자박 같은 행위라는 말이다. 컴퓨터에 있는 오류를 고치기 위해 초기화("모든 기억을 상실")하는 일은 마치 기억상실증에 걸린 사람이 아버지를 아들로 잘못 알아보는 행위와 같다. 그런데도 이 시의 화자는 그런 내용을 천연덕스럽게 진술한다. i)에서처럼 반어에 의한 비판 효과를 노리고 있는 것이다. 이처럼 우리 시인들은 밀레니엄 버그를 눈앞에 둔 시점에서 그것에 대해 냉소적인 말놀이나 반어의 어법을 통해 비판적으로 대응했음을 거듭 확인할 수 있다.

애초의 우려와는 달리 밀레니엄 버그는 별다른 문제 없이, 언제 그런 일이 있었냐는 듯 지나가 버렸다. 하지만 시인들은 2000년 이후에도 밀레니엄 버그를 다룬 작품들을 발표한다. 배용제의 「밀레니엄 버그」와 이희중의 「재앙은 어떻게 오는가」가 바로 그 작품들이다. 이 시편들은 밀레니엄 버그에 대한 냉소에 그치지 않고 그 경험을 더 내면화하는 경향을 보여 준다.

> 불과 몇 십 년의 세월을 인식하고 실행한 사내가 있다. 불과 몇 십 번 삭제시킨 꽃잎과 만찬의 축배, 업그레이드되는 계절의 풍경에도 버거워하던 사내. 갑자기 천 년의 세월이, 천 년의 몽상이, 천 년의 神들이 들어온다.

순식간에, 그러니까 아주 당혹스럽게. 새로운 형용사들, 부호들, 종교들, 체험의 아이콘들이 사내의 신경회로 속으로 접속된다. 인식할 수 없는 코드, 해독 불능이다. 모든 미래의 부팅이 불길해진다. 욕망 버그, 사랑 버그, 추억 버그, 버그버그버그버그.

사내, 메모리 확장이 불가능하다. 사내의 영역은 두 자릿수 세월뿐이다. 한 번 읽힌 생애는 백업되지 않는다. 읽혀질 수 없는 꿈의 파일들. 그 바이러스로 인하여 사내의 일생이 망쳐진다.

자판들이 먹통이다. 사내의 생을 입력시키던 방, 책, 문, 빛, 밥, 별, 혀, 눈, 달, 귀—따위의 자판들.

한 세기도 실행되기 전 사내는, 천 년의 몽상 그 거대한 해커에 의해 지배당한다. 캄캄하게 닫힌 사내의 속. 헛것의 나무, 헛것의 길, 헛것의 창, 헛것의 계절, 헛것의 숲, 헛것의 아침, 헛것의 이름, 헛것의 헛것들이 뒤엉킨 채 헛날들이 실행되고 있다.

—배용제, 「밀레니엄 버그」 전문(『현대시학』, 2000. 9, 117쪽)

진정한 의미에서의 밀레니엄 버그란 단순히 '99'가 '00'으로 환원되는 숫자 차원의 문제에 그치는 것이 아니라고 이 시의 화자는 말한다. 자기 내면의 헛된 욕망이나 몽상에 지배당함으로써 나날의 삶을 지탱하고 성찰하던 "자판들이 먹통"인 상황, 다시 말해 자기의 삶을 자신이 통제하지 못하는 상황이야말로 우리가 진정 두려워해야 할 밀레니엄 버그라는 것이다. "헛것의 나무, 헛것의 길, 헛것의 창, 헛것의 계절, 헛것의 숲, 헛것의 아침, 헛것의 이름, 헛것의 헛것들이 뒤엉킨" 하루하루란, 말 그대로 헛된 삶에 지나지 않는다. 그 삶은 인간으로서 '살아가는' 것이 아니라 프로그램으로서 '실행되는' 것이나 마찬가지다. 그런 상황에서라면 삶의 진정한 의미를 모색하는 일 자체가 무의미해질 것이다.

다음 시편은 밀레니엄 버그의 해프닝을 되돌아보는 전반부와 그로부터 인류의 재앙에 대한 재인식의 필요성을 도출하는 후반부로 이뤄져 있다. 특히 후반부에서는 디지털 문명과 생태주의적 가치관의 접맥 가능성을 제시했다는 점에서 주목되는 작품이다.

> 정월 초하루에 재앙이 온다는데, 아는 집은 생수를 여러 상자 사두었다는데, 이웃들은 가스와 라면을 다 챙겨두었다는데, 동생네는 그릇마다 물을 받아두었다는데 아내는 걱정을 했다 나는 반평생을 아파트에 살아오면서, 때때로 친절한 단수 통보를 마음 깊이 새겨 욕조 가득 물을 받아둔 적도 있었지만 옥상 물탱크가 다 비기도 전에 번번이 다시 물이 나와 받아둔 물을 아깝게 버렸다고, 혹 한나절 물이 안 나와도 크게 불편하지는 않더라고 웃으며 말했다 생수와 라면상자를 사서 집에 쌓아두고는 혼자 편히 자는 일이 별로 내키지 않는다고, 꼭두각시처럼 구는 수선이 싫다고 궁한 이유를 대면서 말하지는 않았다 이유가 있어서라기보다는 우선 내 방식이니까 우리가 무슨 대단한 컴퓨터 천국에 산다고, 몇 대의 컴퓨터가 망가진다고 밥도 먹지 못하겠느냐고, 컴퓨터를 모르는 놈들은 아차 하면 컴퓨터가 터미네이터가 되는 양 생각하지만 그건 한낱 기계일 뿐이라고 냉소하며 말하지도 않았다 세상만사가 그렇지 않던가 아직도 모르는가 재앙은 만인이 알도록 서툴게 오지 않는 법, 진정한 재앙은 단숨에 적을 제압하여 숨통을 끊은 후 폐허만을 남기고 한숨 소리도 들리기 전에 흔적 없이 사라지는 법 호들갑 좋아하는 저 양치기 같은 방송과 신문은 틈만 나면 사람들을 가지고 놀려 하니 겁주는 놈이나 겁먹는 놈이나 바보스럽기는 매 한가지 예측된, 예측되었기 때문에 이미 아닌 재앙을 덩달아 예측해 생수와 라면과 가스를 챙기는 사려 깊은 우리는, 날마다 길을 내느라 뽑히는 나무들과 밟히는 벌레, 물길이 막혀 길을 잃은 물고기와 함부로 버린 비누거품과 음식 쓰레기가 몰래 데려오고 있는 진정한 재앙은 자주 걱정하지 않는다 정월 초하루가 지나고 또 며칠이 지나도 세상은 여전하여 아내와 나는 슬쩍 웃고 넘어갔지만 나는 속으로는 사실 많이 걱정한다네 진정한 재앙이 온 어느 아침, 우리들의 집에는 쌀 한 톨 없고 성냥 한 개비 없을지니, 설사 생수와 가스통이 트럭으로 있어도 손쓸 수 없을지니

—이희중, 「재앙은 어떻게 오는가」 전문(『시와시학』, 2000. 봄, 259-260쪽)

인류 역사 이래 처음 닥친 이 '과학적인' 재앙은 신기하면서도 또한 불안할 수밖에 없는 것이었다. "아는 집은 생수를 여러 상자 사두었다는데, 이웃들은 가스와 라면을 다 챙겨두었다는데, 동생네는 그릇마다 물을 받아두었다는데" 하고 걱정하는 것은 차라리 소박했다. "생수와 라면상자를 사서 집에 쌓아두고는 혼자 편히 자는 일이 별로 내키지 않는다"고 말하는 이 시의 화자 같은 사람들은 과연 몇이나 되었을까. 당시 약삭빠른 사람들은 밀레니엄 버그 구급용품을 만들어 인터넷을 통해 판매하기 시작했다. 또한 밀레니엄 버그의 근본 원인 제공자인 컴퓨터 업계가 이번에는 그 재앙을 빌미 삼은 소프트웨어를 개발하기에 이르렀다. "컴퓨터를 모르는 놈들"을 "컴퓨터 천국"에서 계속 거주하게 하려는 듯, 컴퓨터 업계는 밀레니엄 버그를 해결할 프로그램을 상품으로 만들어 판매하고 언론들은 그 뉴스를 앞 다투어 보도했다.

그러나 그들이 말하고 많은 사람들이 믿었던 그 재앙은 지나치게 과장된 것이었음이 밝혀졌다. 그것은 재앙이라기보다는 컴퓨터 시스템상의 예측된 오류였으며, 떠들썩한 소문을 내지 않고도 수정할 수 있는 성질의 것이었다. 그럼에도 컴퓨터 업계-언론-일반인을 거치면서 재앙은 증폭되다가 급기야는 날조되고 말았던 것이다. 시인은 분명히 말한다. "재앙은 만인이 알도록 서툴게 오지 않는 법, 진정한 재앙은 단숨에 적을 제압하여 숨통을 끊은 후 폐허만을 남기고 한숨 소리도 들리기 전에 흔적 없이 사라지는 법"이라고. 양치기 소년과 늑대의 일화가 한바탕 거대한 논픽션 드라마로 우리 눈앞에 실제로 펼쳐졌던 셈이다. 원인 제공자와 해결자, 진실과 허위가 디지털 기술을 기반으로 자본과 은밀히 결탁하면서 말이다.

이제 밀레니엄 버그라는 날조된 재앙은 한바탕 해프닝으로 역사에 기록될 일만 남겨 놓았다. 미국 보스턴대 밀레니엄연구소의 리처드 랜스는 이와 관련해, “종말론은 급격히 쇠퇴할 것이며 종말론자들은 완전히 신뢰를 상실할 것”이라 내다보면서 새로운 연구 주제로 ‘종말론에 대한 실망’을 계획했다고 한다.[134] 그러나 과연 그의 생각처럼 우리 인류에게서 재앙이 완전히 사라진 것일까. 시인은 결코 아니라고 말한다. “날마다 길을 내느라 뽑히는 나무들과 밟히는 벌레, 물길이 막혀 길을 잃은 물고기와 함부로 버린 비누거품과 음식 쓰레기가 몰래 데려오고 있는 진정한 재앙”을 우리들은 오히려 외면하고 있다고 지적한다. 그 진정한 재앙이 외면당하는 이유는 무엇일까?

이 시에서도 암시되었듯 “컴퓨터 천국”으로 표현되는 디지토피아와 “나무와 벌레와 물고기”로 표현되는 에코토피아가 자본을 축으로 맞대응하는 것으로 잘못 인식되고 있기 때문이다. 아닌 게 아니라 디지털과 생태주의는 그 속성에서 대립적인 요소를 지니는 것이 사실이다. 디지털은 인공의 산물인 데 반해 생태주의는 자연이 그 토대이다. 디지털은 세계를 수량화하고 불연속적으로 파악하는 반면 생태주의에 있어서 세계는 수량화될 수 없으며 연속적인 것으로 이해된다. 한마디로 세계관 자체가 다른 것이다. 그러나 세계관이 다르거나 대립적이라고 해서, 반드시 양쪽이 충돌하거나 심지어는 다른 한쪽을 부정해야 한다는 법은 없다. 지금 우리의 삶 자체가 양쪽의 세계관을 모두 요구한다. 이것이 현실이다. 어느 한쪽이 부정되면 우리의 삶이 온전치 못할 것은 너무 분명하다. 양자택일식의 선택이야말로 ‘인류의 진정한 재앙’을 초래할 수 있다는 점을 인식해야 한다. 디지털 문명의 한가운데서 뜻밖에도 생태주의적 상상

134 리처드 리카요, 「Y2K와 세상의 종말」, 로버트 하젠 외, 『미래의 디지털 시나리오』(해냄, 2000), 232쪽.

력을 발휘하는 것이 문제 해결의 실마리가 될 수도 있다. 이 시는 그 가능성을 우리에게 열어 보여 주고 있는 것이다.

2.3. 디지토피아와 에코토피아의 접맥 가능성

돌이켜보면 1999년은 인류 최초의 과학적 재앙이자 디지털 재앙이라는 밀레니엄 버그에 대한 불안 심리가 전 세계적으로 고조된 한 해였다. 이에 대해 당시의 시인들은 주로 냉소적인 말놀이나 반어의 어법을 통해 비판적으로 대응했다. 강연호의 「밀레니엄 버그」는 말놀이의 기법으로 당시의 정황을 비꼬았다. 이런 대응 방식은 물론 실질적인 해결책을 제시하는 것은 아니지만, 밀레니엄 버그 문제의 근본 원인과 그 해결책을 새로운 각도에서 재인식하게 한다는 점에서 의의를 지닌다. 권영준의 「구형은 슬프다」는 독자들과 대립적인 위치에 있는 화자를 내세워 반어의 효과를 산출했으며, 진영대의 「밀레니엄 버그」 역시 반어의 어조를 활용해 밀레니엄 버그 소동에 비판을 가했다.

2000년 이후에 발표된 시편들은 밀레니엄 버그에 대한 비판뿐 아니라 그 경험을 내면화하는 경향을 띤다는 점에서 주목된다. 배용제는 「밀레니엄 버그」에서 진짜 밀레니엄 버그란 숫자 차원의 문제가 아니라 자신의 헛된 욕망과 몽상에 지배당함으로써 자신의 삶을 통제하지 못하는 것임을 그려냈다. 이희중의 「재앙은 어떻게 오는가」는 밀레니엄 버그의 해프닝을 돌아보면서 인류의 진정한 재앙에 대한 인식의 필요성을 강조했다. 특히 이 작품은 디지털 문명과 생태주의적 가치관의 접맥 가능성을 제시했다는 점에서 큰 의의를 지닌다.

디지털과 생태주의는 그 속성이 대립적인 것으로 파악되는 일면도 있지만, 만일 어느 한쪽이 부정되면 지금 우리의 삶이 온전치 못할 것이라는 사실 또한 부인할 수 없다. 더 엄밀히 말하자면, 컴퓨터의 가상공간은 현실의 물리적 공간이 없으면 존재할 수 없으며, 현실의 물리적 공간은 컴퓨터의 가상공간에 의해 비로소 더 풍요로운 의미를 부여받을 수 있다. 이러한 맥락에서 디지털 기술의 현실적 가치를 인정하면서도 생태주의적 가치관을 잃지 않는 시적 방법론의 탐색이 더욱 요청된다고 하겠다.

3. 나는 클릭한다, 고로 나는 사라진다

3.1. 디지털 기술이 일상화된 현실

우리가 일상에서 그 의미를 제대로 인식하지 못한 채 보아 넘기는 어떤 현상들이 사실은 근원적인 정체성의 혼란을 드러내는 경우가 종종 있다. 가령 '당신을 사랑합니다'라는 제목의 이메일을 평소 알고 지내던 사람으로부터 받았다고 하자. 이때 누가 그 이메일을 열어 보지 않고 배겨 낼 수 있겠는가. 내가 알고 있는 그녀가 또는 그가 나를 사랑한다는데, 그 막연한 기대와 호기심은 정말 억누르기 힘들 것이다. 지난 2000년 5월, 세계 매스컴의 톱뉴스는 단연 이 러브레터에 관한 것이었다. 이메일로 전송된 그 러브레터를 실제로 열어 본 사람은 전 세계적으로 무려 4천5백만 명이 넘었다고 한다. 문제의 그 러브레터는 그러나 사랑이 아니라 증오를 담았던 것으로 밝혀졌다. 진짜 러브레터가 아니라 컴퓨터 바이러스였던 것이다.[135] '러브 바이러스'라는 이름의 그 컴퓨터 프로그

135 백경학·성동기, 「지구촌 '러브' 초비상 : E메일 바이러스 기승·美의회 백악관 등 공격당해, 국내서도 감염 사례 잇달아 신고·큰 피해 우려」, 『동아일보』, 2000. 5. 6, A1쪽. 성동기 외, 「컴퓨터 바이러스 '러브 버그' 지구촌 강타 : 'I LOVE YOU'에 속지 마세요」,

램은, 이메일을 열어 보는 사람의 컴퓨터 파일들을 삭제하고, 그 사람의 주소록에 들어 있는 다른 사람들에게 그 사람의 이름으로 같은 제목의 이메일을 자동 전송하도록 만들어져 있었다. 막연하게 혹은 은밀하게 사랑을 기대하는 인간의 미묘한 심리를 이용해 그 컴퓨터 바이러스는 삽시간에 전 세계의 네트워크로 퍼져 나갔다.

여기서 우리는 '러브/레터'를 '러브/바이러스'로 바꿔 놓은 정체성의 혼란에 맞닥뜨린다. '레터'라는 단어에는 컴퓨터의 'Delete' 키로는 삭제할 수 없는 중요한 의미가 여럿 들어 있다. 인류 문화 발전의 기초가 된 문자로부터, 문학, 학문에 이르기까지 쉽게 버릴 만한 것이 없다. 그런데 그 단어가 비유적인 차원에서가 아니라 실제로 바이러스가 되어 버렸다. '러브'란 말은 또 어떠한가. 긴 설명이 필요치 않을 것이다. 그런데 그 말이 비유적인 의미에서가 아니라 실제 상황에서 바이러스를 담는 껍데기가 되어 버렸다. 이렇게 지금 우리는 정체성이 혼란스런 현실에서 살고 있다. 우리가 그 사실을 잊고 있을 뿐이다.

이 책에서는 디지털 기술의 일상화에 따른 정체성의 혼돈 현상을 크게 세 단계로 나누어 고찰하려 한다. 먼저 디지털 기술 논리가 점령한 내면 공간, 이어서 기계적 가치와 인간적 가치의 전도, 그리고 가상공간에서 ID와 id의 혼돈 등의 순서가 될 것이다.

『동아일보』, 2000. 5. 6, A5쪽.

John Markoff, "A Disruptive Virus Invades Computers around the World," *The New York Times*, 5 May 2000, sec.A, p.1.

John Markoff, "Law Officials Seek Origins of the Virus," *The New York Time*, 6 May 2000, sec.C, p.1.

3.2. 디지털 기술 논리가 점령한 내면 공간

우선, 디지털 기술 논리가 보편적 기준으로 우리의 일상 깊숙이 침투해 있는 상황을 그려낸 작품들을 살펴보자.

i) 동구 밖 느티나무 아래, 덜 진화된 침팬지들만 천연스레 부채질하고 있다 꼬리 흔들며 음메, 하고 송아지 부르는 것도, 외양간의 비루먹은 어미소들뿐이다

누구 하나 제 가슴 향해 종종걸음으로 흘러드는 길, 찾지 않는다

사람들 사는 방방에선 컴퓨터가 켜지고, 幻의 불빛들 인다 고속도로가, 이마에 헤드라이트를 켠 채, 우르르 몰려드는 아이들 지켜보고 있다

이 모습 안쓰러워, 너무 초조해진 숲 속 소나무들, 가늘게 실눈 뜨고 혀 끌끌 차고 있다

더는 길 보이지 않는다 어두운 하늘 끝, 달빛도 구름이나 주물러 터뜨리며 손장난 따위에 빠져 있다 까맣게 숲 우거져 더는 길 보이지 않는다.

—이은봉, 「밤길」 부분(『길은 당나귀를 타고』, 실천문학사, 2005, 31-32쪽)

ii) 철제빔과 유리로 된 빌딩들 사이로
늑대의 울부짖음이 황량하다.
핸드폰을 받기 위해 한 사람이 멈춰선다.
거리의 행인들이 동시에 핸드폰을 꺼내든다.
핸드폰이 입을 연다. 당신이 세계의 중심이라고.
세계의 중심들은 다시 걷기 시작한다.
(좀비들은 盛裝을 하고 무도회에 간다네.)

세계의 중심들은 움직인다. 사랑이 그런 것처럼.

핸드폰의 몽롱한 눈을 통해 그들이 가는 곳은 어디인가?
눈 안의 환영적인 길을 통해 그들이 가려는 곳은?
(묻지마, 다쳐! 묻지마, 닥쳐?)
카메라폰이 찍은 낯익은 골목들은 아니리라.

—장이지, 「모바일 오페라」 부분(『창작과비평』, 2004. 여름, 178쪽)

두 작품의 공간 배경은 매우 다르다. 작품 i)은 "동구 밖 느티나무 아래"로 표현되는 시골이고, ii)는 "철제빔과 유리로 된 빌딩들 사이"라는 구절이 나타내듯 도시이다. 그런데 두 작품의 문제의식은 매우 흡사하다. 컴퓨터(i)와 핸드폰(ii)으로 대변되는 디지털 기술의 일상화가 두 작품에서 공통으로 문제 삼고 있는 것이다.

작품 i)에서 먼저 짚고 넘어가야 할 것은 화자의 시점이다. 이 시의 시점은 소설로 치자면 전지적 작가 시점에 해당한다. "동구 밖 느티나무 아래"로부터 "외양간"을 지나 "사람들 사는 방"을 거쳐 "숲 속"에 이르는 모든 곳을 하나의 시선으로 처리하고 있다. 때문에 이 시는 처음부터 끝까지 시인의 관념에 의해 재구성된 것으로 읽히기도 한다. 시인이 밤길을 걸으며 관찰한 내용들을 기억에 의거해 다시 짜 맞추다 보니 이리저리 초자연적으로 공간을 이동하는 듯한 시점이 만들어진 것으로 볼 수도 있다. 그러나 이 시의 시점은 시인 자신이나 작중 인물들 가운데 한 사람이 아니라 작품 본문에 나오는 "숲 속 소나무들"을 기준 삼고 있다. 숲 속의 소나무가 되어 높은 곳에서 낮은 곳을 비스듬히 내려다보는 조감의 시점을 채택한 것이다. 이 독특한 시점은 단지 작품 구성 요소의 하나로서 기능하는 데 그치지 않고, 이 시를 쓴 시인의 세계관을 드러내는 것으로 보인다. 다시 말해 이 시의 문제의식은 인간 중심적 시각이 아니라 자연이 중심이 되는 시각에서 도출되었다는 것이다. 가령, 이 시에서 느닷없이 "동구 밖 느티나무 아래, 덜 진화된 침팬지들"이란 표현으로 사람들을 묘사한 것도 이런 시점의 문제를 전제해야 비로소 자연스럽게 이해할 수 있다. '덜 진화된 침팬지들'과 '송아지', '비루먹은 어미소들'의 다른 한편에는 '컴퓨터의 가상 세계(幻의 불빛)에 빠진 아이들'이 있다. 그들은 어느 쪽이든 "누구 하나 제 가슴 향해 종종걸음으로 흘러드는 길, 찾지 않는다"고 이 시의 화자는 탄식한다. 자기 성찰의 기제가 마련되지 않은 일상의 삶이기 때문이다. 이러한 정황에 대해 '숲 속 소나무들'은 안쓰러워하고 초조해한다. 그럼에도 불구하고 현실적으로 마땅한 해결책이 없다는 데서 고민이 깊어진다. "숲 속 소나무들, 가늘게 실눈 뜨고 혀 끌끌 차고 있다"는 진술은 시인의 인식 태도가 그대로 반영된 결과이다. 이 시의 마지막 문장, "더는 길 보이지 않는다"는 것이 현 단계에서 이 시인의 현실 인식이자 미래 전망이다.

작품 ii)의 어조는 전반적으로 과장되어 있고 들뜬 상태이다. 비슷한 문제의식을 공유하고 있음에도 i)의 화자가 표출하는 진중하고 침통한 어조와는 사뭇 다르다. i)의 화자가 나이 지긋한 시골 어른의 염려하는 말투를 유지한다면 ii)의 화자는 젊은 도시 청년의 비꼬는 어조를 띤다. 이동통신 업체의 광고 문안을 변형하거나("세계의 중심들은 움직인다. 사랑이 그런 것처럼") 그대로 따다 쓰는 것("묻지마, 다쳐!")도 이런 느낌을 갖게 하는 요소이다. 제목이 드러내듯 ii)가 그려내는 것은 세계 제일의 이동통신 대국이라는 우리나라[136]의 도시인들이

136 한국은 세계에서 최단 기간에 휴대전화 가입자 수 1천만 명을 돌파했으며, 2005년 3월 현재 총 인구가 4천7백만 명인 가운데 이동통신 가입자 수는 무려 3천6백만 명에 달한다. 김재환, 「세계로 가는 한국의 이동통신 사업」, 『뉴스위크 한국판』 672호(2005. 3. 23), 60-61쪽.

보여 주는 일그러진 자화상이다. 이 시는 시작부터 휴대전화의 착신음을 "늑대의 울부짖음"이라 표현함으로써 화자의 태도를 분명히 표시한다. 제목의 "모바일 오페라"와 본문의 "늑대의 울부짖음" 사이의 의미 간격을 시인은 온통 야유로 채울 작정인 듯 보인다. "당신이 세계의 중심"이라는 광고에 현혹된 사람들은 육체는 있으나 영혼은 없는 "좀비"와 다를 바 없다. 그들, 아니 우리들은 카메라 기능을 내장한 최신형 휴대전화기로 이곳저곳을 찍어 댄다. 그러나 정작 그 행동의 의미에 대한 물음은 생략되고 만다. 만약 그런 것을 물을라치면 당장 이런 대답이 돌아올 것이다. "묻지마, 다쳐!" 자기 성찰의 기제가 가벼운 말장난 하나로 부정된다. 휴대전화에 대고 자기 외부를 향해 외치는 들뜬 소리나 메시지, 음악 파일, 인터넷 접속 등이 일상을 지배하면서 자신의 내면과 나누는 대화가 점점 사라져 간다. 디지털 기술은 우리에게 무한한 가상공간을 주었지만 그 대신 내면공간이라는 또 하나의 무한한 공간을 없애 버리고 있는 것이다.

3.3. 기계적 가치와 인간적 가치의 전도

이어서 살펴볼 세 편의 시는 기계의 도구적 가치와 인간의 실존적 가치가 전도되는 상황을 묘파한 작품들이다. 먼저 하재봉의 시를 읽어 보자.

> 너와 연애하고 싶다
> 너의 입술 속으로 혀를 집어넣으며
> 구체적으로, 색쓰고 싶다
>
> 섬세한 바늘 끝으로
> 깊은 계곡을 탐험하며 건져올리던 유혹의
> 그 시대는 갔다

은빛 금속성의 원반 위에 새겨진 비밀의 욕망

전원 스위치를 올리면
온몸에 충전되는 힘
건드리기만 해도 나의 성감대는
예민하게 반응한다

너를 통하여 세계와 연결되는
수많은 귀들이 소리를 붙잡는다

자궁 속으로 들어가 살 섞지 않아도
서로 신호가 가고 말이 통하는 완벽한 세계!
거울을 보며,
귀를 베어낸다

그러나, 나는 불감증이다

—하재봉, 「비디오/콤팩트 디스크」 전문
(『비디오/천국』, 문학과지성사, 1990, 68-69쪽)

하재봉의 시에서 '비디오'는, 장정일이 지적한 것처럼 여러 가지 가면을 쓰고 나온다.[137] 작품 제목의 구조를 따지자면 '비디오/+가면'의 형식이다. 그 가면은 어느 시에서 'TV'가 되는가 하면, 어느 시에서는 '퍼스널 컴퓨터'가 되기도 하고, 이 시에서처럼 '콤팩트 디스크'가 되기도 한다. 또 어느 시에서 그것은 시인을 압제하는 것으로 묘사되다가, 다른 어느 시에서는 그것이 시인 자신과 일체화되어 나타나기도 한다. 이에 따라 하재봉의 '비디오'는 단순한 화면 재생

137 장정일, 「정보화사회의 시학 : 하재봉 시집 『비디오/천국』」, 『현대시학』, 1990. 9, 258쪽.

장치로서의 비디오가 아니다. 그 '비디오'는 다방면에 걸쳐 있고 전능하며 거역할 수 없는 초매체로서 정보기술 사회에 대한 제유가 된다.

이 작품의 첫 연에서 시적 자아는 '콤팩트 디스크'라는 새로운 매체에 대해 자신이 섹스의 욕구를 느낄 만큼 이끌린다고 토로한다. 그런데 이런 언사를 어느 한순간의 감상에 의한 과장 어법으로 처리해 버리기 힘든 이유는 이어지는 시행들의 논리가 썩 정연하기 때문이다. 시적 자아는 기존의 레코드와 새로운 콤팩트 디스크CD라는 매체 사이에 가로놓인 기술상의 차이를 잘 알고 있다. 둘째 연부터 넷째 연까지는 이런 내용을 시적 비유로 바꿔 놓은 것이다.

아날로그 방식으로 만들어진 기존의 레코드는 음반의 바깥에서 안쪽으로 이어지는 소용돌이 모양의 사운드 트랙("깊은 계곡")에 음성·음향 신호의 변화에 맞추어 홈을 파는 방식으로 소리를 기록한다. 이렇게 기록된 음을 읽어낼 때는 스타일러스("섬세한 바늘") 끝이 사운드 트랙을 따라 움직이면서 홈의 변화를 감지해 전기 신호로 바꾸어 준다. 이 전기 신호를 스피커를 통해 소리로 내보낸다. 그러니까 레코드에서 소리를 재생하는 방식의 요점은 반드시 스타일러스와 사운드 트랙 사이에 물리적 '접촉'이 있어야 한다는 점이다. 이에 비해 디지털 방식의 콤팩트 디스크는 사운드 트랙에 레이저 광선을 이용하여 음성·음향 신호를 기록하고 또 재생한다. 기록과 재생이 모두 레이저 광선에 의해 이루어지기 때문에 실제로 디스크에 닿는 것은 아무것도 없다. 콤팩트 디스크의 사운드 트랙은 결코 레이저 광선에 의해 닳거나 손상되지 않는다. 또한 음의 왜곡을 거의 일으키지 않는다.

시적 자아는 콤팩트 디스크의 이런 기술적 특성에 대해 "자궁 속으로 들어가 살 섞지 않아도/서로 신호가 가고 말이 통하는 완벽한 세계!"라고 표현한다. 콤팩트 디스크에 내재한 기술에 대한 몰입이 '완벽한 세계'라는 과장된 인식으로 이어진 것이다. 이런 인식의 결과가 행동으로 표출된다면 어떻게 될까. 이 시에서 그 행동 양상은 극단적이다. "거울을 보며,/귀를 베어낸다"가 바로 그것이다. 시인은 왜 여기서 반 고흐의 일화를 재현했을까. 고흐는 1888년 성탄절 전날 밤에 동료 화가 고갱과 크게 싸우고 나서 자신의 왼쪽 귀를 자른다. 당시 경찰 기록에 의하면 고흐는 잘라 낸 귀를 라셸이라는 창녀에게 보냈다고 한다. 그런데 라셸은 고흐 자신보다는 고갱을 더 좋아하고 있었다. 고흐는 그런 와중에 거울을 보며 자화상을 그렸다. 이런 고흐와 이 시의 시적 자아는 대체 어떤 연관을 지니는 것일까.

고흐 사건을 분석하기 위해, 그가 귀를 자르기 며칠 전에 그린 「아를 투우장의 관중」이란 작품을 인용하는 한 법의학자의 견해가 이 시의 해석에도 참고가 될 수 있겠다.

반 고흐, 「아를 투우장의 관중」(아를, 1888년 12월, 73×92cm, 상트페테르부르크, 에르미타슈미술관)

투우장에서는 귀를 헌상獻上하는 행위가 하나의 의식으로 존재한다. 용감한 투우사가 칼로 소를 찔러 소가 비틀거리다가 쓰러지면 관중들은 함성을 지르며 열광한다. 그리고 "귀! 귀!" 하고 소리를 지르는데 그것은 그 투우사가 남자답게 용감하게 싸운 것에 대한 칭찬이자 포상이라는 것이다. 투우사의 조수들이 쓰러진 소의 귀를 날렵하게 잘라 투우사에게 가져다주면 투우사는 이것을 쳐들고 환호하는 관중들에게 답하며 장내를 한 바퀴 돈다. 그리고 관중 중에서 가장 아름다운 여인에게

이를 바친다. 잘린 귀를 들고 장내를 한 바퀴 도는 것이 남자로서 최고의 영예라면 그 귀를 헌상받는 것은 여성에게 최고의 영예로 여겨졌다고 한다.

반 고흐가 자신의 귀를 잘라 창녀 라셸에게 바친 것을 두고 그가 쓰러진 소와 승리한 투우사의 두 역을 혼자서 다 한 것이라고 보는 사람도 있다. 즉 고갱의 압도적인 지배를 거부하고 이에서 벗어나려는 용기를 발휘하는 동시에 승리를 과시하려 라셸에게 바치고 싶은 무의식이 환청, 환시로 나타나 행한 행동인지도 모른다는 것이다.

「아를 투우장의 관중」이라는 그림을 보고 있노라면 이러한 추리를 하는 것도 무리는 아니라고 생각된다.[138]

고흐의 귀 사건에 대한 이 설명은 고흐가 고갱에 대해 느꼈던 열등의식을 부각하고 있다. 그 열등의식이 단순히 라셸이라는 한 여인 때문이었는지 아니면 어떤 예술적 요인도 가세한 것인지 현재의 우리가 정확히 판단할 수는 없다. 다만 우리가 주목해야 할 것은, 고흐의 귀 자르기가 어떤 대상에 대한 열등의식, 그리고 그 열등의식의 극복 혹은 좌절과 관련된다는 점이다. 이를 하재봉의 시에 조심스럽게 참조해 보자. "거울을 보며,/귀를 베어낸다"는 문제의 시구는 그러니까 시적 자아가 그토록 탐닉했던 "완벽한 세계"로서의 기계나 기술에 대해 불완전한 인간으로서 느끼는 묘한 열등의식과 관련될 수 있다는 것이다. 이 시의 경우에는 "그러나, 나는 불감증이다"라는 마지막 시행으로 볼 때, 그 열등의식에 대한 진지한 대결이 이루어지지 않은 것으로 짐작된다. 고흐가 '쓰러진 소'와 '승리한 투우사'의 두 가지 배역을 모두 맡으려 했다면, 이 시의 시적 자아는 '쓰러진 소'의 모습을 보여 주는 데 그치고 말았다. 더욱이 고흐처럼 귀를 베어 내기는 했으나 그에 따르는 육체적, 심리적 아픔은 느낄 수 없다는

138 문국진, 『반 고흐, 죽음의 비밀』(예담, 2003), 84쪽.

진술은 곧 이 시의 시적 자아가 은연중 기계의 영역에 자신의 가치 중심을 들여 놓고 있음을 드러낸다. 결국 이 시에서 그려낸 것은 기계의 도구적 가치와 인간의 실존적 가치가 뒤섞여 갈피를 잡지 못하는 상황이다. 다음 작품들에서도 이와 유사한 정황이 나타난다.

i) 민감한 그는 가끔 바이러스에 걸리기도 하는데
그럴 때마다 쿠데타를 꿈꾼다

돌아가십시오! 화면의 초기상태로
그대가 비롯된 곳, 그대의 뿌리, 그대의 고향으로
낚시터로 강단으로 공장으로
모오두 돌아가십시오

이 기록을 삭제해도 될까요?
친절하게도 그는 유감스런 과거를 지워준다
깨끗이, 없었던 듯, 없애준다

우리의 시간과 정열을, 그대에게

어쨌든 그는 매우 인간적이다
필요할 때 늘 곁에서 깜박거리는
친구보다도 낫다
애인보다도 낫다
말은 없어도 알아서 챙겨주는
그 앞에서 한없이 착해지고픈
이게 사랑이라면

아아 컴—퓨—터와 씹할 수만 있다면!

—최영미, 「Personal Computer」 부분
(『서른, 잔치는 끝났다』, 창작과비평사, 1994, 74-76쪽)

ii) 그는 약간 지치고 의기소침한 데다 자신에게 심한 혐오감마저 가져야 했기 때문에 한동안 사랑에 빠지지를 못했다. 문을 닫아걸고 어둠 속에 웅크려 곰곰 생각한 후 그는 결심했다. 컴퓨터를 사랑하기로.

가능한 모든 상상력과 끝없는 기억력을 가진 이 아름다운 물건은 그가 사랑한 것들 중에서 가장 마음에 드는 상대였으므로 마음을 다치거나 슬퍼하지 않아도 되었지만 때로는 수동적이 아닌 능동적인 사랑을 받아보고 싶어졌다. 하여 그는 모든 책들에서 기계처럼 비정한, 기계처럼 무표정한, 기계처럼 자동적으로, 기계처럼 무심한…… 등등의 말들을 지웠다. 대신 컴퓨터와 춤추는, 컴퓨터와 토론하는, 컴퓨터와 식사하는, 컴퓨터와 섹스하는…… 등등의 말을 새로 적어넣었다. 그리고 완전한 사랑을 이루기 위하여 마침내 자신이 컴퓨터가 되기로 결심했다.

—김형술, 「사랑에 빠진 남자」 부분
(『의자와 이야기하는 남자』, 세계사, 1995, 50쪽)

두 작품이 공통적으로 화자와 컴퓨터가 맺는 궁극의 관계로서 성행위를 설정하고 있다는 점은 매우 이채롭다. i)은 이른바 투쟁과 혁명의 열정이 사라진 1990년대의 아노미적 상황과 인간에 대한 불신, 소외 등의 정조를 환기하면서 이에 대한 반작용으로 컴퓨터라는 새로운 기계에 대한 급격한 경사를 보여준다. 급기야 "아아 컴—퓨—터와 씹할 수만 있다면!"이라는 도발적인 시행이 터져 나온다. ii)는 타인과의 교감에 번번이 실패한 나머지 의기소침해진 시적 자아가 "컴퓨터를 사랑하기로" 결심하면서 전혀 새로운 국면을 맞는다. "기계처럼 무심한"이란 말로 대변되는 기존의 가치 체계가 "컴퓨터와 섹스하는"이라 표현되는 새로운 가치 체계로 대체되기에 이른다. 그러고 보면 앞서 하재봉의 작품에서도 새로운 디지털 기술에 대한 몰입을 드러내는 방편으로 성적 관계가 언급되었음을 확인할 수 있다. 우리 현대시에서 인간과 컴퓨터 사이의 성적 관계를 상정하는 일련의 흐름이 발견되는 것이다.

이와 관련해, 컴퓨터 게임을 많이 즐기는 게이머와 게임 제작자들의 특성을 고찰한 흥미로운 연구 결과를 주목할 수 있다. 일본과 프랑스에서 언론인으로 활동한 바 있는 에티엔 바랄은 연구를 진행하면서 컴퓨터 게이머, 게임 제작자들과 많은 인터뷰를 가졌다고 한다. 다음은 한 컴퓨터 게이머의 말이다.

> 무의식의 가장 깊은 곳에 우리의 가장 은밀한 욕망이 자리잡고 있는데, 컴퓨터와 항구적인 관계를 맺고 있는 우리에게 컴퓨터가 성적 환상을 유발하는 것은 자연스러운 일인 것 같습니다.
>
> 확신컨대, 가까운 미래에 인간과 기계는 특별하고도 강렬한 관계로 결합될 것입니다. 어쩌면 바로 그 이유 때문에 우리는 컴퓨터 게임에 그토록 끌리고 있는지도 모르지요.[139]

인터뷰 내용 중에 나오는 인간과 컴퓨터의 "특별하고도 강렬한 관계"에 해당하는 것이 앞서 우리 시인들의 작품에 표출된 성적 관계라고 보아도 큰 무리는 없을 것이다. 에티엔 바랄은 기계를 마치 자신의 반려자처럼 받아들이는 이 새로운 미래의 인간형에 호모 비루투엔스Homo virtuens라는 이름을 붙였다.

그런데 현실보다 가상에 더 매혹된 이 새로운 유형의 인간들이 벌써 실제로 존재하는데, 일본에서는 그들을 오타쿠オタク라 부른다. 오타쿠는 아직은 불완

139 에티엔 바랄, 『오타쿠 : 가상 세계의 아이들』(1999), 송지수 옮김(문학과지성사, 2002), 21–22쪽.

전하나마 호모 비루투엔스의 첫 견본이라는 것이다. 오타쿠는 일본에만 있는 게 아니라 미국, 스페인 그리고 프랑스에도 이미 존재한다는 것이 바랄의 주장이다.[140]

이런 현실을 비판하기에 앞서 우리가 관심을 기울여야 할 것은 오타쿠의 등장 원인이다. 최혜실은 이를 극심한 사회 경쟁으로부터의 도피 욕구와 멀티미디어 매체의 가상성에 대한 몰입의 심화로 요약한 바 있다.[141] 디지털 매체의 탄생과 발전은 개인의 일상을 바꾸고 나아가서는 이 세상을 살아가는 방식마저 변화시키고 있는 것이다. 특히 작품 ii)의 마지막에서 "완전한 사랑을 이루기 위하여 마침내 자신이 컴퓨터가 되기로 결심했다"는 시구는, 문명 비판시 특유의 과장 어법이 개입되기는 했으나 자아 정체성의 혼란을 의미한다는 점에서 이와 관련된 보다 확대된 논의를 필요로 한다.

3.4. 가상공간에서 ID와 id의 혼돈

다음 작품에서 화자의 행동을 눈여겨보자. 그 혹은 그녀는 마우스 클릭으로 신문을 보고 잡지를 검색하고 지구 저편으로 전화를 걸고 신간 서적을 할인된 가격으로 주문하는 등 필요한 모든 것을 가상공간에서 해결하고 있다. 시인이 이것저것 가위로 오려다 붙인 듯한 장면들은 굳이 개별 시행들에 대한 해석을 붙일 필요가 없을 만큼 컴퓨터와 인터넷을 기반으로 돌아가는 나날의 생활을 요령껏 재현한다. 컴퓨터 마우스의 버튼을 누르듯 쉽고, 마우스 클릭 소리만큼

140 같은 책, 22-29쪽.

141 최혜실, 「디지털 시대의 게임」, 『현대소설연구』 18호(한국현대소설학회, 2003. 6), 369쪽.

이나 경쾌하고, 마우스 클릭에 따라 인터넷 화면이 전환되는 것처럼 늘 새로운 나날들이다. 그런데 문제는 남는다. 이 같은 생활을 누리는 이 시의 화자, 아니 우리들 자신의 정체성에 관련된 문제다.

잉크 냄새가 밴 조간신문을 펼치는 대신 새벽에
무향의 인터넷을 가볍게 따닥 클릭한다
신문 지면을 인쇄한 모습 그대로
보여주는 PDF 서비스를 클릭한다
코스닥 이젠 날개가 없다
단기 외채 총 500억 달러
클릭을 할 때마다 신문이 한 면씩 넘어간다
나는 세계를 연속 클릭한다
클릭 한 번에 한 세계가 무너지고
한 세계가 일어선다
[…]
곧바로 나는 인터넷 무료 전화 dialpad를 클릭한다
k의 전화번호를 클릭한다
나는 6589 마일리지 너머로 연결되고 있다
나도 누가 세팅해놓은 프로그램인지 모른다
오른손으로 미끄러운 마우스를 감싸쥐고 나는
문학을 클릭한다 잡지를 클릭한다
문학 웹진 노블 4월호를 클릭한다
사막이 아름다운 것은 그것이 어딘가에 샘을
감추고 있기 때문이라고 표지의 어린 왕자는
자꾸자꾸 풍경을 바꾼다 창을 조금 더 열고
인터넷 서점 알라딘을 클릭한다 신간 목록을 들여다보다
가격이 20% 할인된 폴 오스터의
우연의 음악과 15% 할인된 가격에

르네 지라르의 폭력과 성스러움을 주문 클릭한다
[…]
검색어 나에 대한 검색 결과로
0개의 카테고리와
177개의 사이트가 나타난다
나는 그러나 어디에 있는가
나는 나를 찾아 차례대로 클릭한다
광기 영화 인도 그리고 나………나누고
……나오는…나홀로 소송……또나(주)…
나누고 싶은 이야기……지구와 나…………
따닥 따닥 쌍봉낙타의 발굽 소리가 들린다
오아시스가 가까이 있다
계속해서 나는 클릭한다 고로 나는 존재한다

—이원, 「나는 클릭한다 고로 나는 존재한다」 부분
(『현대시』, 2000. 5, 156−158쪽)

이 시는 무엇보다 이성적 사유를 통해 자신의 존재를 확신하는 것이 아니라 감각적인 검색을 통해 자신의 존재를 확인하려는 새로운 인간 유형의 출현을 알린다는 점에서 문제적이다. 이때 오해해서는 안 될 것은, 이 시에서 '나'는 클릭만 하면 저절로 실재하는 존재가 아니라는 점이다. 오히려 '나'는 존재하기 위해서 끊임없이 클릭해야만 한다. 데카르트적 성찰이 방법적 사유를 통해 자신의 존재 의미를 자신의 내부로부터 길어 올리는 것이었다면, 이원의 검색은 마우스 클릭을 통해 자신의 존재 사실을 자신의 외부에서 발견해야 하는 것이다. 따라서 이 시의 '나'는 한자리에 머물지 못한다. '나'에 대한 검색을 멈출 수 없기 때문이다. 유목민들이 낙타의 발굽 소리를 귓전에 달고 끝없이 어디론가 떠날 수밖에 없는 숙명을 타고났듯, 이 시의 '나' 역시 디지털 노마드가 되어 전자 사막을 클릭, 클릭…… 떠돌 수밖에 없다. '나'에 대한 검색 결과가 "나누고"의 '나'이거나 "나오는"의 '나'처럼 진정한 자아 정체성과 동떨어진 터무니없는 것이라 하더라도, 또한 '내'가 찾으려는 자아 정체성이라는 것이 '진정한 나는 반드시 있어야 한다'는 선험적 형이상학의 산물에 지나지 않는다 하더라도, 그 헛된 검색 행위 자체가 이미 '나'의 새로운 정체성을 형성하기 때문이다. 이 시의 마지막 행이 "나는 클릭한다 고로 나는 존재한다"가 아니라, "계속해서 나는 클릭한다 고로 나는 존재한다"(강조점은 인용자)인 이유가 바로 여기 있다. 이러한 존재 조건은, 정도의 차이는 있으나 부분적으로는 누구든 "사이버 내적 존재로서 (세계 내적 존재가 아니라)"[142] 살아가야 하는 이 시대에 우리 모두가 외면할 수 없는 문제이다. 이와 함께 물리적 공간이자 동시에 전자적 공간이라는 사이버 공간의 이중적 특성은 그 공간에 머무는 사람들에게도 양면적인 속성을 부여한다는 점 역시 우리가 간과해서는 안 될 문제이다.

> 왕자님
> 호박마차는 필요 없어요
> 초고속 인터넷망이 깔려 있는
> 테제베가 있잖아요
> 계모가 내준 일감들도
> 걱정 없어요
> 모래가 섞여 있는 쌀은
> 돌 고르는 기계에 넣으면 되고요
> 저 많은 빨래들도 걱정할 필요가 없다구요
> 요즈음은 세제 없이도 빨 수 있는

142 이광호, 「전자 사막에서의 유목」, 이원, 『야후!의 강물에 천 개의 달이 뜬다』(문학과지성사, 2001), 141-142쪽.

세탁 볼도 나왔으니까요
[…]

참
죄송하지만
오늘 밤 팁은 온라인으로
넣어 주시고
절 다시 찾고 싶으시면
제 홈페이지에서 회원가입하시고
메모 남겨 주세요
비밀번호 잊지 마세요

—신미균, 「롤러스케이트 신은 신데렐라」 부분
(『맨홀과 토마토케첩』, 천년의시작, 2003, 65-66쪽)

이 시에서 나타나듯 "초고속 인터넷망이 깔려 있는/테제베"나 "홈페이지" 등 디지털 기술이 낳은 사이버스페이스는 한편으로 현실의 정체성이 손쉽게 혼란을 일으키는 곳이기도 하다. 이 경우, 첨단 디지털 기술을 이용한다는 사실 자체가 은연중 도덕적 면죄부 역할을 하기 십상이다. 이런 사정을 미리 간파한 예로서, '사이버스페이스'라는 용어를 처음으로 사용했던 윌리엄 깁슨의 『뉴로맨서』에 나오는 한 구절을 참조할 수 있다.

이 닌세이라는 암흑지대를 어째서 치바 시가 간과하고 있는가에 대해서는 수많은 설이 있지만, 케이스로서는 '야쿠자'가 이곳을 일종의 역사 공원으로 보존하고 그들의 과거를 회상하는 장소로 여기고 있다는 설에 끌리고 있었다. 그러나, 새로운 테크놀로지의 발전을 위해서는 무법지대가 필요하다는 견해에도 일리는 있었다. 즉, '밤의 거리'는 주민을 위해서 있는 것이 아니라 고의로 감시를 하지 않는 테크놀로지 그 자체의 놀이터라는 것이다.[143]

새로운 기술이 매개됨으로써 개개인의 행위에 대한 문제의식은 '테크놀로지 그 자체의 놀이'라는 현실 논리에 의해 흔적 없이 사라져 버린다. 다시 위의 시로 말하자면 "롤러스케이트 신은 신데렐라"는 사이버스페이스라는 '밤의 거리'에서 시적 자아의 아이디ID이면서 동시에 은밀한 욕망을 토로하는 이드id이다. 디지털 기술이 구축한 사이버스페이스라는 신대륙에 들어서면서 우리는 은연중 아이디를 이드로 바꿔 버린다.[144] 사이버스페이스에 접속하려면 거쳐야 하는 본인 인증 절차에 사용되는 아이디가 자신의 존재를 대신하는 순간, 물리적인 현실 공간에서의 자아 정체성을 버리고 전자적인 가상공간에서의 이드가 되어 버리는 것이다. 실재와 가상, 자신의 공적인 정체성과 은밀하고 사적인 욕망이 넘나들며 혼돈을 일으키기 쉬운 곳이 바로 인터넷이라는 사이버스페이스이다.

최근 '지름신'이란 신조어가 인터넷 쇼핑몰을 중심으로 널리 유행한 것은 디지털 기술의 발달이 부추기는 욕망과 그 욕망에 무릎을 꿇는 우리 자신들의 모습과 그런 우리 자신의 실체를 직시하지 않으려는 심리적 방어기제를 동시에 드러내는 현상이라 할 수 있다. 사고 싶은 게 있으면 앞뒤 가리지 않고 바로 사 버려야 비로소 직성이 풀리는 사람들이 자신을 합리화하기 위해 만들어 낸 가상의 신, '지름신'이야말로 사이버스페이스에서 탄생한 이 시대의 강력한 신이라 할 수 있다. 결국 자신의 정체성을 찾거나 욕망을 충족시키기 위해 인터넷 공간에서 끊임없이 클릭해야만 하는 이율배반의 존재 조건은, 디지털 기술이 일상화된 이 시대에 우리 모두가 직면한 실존적 문제라는 것이다.

143 윌리엄 깁슨, 『뉴로맨서』(1984), 노혜경 옮김(열음사, 1996), 23쪽.
144 김종엽, 「ID는 id이다」, 『세계의 문학』, 2000. 여름, 206쪽.

4. 유비쿼터스, 언제 어디서나 그가 너를 지켜본다

4.1. 유비쿼터스 기술의 양면성

최근 들어 인류의 생활을 획기적인 방식으로 편리하게 변화시켜 줄 것이라는 기대를 한데 모으고 있는 것이 바로 유비쿼터스Ubiquitous 기술이다. 해당 분야인 정보통신 전문가는 물론 일반인들의 입에도 자주 오르내리게 된 유비쿼터스라는 말은 본디 라틴어에서 나왔다. 신이 언제 어디서나 시공을 초월하여 존재하거나, 물·공기 같은 자연 자원이 도처에 존재하는 상태를 가리키던 말이다. 그런데 이제 유비쿼터스라는 말은 첨단의 디지털 기술과 결합하면서 새로운 뜻을 가지게 되었다. 언제 어디서나 컴퓨터를 이용할 수 있거나 네트워크에 접속 가능한 상태를 가리키는 용어가 된 것이다.

지난 1988년 미국 제록스 팰러앨토연구소의 마크 와이저가 '유비쿼터스 컴퓨팅'이란 개념을 처음 제안하고, 이어서 유비쿼터스야말로 제3의 정보혁명을 이끌 것이라는 내용의 논문[145]을 발표한 이후, 유비쿼터스라는 용어는 '유비쿼

145 Mark Weiser, "The Computer for the 21st Century," *Scientific American*, Vol.265, No.3(September 1991), pp.94-104.

터스 네트워크'라는 개념까지 확장되어 왔다. 현재 정보통신 분야에서는 유비쿼터스를 "새로운 패러다임의 정보기술 환경"[146]이란 의미로 받아들이고 있다.

우리의 일상생활에서 유비쿼터스 기술은 집안일은 물론 교육, 통신, 교통, 의료 등 전 분야에 걸쳐 사용되는 도구와 기기에 컴퓨터 칩을 집어넣어 그것들끼리 통신이 가능하도록 만드는 데서 출발한다. 일상의 주요 도구와 기기를 컴퓨터 네트워크를 통해 관리함으로써 공상과학 영화에서나 볼 수 있었던 첨단 방식의 생활을 현실 세계에서도 누릴 수 있게 된다는 것이다. 그런데 이처럼 촘촘한 컴퓨터 네트워크로 전 세계가 연결되는 사회에서는 사용자의 작은 실수나 사소한 시스템 오류 하나가 엄청나게 파괴적인 결과를 가져올 수 있다. 더욱이 유비쿼터스 네트워크를 독점적으로 관리하여 거기에 자신의 의도를 반영시키는 존재가 등장한다면, 그야말로 디지털 기술로 탄생한 '디지털 빅 브라더'라 할 수 있다.[147] 이른바 디지털 감시 사회가 지금 우리 앞에 성큼 다가서고 있는

---

146 손성찬, 「새로운 IT 패러다임 '유비쿼터스'」, 『경영과컴퓨터』, 2003. 5, 111-113쪽.

147 실제로 최근 중국 정부는 '진둔金盾/Golden Shield'이라는 첨단 디지털 감시 시스템을 약 8억 달러를 들여 구축한 것으로 밝혀졌다. 이 시스템은 특정 인터넷 사이트 차단은 물론 블로그·이메일 모니터링, 컴퓨터 바이러스 침투와 원격 관리 같은 고난도 기술을 처리하는 획기적인 감시 장치로 알려져 있다. 예컨대 중국의 인터넷 사용자들은 '불온 사이트'에 접속했을 경우, "안녕하십니까. 사이버 공안입니다. 당신은 ○○사이트에 접속했습니다. 공안부에 와 자수하시기 바랍니다"라는 끔찍한 경고를 받는다고 한다. 이 같은 디지털 감시 시스템으로 인해 중국 네티즌들은 대부분의 인터넷 게시판과 채팅, 이메일 등이 철저하게 통제되는 중국판 빅 브라더의 손아귀에 놓였다는 점에서 큰 우려를 낳고 있다. 또한 이 진둔 프로젝트에는 미국계 다국적 기업들인 시스코시스템스, 선마이크로시스템스 등이 관여해 온 것으로 드러났다. 인터넷 사용 인구만 1억 명이 넘는 세계 최대 시장인 중국에서의 사업을 위해 이들 기업들은 인류의 보편 가치인 인권 대신 자기 회사의 이권을 선택했다는 점에서 많은 논란 거리를 남기고 있다. 송의달·여시동, 「中, "네티즌이 체제 위협" : 5萬 사이버경찰, 인터넷 24시간 감시」, 『조선일보』, 2005. 5. 27, A14쪽 ; 강성만, 「온라인 통제 강화 : 후진타오 "인터넷 정화하라"」, 『한겨레』, 2007. 1. 27, 10쪽.

것이다.

4.2. 유비쿼터스 기술과 디지털 감시 사회

우리가 읽을 작품들 중에는 유비쿼터스라는 용어가 일반화되기 이전에 발표된 시편들도 있다. 이 작품들은 동시대의 문제점을 미리 감지하는 시대의 예리한 촉수로서 현대시의 존재 의의를 다시금 확인시켜 준다는 점에서도 주목할 필요가 있다. 이들 시편을 통해 우리는 디지털 기술로 더욱 공고해진 보이지 않는 감시자로서 슈퍼판옵티콘의 대두와 그에 대한 시적 대응의 향방을 가늠할 수 있을 것이다. 먼저 살펴볼 하재봉 시인의 작품은 그 제목에서 짐작할 수 있듯, 조지 오웰의 소설 『1984년』에서 모티프를 빌려 오고 있다.

> 나는 명령을 받았다 그들은 누구인가
> 보이지 않는 거미줄로 묶어 놓고
> 리모컨을 움직여 마음대로 조종하는,
> 컬러 화면 뒤에 숨어 덧칠된 이 세상
> 밤중에도 눈을 뜨고 감시하는, TV
> 몸에 시한폭탄을 안고 전기철조망 넘어 돌격하는 인형들
> 생방송으로 보여 준다 인생은 순간
> 아무도 사용해 본 적이 없는 비디오 테이프 같은 것
> 스위치를 올려 주겠어?
> 단숨에 태양까지 날아갈 수 있는 화력으로
> 오늘밤 나는, 섹스반대위원회 가입을 거부하고 너의 침대로 간다
> 빈민 거주 지역의 쥐와 폐결핵 환자들은 대폭 감소되고
> 하수도 개량 보급은 전반적으로 건강 위생에 기여했지만
> 벽돌 뒤에 숨겨 둔 비밀 노트를 꺼내

변화란 의미 없다고 적는다 죽은 자로부터
날아오는 경고장 나는 고의로 매독에 감염되어
전 세계에 퍼트리지만 지배자들은
끝내, 얼굴을 보이지 않는다

—하재봉, 「비디오/비디오 1984」 전문
(『비디오/천국』, 문학과지성사, 1990, 14쪽)

이 작품의 시행 곳곳에서 우리는 소설 『1984년』에 나오는 빅 브라더와 주인공 윈스턴 스미스의 흔적을 찾아낼 수 있다.[148] 그런데 이 작품에서 우리가 특히 주목할 것은 '보이지 않는 감시자'의 문제이다. 이 시는 이와 관련된 물음으로 시작해 그에 대한 답변으로 끝나는 구조를 취하고 있다. 첫 행의 "나는 명령을 받았다 그들은 누구인가"가 그 물음이며, 끝 부분의 "지배자들은/끝내, 얼굴을 보이지 않는다"가 답변에 해당한다. '나'는 '그들'에게서 명령과 감시를 받지만 '그들'을 볼 수는 없다. '그들'은 '나'의 모든 행동과 심지어는 사상까지 빠짐없이 감시하지만, '나'는 '그들'의 정체를 전혀 파악하지 못한다. 이는 마치 원형감옥 판옵티콘Panopticon에 갇힌 꼴이다.

148 조지 오웰의 『1984년』에서 빅 브라더는 오늘날의 쌍방향 텔레비전에 해당하는 '텔레스크린'을 통해 국민들을 24시간 통제한다. 텔레스크린은 빅 브라더의 브로마이드를 화면에 나타내면서 동시에 화면 이쪽의 움직임을 실시간 동영상으로 촬영해 관제소에 전송하는 기능을 지닌 무서운 감시 도구이다. 주인공 윈스턴 스미스는 이 같은 통제와 감시의 사회에 반항적인 인물로 묘사된다. 그는 당에서 금지한 '쾌락을 위한 섹스'를 연인 줄리아와 함께 나누며, 비밀 노트에 금지된 일기를 쓰고 지하단체인 형제단에 가입한다. 하지만 그는 사상 경찰에 체포되어 모진 고문과 설득 끝에 완전히 세뇌당한다. 빅 브라더를 사랑하며 죽음을 즐겁게 기다리는 처지가 되고 마는 것이다(조지 오웰, 『1984년』, 김병익 옮김, 문예출판사, 1999). 조지 오웰은 이 소설을 1948년 탈고하고 그 이듬해 출판했다. 그는 이미 반세기 전에 오늘날 실용화되기 시작한 쌍방향 텔레비전의 출현을 내다보았고, 또 그것이 끔찍한 감시 도구가 될 수 있음을 예견한 것이다.

감시받는 사람은 어둠에 싸여 있는 감시자를 전혀 볼 수 없지만, 감시자는 밝은 빛이 비추는 수인들을 '다 본다'는 의미의 판옵티콘(Pan + Opticon)은 제레미 벤담이 1791년 고안한 감옥 시설이다. 감시자와 피감시자 사이의 시선의 일방성이 판옵티콘 구조의 핵심이다. 판옵티콘에 수용된 죄수는 보이지 않는 곳에서 항상 자신을 감시하고 있을 시선 때문에 규율에서 벗어나는 행동을 못 하다가, 점차 이 규율을 내면화하여 급기야 스스로 자신을 감시하게 된다. 벤담은 감옥만이 아니라 공장이나 학교, 병원, 군대 같은 곳에도 판옵티콘의 원리를 적용한다면 상당한 효과를 거둘 것이라고 생각했다. 이와 관련해 미셸 푸코는, "그는 보이긴 해도 볼 수는 없다. 그는 정보의 대상이긴 해도, 정보 소통의 주체가 되지는 못한다"[149]며 시선의 비대칭에서 근대 권력의 표상을 발견한 바 있다. 그러니까 이 시에서 감시받는 '나'는 '정보 판옵티콘' 혹은 '전자 판옵티콘'이라는 신형 감옥에 갇힌 것이라고 할 수 있다. 이 시에서 묘사한 감시 체계에서는 피감시자에 대한 정보 수집과 통제, 규율이 하나로 합쳐지고, 벤담의 판옵티콘에서의 시선을 대신하여 정보가 통제와 규율의 기제로 작용한다. 감시의 메커니즘이 시선에서 정보로 진화한 것이다. 정보 감시는 특히 그 감시 능력을 신속하게 전 사회로 확장한다. 시선에는 한계가 있지만 전자 기기를 통한 정보 수집은 국가적이며 또한 전 지구적으로 행해질 수 있기 때문이다. 이처럼 "보이지 않는 거미줄로 묶어 놓고" 정작 "지배자들은/끝내, 보이지 않는" 감시 구조는, 다음 작품에서의 디지털 네트워크의 속성과도 매우 흡사하다.

이곳의 사람들은 머리를 떼어 놓고

149 미셸 푸코, 『감시와 처벌 : 감옥의 역사』(1975), 오생근 옮김, 개정판(나남, 2003), 310쪽.

머리 대신 모니터를 달고 다닌다

모니터 안에 페로몬이 주입되어 있는지

하늘이 자주 지퍼를 배꼽 근처까지 내리고

배경이 흘러내린 구름 속은 투명한

네트워크를 구축 중이다

어느 쪽으로도 기울지 않는

모니터마다 허공의 동서남북이 생겨나고

레고블럭 같은 공기들은 허공의 모서리에 끼워지고 있다

그러나 기어이 무선이 된

사람들의 몸에서 플러그가 뽑혀나간 흔적은 없고

이곳에 전력은 아직도 충분하다

—이원, 「공중도시」 전문(『시와반시』, 2000. 가을, 49-50쪽)

이 시에서 그리고 있는 것은 지상에 단단히 뿌리를 내리지 못한 채 허공에 올려놓은 다락집처럼 바탕이 모호한 '공중도시'이다. 시인이 의도적으로 한 행으로써 하나의 연을 만드는 구성법을 취해 이 시의 각 행들을 '공중'에 띄워 놓은 것은 이런 의미 맥락을 반영한다. 여기에서 디지털 네트워크에 의해 구축된 가상 세계는 사람들을 유혹하고 빨아들인다. "머리 대신 모니터를 달고 다닌다"는 표현은 주체적인 양방향의 사고가 아니라 수동적인 단방향의 수용을 의미한다. 이때 "페로몬"은 사람들을 끌어들여 비판 의식을 마비시키는 모니터 속 가상 세계의 온갖 기제를 대변한다. 특히 이 시에서 "투명한/네트워크"는 단방향의 속성을 지닌 사람들을 가상 세계에 매어 두는 중요한 수단이다. 네트워크라는 것은 애초에 상호소통을 내세우지만 어느 단계에 이르면 정보의 비대칭이나 불평등에 의해 실제로는 일방통행이 되기 십상이다. 고도로 발달한 네트워크 사회는 역설적으로 또 다른 차원의 전체주의 사회에 지나지 않을 수도 있다.

이런 맥락에서 이 시에 언급된 "무선"이 네트워크에 연결된 선을 끊어 버린 자유의 상태를 의미하는 것이 아니라는 점은, 새삼 주목될 필요가 있다. 이 시에서 "무선"은 공기처럼 투명해 보이지도 않고 흔적도 남기지 않는 무선 네트워크에 사람들이 구속된 정황을 가리킨다. 때문에 "이곳에 전력은 아직도 충분하다"는 마지막 진술은, 사람이 아니라 네트워크가 주체가 되어 버린 '공중도시'가 그만큼 견고하다는 시인의 부정적 인식을 드러낸다. 앞서 살펴본 정보 판옵티콘의 특성을 지니는 유비쿼터스 네트워크가 이런 방식으로 형성되어 간다고 볼 수 있겠다. 한발 더 나아가 다음 시는 유비쿼터스 기술이 실제로 일상에 적용된 경우를 그려내고 있다.

> 얼굴 박힌 신분증을 통과시키고 엘리베이터에 오른다 문이 열리고 10층, 머리 위에서 감시카메라가 돌아간다 돈을 세고 고객과 상담할 때도, 화장실 가고 고스톱 치고 잡담을 나누어도 감시의 눈이 언제나 내 뒤통수를 살피고 있다
>
> 지하철을 탄다 삑, 내린다 삑, 마을버스에 오른다 환승입니다, 종점에서 내린다 삑, 하루생활이 어김없이 어딘가에 입력된다 저당 잡힌 자유, 우리는 시스템

속으로 이동하는 드러난 수배자다

—손정순, 「2004년, 서울 시민」 전문(『시작』, 2004. 가을, 244쪽)

"하루생활이 어김없이 어딘가에 입력된다"고 말하기까지, 이 시의 화자는 그렇게 말할 수밖에 없는 이유를 조금의 과장이나 비틀기 없이 매우 사실적으로 묘사한다. '2004년, 서울 시민'이라는 제목이 의미하듯 지금, 이곳에서 우리들의 보편적인 일상생활을 그대로 옮겨 놓았다. 그런데 마지막 문장을 보자. "우리는 시스템 속으로 이동하는 드러난 수배자다." 평범한 일상을 살고 있는 우리 모두가 어느새 '수배자'가 되었다. 마지막 문장과 그 이전 문장들 사이의 대립 구조, 여기서 이 시의 문제의식이 발현된다.

무심결에 지나쳤던 것들을 다시 돌아보자. 신분증을 출입구의 인식기에 통과시키기, 감시 카메라 아래에서 하루 낮 동안 일하거나 다른 무엇 하기, 지하철-마을버스 타고 퇴근하기, 이 모든 과정에서 우리는 계속해서 우리의 정보를 "어딘가에" 입력하고 있었다는 것이다. 일차적으로 그 "어딘가"는 숨어 있는 컴퓨터 단말기들이다. 디지털 기술이 더 발전할수록 컴퓨터는 서서히 자취를 감춘다. 그렇다고 컴퓨터가 없어진다는 뜻은 아니다. 유비쿼터스 환경이 구축되면서 지금보다도 훨씬 더 많은 컴퓨터가 사용되겠지만 일반인들에게는 그 형태가 보이지 않게 된다는 의미이다. 아주 작아진 컴퓨터들이 일상생활의 도구와 기기에 삽입되고, 현재와 같이 모니터 앞에 묶인 채 키보드를 두드리는 방식의 컴퓨터는 부득이한 경우의 전문가들만 사용하면 되기 때문이다. 우리가 신분증을 통과시키고 교통카드를 가져다 댈 때 "삑, 삑" 소리를 내던 장치들이 전부 이런 새로운 방식의 컴퓨터 단말기였던 것이다. 우리가 키보드를 두드리지 않았지만 "어딘가"로 정보가 입력된 사정을 돌이켜보면, 유비쿼터스라는 것이 미래의 일이 아니라 지금 여기서 진행되는 일임을 알 수 있다.

그런데 "어딘가"가 궁극적으로 누구인지 우리는 아직 알지 못한다. 그는 특정 개인일 수도 있지만, 이 시의 화자가 언급한 대로 "시스템"이라 하는 것이 옳은 표현이다. 여기서 시스템이란 말은 표면적으로 컴퓨터 시스템을 지칭하는 것이지만 궁극적으로 그것은 디지털 정보 사회의 구조적 속성에 가 닿는 것으로 판단된다. 우리는 "어딘가"에 대해서는 알지 못한 채 그 "어딘가"에 우리 자신에 관한 정보를 일방적으로 읽히는 상태에서 "수배자" 취급을 당한다. 유비쿼터스의 두 얼굴, 정보의 '공유/감시' 중에서 감시 쪽이 지나치게 먼저 우리에게 다가선 국면이다.

> 당신은 대문 열고 나와서
> 담 안 목련꽃들 쳐다보며
> 골목 천천히 돌아간다
> 사내가 지켜보고 있다
> 네 대의 감시 카메라가 동시에 돌아가고
> 사방에서 당신의 모습이 잡힌다
> 당신을 포착할 수 없다면
> 사내는 더 많은 감시 카메라를 돌아가게 할 수도 있다
> 팔방에서 당신의 모습을 잡을 수도 있다
> 필요하다면 천상에도 지하에도 감시 카메라를 설치하여
> 사후 어디로 가는지도 확인할 수 있다
> 하지만 오늘은 당신이
> 네 대의 감시 카메라의 시야에서 나간 뒤
> 네 대의 감시 카메라의 시야로 들어올 때까지
> 당신의 집을 사내가 지켜보고 있다
> 목련 한 그루는 그걸 모르므로
> 활짝 꽃봉오리 편 채 있다

아름다워서 사내가 종일 사로잡혀 있으면
이윽고 당신은 골목 천천히 돌아와서
담 안 목련꽃들 쳐다보며
대문 열고 들어간다 햇빛 눈부신 봄날
사내는 여전히 모니터를 지켜보고 있다
당신이 안전을 위해 사내에게 의뢰한 일이다

—하종오, 「CCTV」 전문(『시와시학』, 2004. 겨울, 38-39쪽)

이 시의 제목이기도 하고 우리가 평소에 많이 사용하는 'CCTV'라는 말은 사람이 아니라 기계와 기술이 중심인 용어이다. 우리말로 옮기면 폐쇄회로 텔레비전closed-circuit television이다. CCTV는 일반적인 공중파 텔레비전과는 달리 영상과 음성 신호를 케이블이나 소규모 무선 설비를 이용해 특정 관리자에게만 전송하므로 전파가 외부로 나가지 않는다. 이 때문에 '폐쇄회로'라는 이름이 붙었다. 또한 '폐쇄회로'라는 기술의 특성상 관리자가 카메라의 방향과 초점을 원격 조작하는 것이 가능하다. 이처럼 '폐쇄회로 텔레비전'이라는 기술 용어를 따지고 들어가면 그 속에 이미 감시의 은밀성과 일방성이 내재되어 있음을 알 수 있다. 그러나 CCTV라고 말을 바꿔 부르면 이런 맥락들이 가려져 우리의 인식 체계에 와 닿지 않는다. 용어가 본질을 은폐하는 것이다.

이 시에 설정된 '네 대의 감시 카메라의 시선' 역시 조용하고 은밀하다. 가령 "당신은 대문 열고 나와서/담 안 목련꽃들 쳐다보며/골목 천천히 돌아간다/사내가 지켜보고 있다"라는 도입 부분을 보자. 이 대목에서 첫 문장의 행위 주체는 '당신'임이 분명하다. 그런데 이 시를 가만히 읽다 보면, '당신' 말고 또 다른 행위 주체가 숨어 있다는 사실을 감지하게 된다. 대문을 열고 나온 것은 '당신'이고, 목련꽃을 쳐다본 것도 '당신'이고, 골목을 천천히 돌아간 것도 '당신'임이 분명한데, 무엇인가 '당신'을 계속해서 따라가고 있으며 특히 "골목 천천히 돌아간다"고 했을 때는 '당신'의 것이 아닌 다른 시선이 소리 없이 움직이는 것을 더 강하게 느낄 수 있다. 표면적으로 그것은 "사내가 지켜보고 있다"는 다음 문장이 뒷받침한다. 하지만 엄밀히 말해 이 시에서 감시의 은밀함과 철저함은 그 '사내'로부터 나오는 것이 아니다. "네 대의 감시 카메라의 시야"라고 표현된, 감시 시스템에서 비롯된다고 보아야 한다. 사내가 자리를 비우거나, "활짝 꽃봉오리 편 채 있다/아름다워서 사내가 종일 사로잡혀" 한눈을 팔더라도 실질적으로 감시의 기능을 수행하는 것은 감시 카메라이기 때문이다. 이 경우 '사내'는 절대적 위치에 있는 한 사람의 빅 브라더라기보다는 일종의 키드 브라더Kid Brother[150] 가운데 한 사람일 뿐이다. 오늘날 건물 곳곳과 거리에는 수많은 CCTV가 설치되어 있지만 단일한 대형 감시자가 존재하는 것이 아니라 제각기 다른 소규모의 감시자들이 도사리고 있는 것과 마찬가지 이치이다. 작은 규모의 독립 네트워크 형태로서 분산적으로 두루 감시 기능을 수행하는 것이 CCTV의 주요한 속성이다.

이와 함께 이 시에서는 CCTV로 대변되는 감시 체계에 내재한 문제적 속성을 극적인 방식으로 드러내고 있어 주목된다. 작품의 끝 부분을 보자. "사내는 여전히 모니터를 지켜보고 있다"고 말하고 나서, 시인은 속내를 전혀 드러내지 않는 건조한 말투로 이렇게 끝맺는다. "당신이 안전을 위해 사내에게 의뢰한 일이다." 지금까지의 '당신' 자신에 대한 모든 감시가 자발적으로 이뤄졌다는

150 심슨 가핀켈, 『데이터베이스 제국』(2000), 한국데이터베이스진흥센터 옮김(한빛미디어, 2001), 24쪽. 이 책에서 저자는 앞으로 우리들이 맞이하게 될 미래는 한 사람의 '빅 브라더'가 모든 사람들의 행동을 획일적으로 감시하고 기록하는 미래가 아니라, 수백 명의 '키드 브라더'들이 우리의 일상생활을 다양한 방법으로 끊임없이 관찰하고 방해하는 미래가 될 것이라고 전망한다.

것이다. 그것도 '안전'을 위해서 말이다. 피감시자의 자발적 의뢰나 협조로 감시가 이뤄지는 이율배반은 사실, 이 시의 '당신'에게만 국한되는 것이 아니다. 이는 매우 현실적인 문제로서 우리들이 이미 경험하고 있는 일이기도 하다. 예컨대 이메일과 각종 인터넷 포털 사이트를 무료로 이용하기 위해 개인 신상 정보를 해당 웹사이트에 제공한 적이 누구나 한 번쯤은 있을 것이다. 이런 자발적인 협조가 이뤄지는 것은, 우리들이 개인 신상 정보를 알려 줄 때 눈앞에 보이는 편리만 생각하지 그 정보가 특정 업체나 다른 전문 기관 등으로 넘어갈 수 있다는 사실을 고려하지 않기 때문이다.[151] 이렇게 해서 만들어지는 방대한 규모의 개인 정보 데이터베이스를 마크 포스터는 슈퍼판옵티콘Superpanopticon이라 부른다. 감시를 당하는 사람이 감시에 필요한 정보를 자발적으로 제공하는 것이 슈퍼판옵티콘의 가장 두드러진 특성이다.[152] 이 시에서 "당신이 안전을 위해 사내에게 의뢰한" 것처럼 말이다. 앞으로 유비쿼터스 기술이 더 보편화되

151 이러한 사정을 단적으로 보여 주는 것이 최근 발생한 온라인 게임 '리니지Lineage' 사이트에서의 개인 정보 도용 사건이다. 경찰청 사이버테러대응센터에 따르면 주로 직업적인 게임 아이템 판매자들이 인터넷상에서 수집한 다른 사람들의 이름과 주민등록번호를 몰래 이용해 해당 게임 사이트에 가입하는 방법으로 게임 아이템을 다량으로 모으거나, 다른 이용자들의 아이템을 빼돌려 이를 판매해 온 것으로 밝혀졌다. 2005년 10월부터 약 5개월간 무려 100만 개 이상의 아이디가 불법 도용된 개인 정보에 의해 등록되었다고 한다. 특히 게임 운영 업체인 엔씨소프트는 명의 도용 사실을 알면서도 회원 수를 늘리기 위해 이를 방조해 왔다는 사실이 드러나 문제의 심각성을 더해 주고 있다. 박란희, 「엔씨소프트, 명의 도용 알고도 방치 : 리니지 게임 피해자 5개월 새 100만 명 추정」, 『조선일보』, 2006. 3. 14, A1쪽.

152 Mark Poster, "Databases as Discourse, or Electronic Interpellations," in Paul Heelas, Scott Lash, and Paul Morris eds., *Detraditionalization : Critical Reflections on Authority and Identity*(Malden, Mass. : Blackwell Publishers, 1996), p. 285. "In the superpanopticon, surveillance is assured when the act of the individual is communicated by telephone line to the computerized database, with only a minimum of data being entered by the sales clerk. A gigantic and sleek operation is effected whose political force of surveillance is occluded in the willing participation of the victim."

면 이 같은 감시의 메커니즘은 사회 전체를 관장하는 수준으로 그 범위를 확대해 나갈 것으로 보인다. 남는 문제는 그것에 어떻게 대응할 것인가 하는 점이다. 다음 작품을 통해 그 실마리를 분별해 보자.

장작불 잦아들고
몇 걸음씩 뒤로 물러나 있던
어둠이 성큼 다가와 있다
잣나무숲에 닿아 멈춘
어둠의 끝은 은하 저쪽 끝까지
곧바로 연결되어 있다

잣나무숲 속에는
전원이 없다
핸드폰을 끄고
침낭 속으로 들어가
얼굴을 내민다
내 얼굴과 어둠 사이에
아무것도 없다

마침내 언플러그드
빈틈없는 어둠
꿈 없는 잠
나는 탈주에 성공한 것이다

* 비박bivouac, biwak : 텐트 없이 하는 야영. 바위 밑이나 나무 그늘, 눈구덩이 등을 이용한다. 원래는 비상 야영을 뜻했지만, 오래전에 등산의 한 방식으로 정착했다.

—이문재, 「비박」 전문(『제국호텔』, 문학동네, 2004, 110-111쪽)

이 작품은 시인의 다른 작품들과의 연관성을 고려하고 읽어야 비로소 그 의미를 제대로 파악할 수 있다. 시집 『제국호텔』의 '제국호텔' 시편들과 상당수의 나머지 시편들은 그 제재의 거리에도 불구하고 내적으로 긴밀히 연관되어 있기 때문이다. 이 시집에서 말하는 '제국'은 조지 오웰의 『1984년』보다 한층 정교해진 디지털 네트워크로 철저히 통제되는 사회를 유지한다. 그 속에서 화자는 본국으로 호칭되는 제국을 위해 일하는 변방의 관리자 정도로 설정되어 있다. 이를테면 "본국 언어를 배워놓지 않았다면/내 능력은 절반 이상 평가절하되었을 것이다/본국어 단어를 매일 세 개씩 외운 것이 벌써 몇 년째인가/이곳 언어는 아침 인사말 하나라도 구사해선 안 된다"(「제국호텔 : 인도에서 소녀가 오다」) 같은 구절을 참조할 수 있다. 이런 맥락을 고려해야 이 시 「비박」의 의미 구조가 온전히 드러난다.

이 시에서 무엇보다 두드러진 점은 부정어가 유난히 많이 사용되었다는 사실이다. 강조점을 찍어서 예를 들어 보겠다 : "전원이 없다", "핸드폰을 끄고", "내 얼굴과 어둠 사이에/아무것도 없다", "마침내 언플러그드", "빈틈없는 어둠", "꿈 없는 잠". 이런 부정어들은 오히려 화자를 안도하게 만드는 요소로 작용한다. 왜일까? 마지막 행에 나와 있듯 지금 화자는 자신이 부정하고 싶은 '제국'으로부터 "탈주에 성공"했기 때문이다. 비박이라는 독특한 야영 경험에서, 온갖 네트워크를 벗어나는 하나의 방법을 추출했다고 볼 수 있겠다. 다시 말해 시인은 '자연'으로 달아나는 것을 유비쿼터스 감시 사회에 대응하는 하나의 방법론으로 제시한 셈이다.

여기에서 우리는 디지털 기술과 생태주의의 상충이라는 문제와 만난다. 이 문제에 대해 우리는 잠정적으로 디지토피아와 에코토피아의 두 세계관이 궁극에 가서는 서로 조화를 이룰 것이라는 가능성에 의미 중심을 두어야 할 것으로 생각된다. 이런 시각에서 이문재의 「비박」에 대해 우리는 하나의 물음을 남겨 둘 수밖에 없다. '제국'의 극히 작은 부속품인 동시에 역설적이게도 그 '제국'을 개혁할 수 있는 유일한 주체인 '개인'이 과연 '탈주'에 성공할 수 있는가? 설사 성공했더라도 그것은 일시적인 것에 불과하지 않은가? 그 '탈주'를 지속시키는 유일한 방법은 '제국'을 완전히 등지는 극단의 삶 말고는 없지 않은가? 이런 물음들은 물론 이 시에 대한 미학적 차원의 문제 제기는 아니다. 다만 분명히 해 둘 것은, 앞으로 유비쿼터스 감시 사회에 대응하려 할 때 탈출 같은 극단의 상상력으로는 더 이상 새로운 돌파구를 열어 나가기 힘들 것이라는 점이다. 이는 현실적으로도 그러하고 작품의 의미 맥락에 있어서도 역시 그러할 것으로 생각된다.

또한 인터넷과 같은 쌍방향 네트워크의 발달에 따라 소수의 권력자와 다수의 대중이 동시에 서로를 감시하는 이른바 신옵티콘Synopticon의 메커니즘에서 판옵티콘에 대항하는 역판옵티콘의 가능성을 찾으려는 시도도 있다.[153] 이 시도는 현실에 실제로 적용할 수 있는 하나의 대안이라는 점에서 의의를 지닌다. 그러나 이 방안은 유비쿼터스 감시 문제에 대한 근본적 해결책이라기보다는 오히려 문제 자체의 본질을 왜곡할 위험을 안고 있다. 애초의 의도와는 달리 오히려 유비쿼터스 감시 체제를 확대 재생산하는 결과를 초래할 수도 있기 때문이다. 유비쿼터스 감시 문제에 대해 기술 그 자체가 아니라 인간이 중심이 되는 가치관의 차원에서 접근해야 할 이유가 바로 여기에 있다.

153 홍성욱, 『파놉티콘 : 정보사회 정보감옥』(책세상, 2002), 109-110쪽, 123-126쪽.

4.3. 유비쿼터스 감시 사회에 대한 시적 대응의 향방

유비쿼터스 네트워크가 보편화되면서 새로운 문제로 대두한 디지털 감시 사회에 대한 우리 시의 대응을 살펴보았다. 이는 특히 우리 사회에 내재한 문제점을 미리 감지해 내는 시대의 민감한 촉수로서 현대시의 존재 의의를 다시금 확인하는 작업이기도 하다.

먼저 하재봉의 시 「비디오/비디오 1984」는 조지 오웰의 『1984년』에서 모티프를 차용한 작품이다. 우리는 이 작품에서 '보이지 않는 감시자'의 문제를 언급했다. 이는 벤담이 고안하고 푸코가 주목한 원형감옥 판옵티콘이 전자 기술에 의해 진보한 형태로서 정보 판옵티콘이라 부를 수 있는 것이다. 정보 감시는 그 속성상 감시 범위를 전 사회로 손쉽게 확장한다는 점에서 문제의 발단이 된다. 이원의 「공중도시」가 그려낸 것이 바로 고도로 발달한 네트워크 사회가 또 다른 차원의 전체주의 사회가 된다는 역설이다. 이 작품은 정보 판옵티콘의 특성을 지니는 유비쿼터스 네트워크의 형성 과정을 미리 보여 주었다고 할 수 있다.

유비쿼터스에 의한 공유와 감시라는 두 측면 중에서 감시가 지나치게 강조되는 일상생활을 손정순 시인은 「2004년, 서울 시민」을 통해 그려냈다. 이 시는 보편적인 삶을 살고 있는 우리 모두가 '수배자'가 된다는 인지의 충격을 통해 문제의식을 효과적으로 전달했다. 하종오 시인은 단일한 대형 감시자가 아니라 다수의 소규모 감시자가 널리 존재하는 또 다른 방식의 감시 체계를 「CCTV」를 통해 묘파했다. 이 경우의 감시는 감시받는 사람들의 자발적 협조에 의해 이루어진다는 점에서 문제적이다. 유비쿼터스가 더 보편화되면 슈퍼판옵티콘이라 불리는 이 같은 감시의 메커니즘은 우리 사회 전체로 확대될 것이 분명하다.

남는 문제는 그것에 대응하는 방식이다. 이문재의 「비박」은 이 문제에 대해 자연으로 탈출하는 하나의 전형을 제시했다. 그러나 디지털 감시 사회에 대한 적절한 대응은 탈출 같은 극단의 상상력에 의해서 수행될 것으로는 보이지 않는다. 그보다는 체제 내에서 체제를 변혁시키려는, 긍정의 가능성을 내포한 부정의 상상력에 의해 더 효과적인 대응이 이루어질 것으로 전망된다. 이 글은 따라서 유비쿼터스 감시 사회에 대응하는 새로운 차원의 시적 상상력을 고대하는 것이기도 하다.

5. 사이보그와 유전자 조작 그리고 인류의 미래를 말하다

5.1. 인간의 불완전성에 대한 디지털 기술의 도전

영혼과 육체의 대결을 감행하거나 영혼의 구원을 위해 자기의 육체를 희생한 사람들이 있다. 이들에 대하여 인류는 전통적으로 의로운 사람이나 믿음이 강한 사람 등의 명예로운 호칭을 부여해 왔다. 그런데 『신시집』에 실린 「세라피네 VII」에서 하이네는 이렇게 노래한 바 있다. "그토록 오래 우리를 속여 온/이원적 사고는 파괴되었고,/육체에 대한 어리석은 학대도/드디어 종말을 고했다."[154] 이 시에서 하이네는 종래의 기독교 교리가 견지해 왔던 육체와 관능을 적대시하는 경향에서 벗어나 영혼과 육체를 동시에 신성시하는 새로운 신의 정립을 꿈꾸었다. 그러나 이 시는 동시대 독자들의 이해를 얻지 못하였으며 오히려 신을 모독하는 내용이라 하여 거센 비판을 불러일으키고 말았다. 그로부터 한 세기 넘게 지난 지금, 우리는 다시 질문을 던져야 한다. 과연 이원적 사고는 파괴되었고, 육체에 대한 학대는 종말을 고했는가?

154 하인리히 하이네, 「세라피네 VII」, 『신시집』(1844), 김수용 옮김(문학과지성사, 1989), 46쪽.

자신의 육체적 유한성과 불완전성을 과학 기술의 힘을 빌려 넘어서려는 인간의 근원적 욕망을 드러낸다는 점에서, 인간·기계의 결합으로 이루어지는 사이보그와 인간에 대한 유전학적 성형 수술이라 할 수 있는 유전자 조작은 닮은꼴을 하고 있다. 또한 사이보그와 유전자 조작은 궁극에 가서 인간의 정체성 문제와 만난다는 점에서 공통의 속성을 드러낸다. 지금까지 공상과학 소설을 비롯한 많은 문학 예술 작품들이 흥미의 차원에서든 문제 제기의 차원에서든 사이보그와 유전자 조작 문제를 다루어 왔다. 그런데 최근에는 이 두 가지 문제가 컴퓨터로 대변되는 디지털 기술과 만나면서 이전과는 다른 양상을 띠고 있다. 이에 해당하는 우리 시인들의 작품을 분석하고, 이 두 가지 문제가 결국에는 인류의 미래에 대한 전망으로 이어진다는 점을 고찰하려 한다.

5.2. 정신 우위의 이원론과 사이보그 혹은 유전자 조작

먼저, 시 쓰기의 도구로 일상화된 컴퓨터의 영향으로 이전과는 다른 사이보그적 상상력을 보여 주는 시편들을 살펴보도록 하자.

i) 저장되지 않은 파일이 있습니다.
저장할까요?

확인저장 모두저장 저장안함 취소

세상이란 컴퓨터 속에
나란 몇 개의 파일들을
입력시키거나 혹은 삭제시키면서
나는 늙어간다, 오, 낡아간다

―이경임, 「잃어버린 파일을 찾아서」 전문
(『부드러운 감옥』, 문학과지성사, 1998, 28쪽)

ii) 봉긋한 젖가슴 아래
배꼽에서 빠져나온 치렁한 탯줄 전선이
컴퓨터에 연결된 사이보그
그녀에게 말 걸어 본다

인간이 되면 무엇을 하고 싶니?
―속여보고 싶고 비를 맞고 싶고 꿈을 꾸고 싶고………

얼키설키 쇳조각 내장이 아파 보여
―이게 나예요

해체가 두렵지 않니?
―죽음에 대해선 프로그램되어 있지 않아요
　곧 업그레이드 시키겠어요

말하는 근육이 달린
실리콘 분홍 입술로
또박또박

대화는 대화지
모니터에 입력한 말이 뜨는 순간
나는 기계가 되고,
내 말을 이해한 순간
기계는 인간이 되는 거지

―강신애, 「사이보그 : 사이보그」 부분
(『현대시』, 2004. 9, 94-95쪽)

작품 i)에서 세상은 거대한 컴퓨터이고 '나'는 그 속에 담긴 파일로 비유된다. 글쓰기 도구로서 사용되던 컴퓨터가 세상 전체를 대신하는 비유의 등가물로 확대된 것이다. 이런 시적 상상력을 달리 '컴퓨터적 세계관'이라 불러도 될 듯하다. 이런 유형의 상상력은 컴퓨터를 이용해 시를 쓰고 인터넷이나 그밖의 여러 가지 일을 컴퓨터를 통해 처리하는 나날의 삶이 축적되면서 발현된 것으로 이해된다. 이는 17세기 영국의 존 던과 같은 형이상학파 시인들이 특징적으로 내보였던 기상conceit을 방불케 하는 일면이 있다. 다른 점이 있다면, 이 시에서의 상상력은 독자들에게 새롭고 산뜻한 충격보다는 어떤 근원적인 상실감을 안겨 준다는 사실이다. 마지막 행에 나오는 "나는 늙어간다, 오, 낡아간다"라는 구절이 이런 사정을 잘 드러낸다. '늙다'와 '낡다' 사이에는 인간과 기계의 구별이 가로놓여 있다. '늙다'라는 말에는 인간의 육체와 정신이 함께 숙성되었다는 의미가 내포될 수 있다. 이에 비해 '낡다'라는 말에서 우리는 육체의 쓸모없음 이외의 의미 맥락을 발견하기 힘들다. '늙다'와 '낡다' 사이, 혹은 인간과 기계 사이를 오가는 반인반기半人半機의 사이보그적 상상력은 이처럼 인간의 정체성 상실이라는 근원적 모티프를 내장하고 있는 셈이다.

이 점은 ii)도 크게 다르지 않다. '젖가슴'과 '배꼽', 게다가 '탯줄'을 지닌 사이보그와 시적 자아인 '내'가 대화를 나눈다는 시적 설정은 일상에서의 컴퓨터 사용 경험에 그 토대를 두고 있다. 실제로 그 대화는 컴퓨터의 입력 장치와 출력 장치를 통한 기계적 조작에 불과함에도 시적 자아는 굳이 그 행위를 '대화'로 인식하려 한다. 이에 따라 "모니터에 입력한 말이 뜨는 순간/나는 기계가 되고,/내 말을 이해한 순간/기계는 인간이 되는 거지"라는 구절처럼, 인간과 컴퓨터 사이의 구별이 심정적으로 와해되는 국면을 보여 준다. 주목할 점은 이 시에서 이 국면은 컴퓨터가 인간처럼 이해되는 것이 아니라 인간이 컴퓨터가 되는 차원을 전제한다는 사실이다. '사이보그 : 사이보그'라는 이 시의 제목은 바로 이런 의미 맥락을 가리킨다. 무엇보다 우리는 시적 자아가 인간으로서 느끼는 현실의 한계 상황들이 작품 속에서 사이보그적 상상력으로 표출되었다는 점을 고려해야 한다.

근본초기화라고 할까, 원시초기화라고 할까,
기억들이 얽히고 설켜
어지간한 초기화로는 감당할 수 없을 때
마지막으로 해보는 위험한 수술
지난 기억들 다 지우고
새 기억을 놓아둘 선반과 칸막이부터 새로 짜는 일
그동안 기억하고 있는지조차 알지 못하던,
이를테면 무의식의 기억까지 깡그리
말갛게 지우고 새 출발을 도모하는 일
공장에서 바로 나온 상태로 돌아가는 일
그러니까 엄마 뱃속에서
세포 하나, 둘, 넷이던 무렵부터 시작하는 일

—이제 네 모든 기억들이 돌이킬 수 없이 사라지게 될 거야.
  계속할래?
—좋아.

하드 디스크 하나를 아주 천천히,
완전히 갈아엎는 재개발의 시간
기계 전체는 숨죽인 채
지난 다섯 해의 기억과 작별한다, 영원히

수술을 결심하고 지시한 나는

담배를 피우며 앉아 기다린다,
지난 마흔 몇 해의 기억,
그 의식과 무의식의 요철을 매만지며
다음 순서는 나라고 중얼거리며

* 로우레벨포맷Low Level Format : 컴퓨터의 하드 디스크에 기록된 내용을 완전히 지우고 트랙과 섹터를 구성하는 것으로 하드 디스크의 내용을 완전히 없애버리는 실질적인 하드 디스크 초기화를 의미한다. 논리적인 단위가 아닌, 물리적 단위의 포맷으로 공장 초기값으로 되돌리기 위한 작업이다. 이 작업을 실행한 경우에는 어떠한 방법으로도 복구시킬 수가 없으며, 하드 디스크에 나쁜 영향을 미칠 수 있으므로 충분한 고려 후에 사용해 주는 것이 좋다.

—이희중, 「로우레벨포맷」 전문(『문학사상』, 2003. 11, 157-158쪽)

다섯 해 동안 사용해 오던 컴퓨터 하드디스크에 문제가 생겨 로우레벨 포맷을 실행하다가 시인은 "다음 순서는 나"라는 생각을 하게 된다. 인간으로서 자신의 한계를 절감할 때 자신을 완전히 새로운 존재로 재생하고 싶은 욕구가 생기는 것은 누구에게나 자연스런 일이다.

그런데 이것을 현실의 사건으로 환치해 보면 디지털 세계의 비정함이 잘 드러난다. 이승원이 지적한 것처럼, 컴퓨터 키 조작 몇 번으로 오랜 시간에 걸친 사람의 정성과 노력을 백지 상태로 되돌린다는 것도 그러하려니와 미래에는 사람을 마치 컴퓨터처럼 포맷하는 일이 실제로 일어나지 않는다고 장담할 수도 없기 때문이다.[155]

시인은 '-매만지며/-중얼거리며'처럼 동작이나 상태가 미확정인 채로 작

155 이승원, 「가상현실과 시적 상상 : 디지털 제국의 비정함을 상쇄하는 상상의 힘」, 『문학사상』, 2003. 12, 285-286쪽.

품을 마무리했다. 시적 허용과 일상의 금제 사이에서의 충돌을 아슬아슬하게 비켜 나간 것이다. 때문에, "다행히도 아직 인간의 목숨은 하나뿐이다. 지독한 환멸 속에서도 '나'를 포기하지 않고 사랑하게 하는 힘은 어쩌면 그로부터 나오는 것인지도 모르겠다"[156]는 해석도 가능해진다.

이 작품은 결국 우리에게 사이보그적 상상력에서 비롯되는 인간의 정체성 문제에 관한 고찰을 요구한다. 가령 이런 질문을 던질 수 있겠다. 육체는 그대로 둔 채 정신을 완전히 초기화하면 그는 과연 '새로운 사람'인가? 그 반대로, 사람의 두뇌에 들어 있는 모든 정보를 새로운 몸에 다운로드하면 그는 '같은 사람'으로서 영생할 수 있는가?

머지않아 현실의 상황이 될 이런 유형의 질문들에 '아니다'라고 설득력 있게 대답하기 위해서는 다음과 같은 전제가 필요할 것 같다. 무엇보다, 인간의 몸도 삶의 내력 다시 말해 기억을 갖는다는 점을 인정해야 한다. 그래야 비로소 몸의 기억과 두뇌의 기억이 동일성을 지님으로써 인간의 자아 정체성이 형성된다는 이론을 정립할 수 있을 것이다.

부연하자면, 사람의 몸은 사물이 아니다. 아니, 이 말은 정확하지 않다. "사물은 사람처럼 육체를 갖고 있다"[157]는 시각에서 보자면 세상 만물에게 육체는 존재를 이루는 필수 조건이다. 우리는 머리가 하는 생각뿐 아니라 몸이 하는 말에도 귀를 기울여야 한다. 그래야 온전하게 살아갈 수 있다. 이것이 사람의 이치이다. 이에 반해 사람의 몸과 마음 가운데 어느 한쪽, 특히 마음에 지나치게 가치를 두는 이원론은 불가피하게 사이보그 논의에 정당성을 부여하고 만다는 점을 인식해야 한다.

156 이경수, 「'나'의 행방」, 『현대시』, 2003. 12, 247쪽.
157 김현, 「술취한 거지의 시학」, 『분석과 해석』(문학과지성사, 1988), 23쪽.

최근 화두가 되고 있는 유전자 조작에 의한 인간 복제 문제도 기본적으로는 이와 같은 인간 정체성의 맥락에서 대응할 수 있을 것으로 생각된다. 다만 유전자 조작 문제는 인간과 기계라는 대립항을 전제하지 않고 이루어진다는 점에서 훨씬 교묘한 일면이 있다.

i) 이전에는 어떤 꿈도 꿀 수 없었던
무질서한 것들이
생명으로 태어나
또 다른 세상을 꿈꾸고
우주의 질서를 지켜
그 꿈 이루곤 했으나
오늘부터는 이 완벽한 지상에서
인간이 해체할 것이다
신의 블랙박스—염기의 질서를.

—이승하, 「생명의 질서 : 인간 유전자 지도(게놈) 프로젝트가 완성되던 날」 부분
(『동서문학』, 2000. 가을, 52쪽)

ii) h의 DNA에 내 유전자의 일부를 잘라 붙인
복제아기 신청서를 낼까 오욕칠정을 가진
키가 185cm까지 자라는
사내애 하나와 검은 곱슬머리를 가진
쌍둥이 계집애 둘을 주문할까
증발되기 쉬운 물질인 나를
일몰 무렵의 안락사로 예약해 놓을까

—이원, 「전자 사막에서 살아남기 위해」 부분
(『야후!의 강물에 천 개의 달이 뜬다』, 문학과지성사, 2001, 51쪽)

인용된 시편에서, 오류를 범하기 쉽거나 믿을 수 없는 화자들은 이렇게 말한다 : 신의 블랙박스라는 인간의 DNA 구조마저 해체해 버린 지금 우리 인간들에게 무엇 두려울 것이 있는가(i). 우리 자신의 유전적 요인들을 마음껏 취사선택해서 복제한 아기를 주문하고, 편안한 죽음마저 예약할 수 있는 이른바 전자유목민으로 살아가면 그뿐 아닌가(ii). 이렇게 인간의 정체성이 흔들리는 현실에 대해 정색을 하고 윤리적인 비판을 가하는 것만이 능사가 아니라는 데 문제의 심각성이 있다.

가령 ii)에서 "h의 DNA에 내 유전자의 일부를 잘라 붙인/복제아기 신청서를 낼까"라는 구절을 눈여겨보자. 사람을 가리키는 데 대문자가 아니라 소문자 이니셜을 사용했다. 디옥시리보핵산의 약자는 'DNA'라고 제대로 대문자로 표기하면서, 자신의 생물학적 배우자가 될 사람은 굳이 소문자를 사용해 'h'로 썼다. 왜 그랬을까?

두 가지로 나눠 생각할 수 있겠다. 우선, 가상공간의 기술적 특성 때문이다. 이 시에 등장하는 '나'와 'h'는 현실의 물리적 공간이 아니라 인터넷이나 이메일 등을 통한 가상공간에서 더 자주 접촉한다. 우리들이 잘 알다시피 인터넷 접속 아이디나 이메일 주소는 전 세계 누구나 영문 소문자를 사용하는 것이 상식이다. 인터넷 서버 역할을 하는 대형 컴퓨터들은 대문자와 소문자를 기술적으로 엄격히 구별하는 까닭에, 일반 사용자들의 혼란을 막기 위해 인터넷 아이디나 이메일 주소는 아예 소문자만 사용하도록 규칙을 정해 놓았기 때문이다. 가상공간에서 즐겨 만나는 상대를 소문자로 지칭하는 것은 따라서 매우 자연스런 일이 된다. 머지않아 영문법 교재에도 인명 표기에 소문자를 사용하는 이 같은 언어 현실이 반영될 날이 올 것이다.

그 다음, 가상공간의 가치관적 특성을 거론해야 한다. 가상공간을 기반으로

한 사회에서는 통합적 인격체로서의 대문자 'H'보다는, 이를테면 DNA 제공자라는 사용가치에 한정된 익명의 대리인으로서 소문자 'h'가 훨씬 더 개연성 있는 인물이다. 윤리적 가치 판단을 들이대는 것으로 해결할 수 있는 사안은 분명 아니다. 사람 이름의 이니셜이 대문자에서 소문자로 바뀌는 현상은 어느 모로 보더라도 알파벳 표기 차원에 국한되는 문제는 아닌 것이다.

리 실버는 『리메이킹 에덴』에서 이런 전망을 내놓은 바 있다. 가까운 미래에 우리 인간은 자신의 부모가 유전자 조작을 시술할 만큼 경제적 여유가 있는 '유전자 조작인'과 기존의 방식으로 수정된 가난한 '자연인'으로 구분되는 날을 맞을 수도 있다.[158] 윤리적인 당위가 실리적인 욕망을 제대로 통어하지 못하는 현실에 비추어 볼 때, 이런 전망이 나오는 것도 무리는 아니다. 무엇보다 우리는 "http://www.나는.누구인가" 또는 "http://www.그리고.나는.어디에.있는가"[159]와 같은 실존적이며 아울러 현장 적용이 가능한 질문들을 끊임없이 던져야 할 것이다.

5.3. 인간이 빠진 인류의 미래

인간이 자신의 한계를 극복하는 것은 디지털 기술로 더욱 정교해진 사이보그공학이나 유전공학의 힘으로 인간의 육체를 조작해 이룰 수 있는 최종 목표는 물론 아니다. 하지만 당위나 윤리 차원에서 그 같은 모든 시도를 손쉽게 무화시킬 수는 없다는 것이 우리들이 처한 딜레마다. 이 딜레마는 결국 우리를 인류의 미래에 대한 논의로 이끈다. 한 시인의 상상력에 의하면 인류의 미래상은 다음

158 리 실버, 『리메이킹 에덴』(1997), 하영미·이동희 옮김(한승, 1998), 296-297쪽.
159 강윤후, 「웹에서 길을 잃다」, 『현대시학』, 2000. 4, 105쪽.

과 같을 수도 있다.

897살 먹은 사내가 자판기월드로 들어간다. 감시카메라의 렌즈가 그 사내를 따라 움직인다. 897살 먹은 사내는 자판기 1호 앞에 선다. 자판기 1호는 그 사내의 몸 속에 있는 바코드를 읽는다. 897살 먹은 사내가 자판기 1호에 있는 몇 개의 버튼을 누른다. 그 사내는 업데이트된다. 정치·경제·사회·문화·교양, 버튼의 수만큼 자동결제 된다. 897살 먹은 사내가 자판기 2호로 간다. 자판기 2호는 그 사내의 건강상태를 체크한다. 모니터에 그 사내의 건강상태가 찍혀 나온다. ……오른쪽 눈알을 갈아 끼우십시오 그리고 위장의 기능이 약화되었으니 업그레이드를 하십시오…… 그 사내는 오른쪽눈알버튼과 위장버튼을 누른다. 버튼의 수만큼 자동결제된다. […]

자판기 5호 — 바이오 리듬이나 여러 감정들을 체크·조절해드립니다

자판기 6호 — 불필요한 기억들을 제거해드리거나 아름다운 추억을 심어드립니다(추억 다량확보)

자판기 7호 — 다양한 컬러로 피부색을 염색해드립니다(색상표 참조)

자판기 8호 — 원하는 스타일의 애인이나 친구를 만들어드립니다(아바타avata 만들기 이용)

자판기 9호 — 신체부위에 필요한 특수기능장치들을 설치해드립니다

897살 먹은 사내는 잔액부족으로 한 번도 가보지 못한 자판기들을 둘러보다가 자리에서 일어난다. 감시카메라의 렌즈가 멈췄다가 그 사내를 따라 움직인다. 897살 먹은 사내가 자판기월드를 나가면서 혀를 차며 중얼거린다.

"이렇게 살 바엔 차라리 일찍 죽는 게 나아"

감시카메라가 민감한 반응을 일으키며 그 사내에게 벌금을 징수한다. 물론 자동결제된다.

—여정, 「897살 먹은 사내와 자판기월드」 부분
(『현대시학』, 2002. 11, 117-118쪽)

이 시에서는 시적 자아가 자신의 존재를 거의 드러내지 않는다. 시적 자아가 작품 속 세계에 개입해서 독자와 공감을 나누며 자신의 감각이나 사유를 전달하는 방식의 작품이 아니기 때문이다. 그렇다고 이 작품에서 그려낸 장면들이 실재하는 현실의 한 부분을 그대로 옮겨 놓은 것도 아니다. 밑도 끝도 없이 897살이나 먹은 사내가 등장하고, 공상과학 영화에서나 보았던 장면들이 재현된다. 그러니까 이 시는 현실에 존재하는 무엇인가에 대해 비유적으로 말하려는 것이 아니라 미래에 존재할 수 있는 무엇인가를 직접 보여 주려는 작품이다. 따라서 이 시에 나오는 미래는 현실로서는 부재하지만 가상으로서는 분명히 실재한다는 묘한 속성을 띤다. 이것이 가능한 이유는, 이 시는 우리에게 미래 사회에 대한 비관적 인식이라는 따지고 보면 매우 익숙한 관념을 자극하고 있기 때문이다.

이런 점들을 동시에 고려하면 이 시에 쓰인 기법은 일찍이 앙드레 바쟁이 언급했던 관념론적 현상으로서의 영화라는 개념에 가깝다. 지금 우리가 보는 식의 영화가 실제로 모습을 갖추기 이전부터 사람들의 머릿속에는 순전히 이념적인 세계에 속하는 형태로서 '영화'가 이미 존재했다고 바쟁은 언급한 바 있다.[160] 이 시는 바로 이런 관념론적 현상으로서의 영화라는 기법으로 독자들의 뇌리에 미래 사회의 모습을 투영하고 있는 셈이다.

이 시에서 비추어 보여 주는 미래 사회의 모습은 매우 암울하다. 897살이나 먹은 사이보그 사내는 자동판매기를 통해 부품을 갈아 끼우고 소프트웨어를 업그레이드하면서 자신의 생명을 연장해 나간다. 감시 카메라는 사내의 행동과 생각을 철저히 통제한다. 그리고 이런 통제의 배후에는 자동판매기로 대변

160 앙드레 바쟁, 『영화란 무엇인가』(1958), 박상규 옮김(시각과언어, 1998), 25쪽.

되는 몰가치와 획일화의 자본주의적 메커니즘이 작동하고 있다.

이 시에서는 단 한번 시적 자아가 적극적으로 개입하는 부분이 나온다. 그 사내가 "이렇게 살 바엔 차라리 일찍 죽는 게 나아"라고 중얼거리는 대목이다. 이 정도의 상황이라면 죽음이라는 것도 돈을 내고 사야 하는 것인지 모른다. 이 영화 같은 현실에 대한 태도 표명으로는 사내의 그 한마디로 충분하다. 시적 자아를 내세우는 것 자체가 이런 유형의 작품에서는 부자연스럽다. 도덕적으로 우월한 위치를 점하는 시적 자아가 작품의 전면에 나서는 순간 독자들은 저만치 물러나 버릴 것이 분명하기 때문이다.

이 시는 결국 유전자를 조작하거나 기계를 인간의 일부로 받아들여 자신을 보다 낫게 개조하려는, 달리 말해 '업그레이드'하려는 인위적 노력이 미래에 어떤 결과로 나타날 것인가를 극명하게 보여 준다. 거기에는 한마디로 '인간'이 빠져 있다. 기계를 인간의 일부로 받아들이거나 유전자를 조작하여 자신을 개조하려는 인위적 노력에 인간성이 부재한다면, 인류의 미래는 결코 밝을 수 없다는 것이다. 지금 과학이 불러오고 있는 현재는 대부분 과거에 시인들이 그려냈던 미래라는 점을 상기할 필요가 있겠다.

결론 현대시, 새로운 정체성 찾기

세계를 움직이는 '보이지 않는 손'으로서 디지털 기술은 이미 우리의 삶과 시 속에 깊이 스며들어 있으며, 이른바 '시적인 것'의 개념 또한 그 내포를 확장하는 방향으로 변화하고 있다. 우리는 한편으로 디지털 기술의 본질적 특성과 효용의 측면을 인식하면서, 다른 한편으로는 그것의 부정적 속성을 파악하고 대안을 제시해야만 하는 복합적인 시대에 살고 있는 것이다.

이 책에서 우리는 디지털 기술의 적극적 수용에 따른 현대시의 변화를 검토하는 동시에 디지털 기술이 일상화된 현실에 대한 한국 현대시의 대응을 실제 작품 분석을 통해 종합적으로 고찰하였다.

제1부에서는 디지털 기술과 관련한 한국 현대시의 변화 가능성이라는 관점에서 논지를 전개했다. 현대시에 수용된 디지털 기술의 특성에 따라 모두 다섯 단계의 논의를 거쳤다. 이를 주제별로 제시하면, 컴퓨터로 시 쓰기와 주체의 문제를 비롯해 시의 언어로 진입하는 디지털 언어, 하이퍼텍스트시와 시인·독자의 위상 변화, 멀티미디어시와 창작·수용 방식의 변화, 그리고 디지털 정보를 이용한 시 쓰기와 시 읽기 등이다.

먼저, 디지털 시대에 우리 현대시의 변화 가능성을 단초적으로 보여 준 것은 컴퓨터 사용으로 촉발된 디지털 방식의 글쓰기라는 점에서 논의를 시작했다. 기존의 아날로그 방식의 글쓰기에서 디지털 방식의 글쓰기로 진입하는 초창기의 사례로서 소설가 서정인과 평론가 김현의 경우를 먼저 살펴본 후, 타자기부터 컴퓨터에 이르는 글쓰기 도구의 변화에 내포된 다양한 의미를 작품 분석을 통해 실증적으로 고찰했다. 글쓰기 기계의 시초라 할 수 있는 타자기가 우리나라에 보급되기 시작한 1950년대 이후, 김경린이나 김규동, 민재식 시인 등의 작품에서 타자기는 글쓰기 도구가 아니라 서구의 신문명을 대신하는 매개물로 등장했다. 타자기가 글쓰기 도구로서 선명히 부각된 대표적인 예는 1980년대의 장정일이다. 그의 시와 소설에 나오는 타자기는 글쓰기에 대한 열망 그 자체이자 그 열망을 실현하는 도구였다. 「길안에서의 택시잡기」 같은 시에서 타자기는 시인 자신의 테크놀로지에 대한 집착을 드러내는 대상으로 해석되기도 한다. 그러나 작품을 퇴고할 때 필수적인 수정, 편집의 기능에서 타자기는 컴퓨터를 당해 낼 수 없었고, 1990년대 이후 지배적인 글쓰기 도구의 자리는 컴퓨터가 차지한다. 소설가 서정인과 평론가 김현의 경우는 컴퓨터 도입의 초창기를 보여 주는 좋은 예다. 하재봉 시인은 과장된 어조와 선험적인 상상력으로 시인에게서 컴퓨터의 의미를 천착했다. 김은정, 장석원 등 최근 시인들의 작품에서 컴퓨터는 시 쓰기의 도구이면서 동시에 시 쓰기의 주체 문제와 시인의 정체성에 대한 질문을 촉발하는 구체적 경험의 대상물이 된다. 결국 컴퓨터로 시를 쓴다는 것은, 글쓰기 도구로서 컴퓨터의 속성이 그러하듯 이전 시대 글쓰기 도구들의 특성을 내재한 상태에서 진행되는 복합적인 문자 행위라 할 수 있다. 또한 여기에는 필연적으로 글쓰기의 주체 문제가 개입된다는 점을 간과해서는 안 된다는 것이다.

이어서, 컴퓨터 언어의 일종인 하이퍼텍스트 언어가 시 작품의 제목과 본문의 언어로 그대로 진입하는 양상을 고찰했다. 컴퓨터 언어는 의식적으로 문법을 정하고 나서 만들어진다는 점에서 사람의 언어와는 매우 이질적이다. 또한 컴퓨터 언어는 일반 사용자들이 아니라 배후의 전문가 집단에 의해 그 형식이 결정되며, 기술 표준 경쟁에서 승리한 언어가 사용자들의 언어 관습을 지배하는 속성이 있다. 이 같은 특성을 지닌 컴퓨터 언어가 시의 언어로 사용된 작품들을 분석하면서 시 언어의 본질에 대한 인식의 변화 가능성을 진단했다. 앞으로 시의 언어와 디지털 언어 사이에 넘어설 수 없는 경계선을 긋는 일은 점점 그 설득력을 잃어 갈 것으로 전망된다.

그 다음, 하이퍼텍스트시의 등장에 따른 시인과 독자의 위상 변화에 초점을 맞추었다. 아리스토텔레스 시학의 대척점에 위치한 하이퍼텍스트 개념이 선형적 사고와 순차적 텍스트의 한계를 극복하기 위하여 인류의 오랜 역사를 통해 전개되어 온 대안적인 사고방식이자 텍스트 구성 원리라는 점을 먼저 이론적으로 고찰했다. 또한 동양 한시의 운자 맞추기 놀이인 '사운'이 하이퍼텍스트의 원초적 모델이 될 수 있음을 새롭게 제시하였다. 이 같은 이론적 고찰을 통해 하이퍼텍스트 기술과 현대시가 인간 본성을 중심으로 수렴되어야 한다는 점을 강조했다. 그리고 「언어의 새벽」과 「生時·生詩」 등의 하이퍼텍스트시를 분석 대상으로 삼아 가상공간에서 새롭게 탄생한 시인·독자들의 위상 변모를 살펴보았다. 이어서 인터넷이란 가상공간에서 시인과 독자의 위상이 변화하는 양상을 실증적으로 고찰하기 위한 방안으로 하이퍼텍스트 시쓰기 프로그램인 「팬포엠」을 직접 구현해 보였다. '팬포엠'이란 '팬'과 '포엠'을 합쳐 새로 만든 말이다. 독자들이 좋아하는 시인의 작품이 인터넷에 하이퍼텍스트 형식으로 작성되어 공개되고, 독자들은 시인의 작품 본문 중에서 마음에 드는 구절을 마우스로 클릭, 선택하여 자신의 시를 지어 덧붙이는 방식으로 작품을 창작할 수 있다. 이때 시인의 작품에 부가된 독자들의 팬포엠은 각각 독립적인 작품이면서 동시에 서로 하이퍼텍스트 방식으로 연결된 한 편의 연작시 성격을 띠게 된다. 이 시도를 통해서, 하이퍼텍스트 개념을 적용한 시와 기존의 시는 어느 한쪽이 다른 쪽을 대체하거나 부정할 수 있는 것이 아니라는 점과 함께 디지털 기술은 유연하게 받아들이고 공유하되 개인의 창조성은 최대한 보장해야 한다는 점을 강조하였다.

그 다음, 디지털 기술이 응용된 멀티미디어시의 출현과 이에 따른 시 창작과 수용 방식의 변화를 검토했다. 그동안 '멀티포엠'이라는 이름으로 시도되어 온 작품들의 의의와 한계를 먼저 살펴보았고, 이어서 디지털 기술이 외부 환경에 그치지 않고 작품 내부에서 중요한 구성 요소로 작용하는 작품을 선정하여 분석을 시도했다. 이 과정에서 멀티미디어 요소가 시인의 당위에 의해서가 아니라 독자들의 공감을 전제로 작품에 포함되어야 비로소 멀티미디어시의 존재 의의가 인정될 것이라는 점을 논증하였다.

마지막으로, 컴퓨터와 인터넷으로 대변되는 디지털 공간에서 정보를 수집하는 방식으로 시를 쓰고 또 같은 방식으로 시를 읽어 내는 최근의 사례 역시 디지털 기술과 현대시의 관련 양상을 실증적으로 보여 준다는 사실에 주목했다. 이원 시인의 작품에서는 인터넷의 동시대적 정보가 주요 모티프로서 작품의 의미 형성 과정에 작용하고, 또한 그렇게 씌어진 작품을 읽어 내는 데도 그 정보가 결정적인 역할을 하고 있다. 평론가 김유중의 글은 인터넷에서 자료를 수집하는 방식으로 시를 읽어 내는 최근의 경향을 잘 보여 준다. 이러한 추세와 관련해 디지털 정보를 이용해 시를 쓰고 읽어 내는 과정에서의 의식의 변이 양상을 추출해 내는 것도 앞으로 의미 있는 연구 과제가 될 것으로 전망된다. 또한 여기서 우리는 인터넷에서 접하는 모든 정보들이 말 그대로 일시적이며 가변적이어서 그 전거를 확정할 수 없다는 구조적인 문제를 지적하였다. 이는 단지 기술상의 문제만이 아니라 인간의 지식 체계의 한 부분이 유동적이

되면서 그 존재를 끊임없이 의심해야 하는 실존적 상황으로의 전이를 예비하는 것으로 보인다. 우리는 온라인과 오프라인 방식을 결합한 글쓰기 지원 데이터베이스를 하나의 대안으로 제시했다. 앞으로는 시 쓰기와 시 읽기의 양 측면에서 동시대에 생산되고 있는 디지털 정보의 효용과 그 가치에 대한 새로운 인식은 물론 그에 합당한 미적 판단 기준을 마련해야 할 것으로 판단된다.

이처럼 디지털 기술의 일반화에 따른 시 쓰기 도구와 방식의 변화, 하이퍼텍스트시에서 시인과 독자의 위상 변화, 그리고 컴퓨터 기술을 응용한 멀티미디어시에서 창작과 수용 양식의 변화 등은 우리 현대시에서 현재 진행형으로 발현되고 있는 것들이다. 이제는 디지털 기술을 무조건 비판만 할 것이 아니라 그 양상이 변모되고 영역이 확장되고 있는 현대시의 정체성에 관해서 균형 잡힌 시각에서 거듭 성찰해야 할 시점이라고 생각한다.

제2부에서는 디지털 기술에 대한 한국 현대시의 대응에 초점을 맞추어 논지를 전개하였다. 디지털 기술과 관련한 현대시의 변화나 영역 확장의 가능성 못지않게 디지털 기술이 인간의 사고방식과 가치관의 측면에 미치는 영향 또한 간과해서는 안 된다고 판단하기 때문이다. 제1부에서와 마찬가지로 여기서도 다섯 단계의 논의를 거쳤다. 이를 주제별로 제시해 보면, 디지털 기술의 가치중립성 문제를 비롯해 밀레니엄 버그와 인류의 재앙에 대한 재인식, 디지털 기술의 일상화와 정체성의 혼란, 유비쿼터스와 디지털 감시 사회, 사이보그와 유전자 조작 그리고 인류의 미래 등이다.

먼저, 디지털 기술의 가치중립성 문제를 제기했다. 이는 디지털 기술의 일상화에 따라 대두되는 현실의 문제점들이 다름 아닌 디지털 기술의 이데올로기적 속성에서 비롯한다는 판단에 따른 것이다. 여기서는 디지털 기술을 포함한 과학 기술의 가치중립성 문제를 출발점으로 삼아 문학과 기술 이데올로기의 문제에까지 논의를 확대했다. 곧, 과학 기술을 이데올로기로 파악한 마르쿠제를 비롯해 과학 기술 논리가 보편적 기준으로 사회생활에 침투하는 것을 후기 자본주의의 특성으로 본 하버마스, 과학 지식의 형성 과정에는 사회적 이해관계가 근본적인 영향을 미친다는 사회구성주의 이론, 기술을 실체로 인식하는 기술 이데올로기와 기술을 속성으로 인식하는 기술과학을 엄밀히 구분해야 한다는 논의를 종합적으로 고찰했다. 이어서 디지털 기술을 포함한 과학 기술의 가치중립성에 대하여 양자택일의 질문이 아니라, 과학 기술은 얼마나 혹은 어떻게 가치중립적일 수 있는가 하는 인간의 주체성에 초점을 맞춘 질문을 던져야 한다는 점을 강조하였다. 이 같은 논의를 토대로 미국과 이라크의 전쟁을 다룬 정한용, 이형기, 정병근, 허수경 시인들의 작품을 분석했다. 이 시편들은, 전쟁이야말로 인간의 행위 중에서 가장 비이성적인 것이며 그 전쟁에 동원되는 디지털 기술 역시 폭력적인 이데올로기로 전락한다는 점을 잘 드러내고 있다.

이어서, 밀레니엄 버그라는 디지털 재앙의 해프닝을 그려낸 작품들을 고찰했다. 인류 최초의 '과학적 재앙'이라는 밀레니엄 버그에 대한 불안 심리가 전 세계적으로 고조되었던 1999년 당시에 시인들은 주로 냉소적인 말놀이나 반어의 어법을 통해 비판적으로 대응했다. 강연호, 권영준, 진영대 시인 등의 작품이 이에 해당한다. 이에 비해 2000년 이후에 발표된 시편들은 밀레니엄 버그에 대한 비판뿐 아니라 그 경험을 내면화하는 경향을 띠었다. 특히 이희중 시인은 밀레니엄 버그의 해프닝을 되돌아보며 인류의 재앙에 대한 재인식의 필요성을 언급하는 한편, 디지털 문명과 생태주의적 가치관의 접맥 가능성을 제시했다. 디지털과 생태주의는 그 기본 속성이 대립적인 것이 사실이지만, 어느 한쪽이 없으면 우리의 삶이 온전치 못한 것 또한 부인할 수 없는 사실이다.

따라서 디지털 기술의 현실적 가치를 인정하면서도 생태주의적 가치관을 잃지 않는 시적 상상력의 발현이 더욱 요청된다는 점을 강조하였다.

그 다음, 우리가 지금 디지털 기술의 일상화와 맞물려 자아 정체성이 혼란스런 현실에서 살고 있다는 점을 논증했다. 디지털 기술 논리가 점령한 내면 공간의 문제를 비롯해 기계적 가치와 인간적 가치의 전도, 그리고 가상공간에서 ID와 id의 혼돈 등의 순으로 작품을 분석했다. 먼저 이은봉과 장이지 시인은 디지털 기술의 일상화에 따라 내면의 가치가 등한시되는 현실을 비판적인 시각에서 그려냈다. 하재봉 시인은 기계의 도구적 가치와 인간의 실존적 가치가 전도되는 정황에 주목했으며, 최영미와 김형술 시인은 인간에 대한 불신이나 타인과의 교감 불능으로 인해 컴퓨터라는 새로운 기계에 급격히 경사되는 정황을 그렸다. 특히 우리는 이들의 작품이 한국 현대시에서 인간과 컴퓨터 사이의 성적 관계라는 정체성 혼란의 한 흐름을 드러낸다는 점을 지적했다. 이원 시인은 이성적 사유가 아니라 마우스 클릭을 통한 검색에 의해 자신의 정체성을 확인하려는 새로운 인간형의 출현을 알렸고, 신미균 시인은 사이버스페이스에서 공적인 자아 정체성과 사적인 욕망이 넘나들면서 혼돈을 일으키는 문제에 주목했다. 요컨대 자신의 정체성을 유지하기 위해 컴퓨터와 인터넷으로 대변되는 디지털 공간에서 끊임없이 클릭해야 하는 이율배반의 존재 조건은 이 시대의 우리 모두가 직면한 실존적 문제라는 것이다.

그 다음, 유비쿼터스 네트워크가 보편화되면서 대두하기 시작한 디지털 감시 사회에 대한 현대시의 대응을 통해 시대의 예리한 촉수로서 시인의 존재 의의를 다시금 확인할 수 있었다. 이를테면 하재봉 시인은 '보이지 않는 감시자'의 문제를 제기했으며, 이원은 정보 판옵티콘으로서 유비쿼터스 네트워크의 형성 과정을 미리 보여 주었다. 손정순은 유비쿼터스에 의한 공유와 감시라는 두 측면 중에서 감시가 지나치게 강조되는 일상을 그려냈고, 하종오는 피감시자의 자발적 협조에 의해 다수의 소규모 감시자가 널리 존재하는 슈퍼판옵티콘 방식의 감시 체계를 묘파했다. 사회 전체로 확대되고 있는 디지털 감시 체계에 대한 대응의 한 방식을 '자연'에서 구한 이문재의 시적 작업을 통해 우리는 탈출이나 부정 같은 극단의 상상력이 아니라, 체제 내에서 체제를 변혁하려는 응전의 상상력이 더욱 요청된다는 점을 지적하였다.

마지막으로, 사이보그와 유전자 조작을 시적 소재로 삼아 인류의 미래에 대한 전망을 제시한 작품들을 고찰했다. 디지털 기술 환경과 접맥되면서 새로운 양상을 드러내고 있는 사이보그와 유전자 조작 문제를 통해 우리는 자신의 유한성과 불완전성을 인위적으로 넘어서려는 인간의 오래된 욕망을 확인할 수 있었다. 이경임, 강신애 시인의 작품들은 시적 자아가 인간으로서 느끼는 현실의 한계 상황이 정신 우위의 이원론에 바탕을 둔 사이보그적 상상력으로 표출되는 예를 보여 주었다. 이희중의 작품은 사이보그적 상상력에서 비롯되는 인간의 정체성 문제에 대해 근본적인 성찰을 요구하는데, 우리는 이와 관련해 몸의 기억과 두뇌의 기억이 동일성을 지닐 때 비로소 인간이 자아 정체성을 형성할 수 있다는 기본 개념을 제시했다. 최근 논쟁적인 화두가 된 유전자 조작에 의한 인간 복제 문제도 기본적으로는 인간 정체성의 맥락에서 대응할 수 있다. 다만 유전자 조작 문제는 인간과 기계라는 대립항을 전제하지 않고 진행된다는 점에서 훨씬 교묘한 일면이 있다. 이 문제를 다룬 이승하와 이원의 시편이 공통적으로 오류를 범하기 쉽거나 믿을 수 없는 화자들을 내세운 것은 매우 시사적이다. 윤리 의식이나 당위의 차원에서 손쉽게 이 문제를 해결할 수 없다는 것이 지금 우리가 처한 딜레마이기 때문이다. 이 딜레마는 우리를 인류의 미래에 대한 논의로 이끌어 간다. 우리 시인들이 그려낸 인류의 미래상은 한마디로 암울하다. 기술 이데올로기가 디지털 문명의 전면에 나서고 기계를 인간의 일부로 받아들이거나 유전자를 조작하여 자신을 생물학적으로 개조하려는 인위적 노력이 자기 성찰의 기제 없이 계속된다면, 인간 정체성이 혼란을 일으킬 것이고 그런 상황에서 전개되는 인류의 미래는 결코 밝을 수 없다는 것이다.

지금 디지털 기술은 부정의 위험성과 긍정의 가능성이라는 이중의 속성을 동시에 내포하고 있는 것으로 보인다. 어느 일면의 고찰만으로는 디지털 기술의 진면목을 파악하는 것이 불가능하다. 우리가 이 책에서 디지털 기술의 적극적 수용에 따른 현대시의 변화와 디지털 기술의 부정적 속성에 대한 현대시의 대응을 함께 고찰한 것은 바로 이런 맥락 때문이었다.

우리는 또한 디지털은 기계이며 아날로그는 인간이라는 이분법적 규정이 과연 타당한가 하는 문제를 제기할 수 있다. 오늘날 디지털 기술의 발전은 오히려 아날로그적인 불확정의 상태에서 벗어나려는 인간의 욕망이 추동해 온 것은 아닐까. 그렇다면 인간의 본성에 대해서도 우리는 현실태와 가능태라는 두 가지 단계를 설정해 놓고 논의를 전개해야 한다. 아날로그적인 현실태만이 인간의 본성일까. 아니면 디지털적인 가능태가 인간의 본성일까. 이 질문에 대하여 현재 인류는 주로 생명공학과 정보기술의 힘을 빌려 답변을 마련하고 있다. 이 문제에 관해서 인문학이나 문학의 영향력을 확대하는 것이 급선무일 것이다.

시각을 조금 넓힌다면, 시와 소설 등의 영역이 확장되는 현실은 도외시한 채 다른 장르에 대한 '문학의 위기'를 입에 올리는 최근의 경향 자체에 문제를 제기할 수도 있다. 우리는 지금 기존의 문학 장르에 견고한 성을 쌓아 두고, 과학 기술이 응용된 다른 장르를 견제하거나 심지어 무시해 버리는 데 익숙해진 것은 아닌가. 지금 우리에게 긴요한 것은 디지털 기술과 개인의 창조성이 접맥되는 지점에서 현대시의 새로운 활로를 개척하는 일이라고 판단된다. 그것은 곧 문학 패러다임이 변화하는 시기에 변해야 할 것과 변하지 말아야 할 것을 분별하면서 현대시의 새로운 정체성을 모색하는 일이라 할 수 있다.

디지털 혁명이라 불릴 만큼 급변하는 시대 속에서 현대시의 새로운 정체성을 모색하는 작업은 과거의 시에 대한 이해와 현재의 시에 대한 분별력, 그리고 미래의 시에 대한 포용력을 함께 갖출 때 비로소 온전하게 진행될 수 있다. 하지만 이 모든 능력을 어느 한 개인이 모두 갖춘다는 것은 현실적으로 매우 어려운 일이다. 따라서 전문 영역이 다른 여러 연구자들이 논의를 활성화할 수 있도록 디지털 환경에 기반을 둔 새로운 형태의 문학공동체를 만들어 나가려는 실천적 노력이 더욱 요청된다고 하겠다.

참고문헌

가핀켈, 심슨, 『데이터베이스 제국』(2000), 한국데이터베이스진흥센터 옮김, 한빛미디어, 2001.

강성만, 「온라인 통제 강화 : 후진타오 "인터넷 정화하라"」, 『한겨레』, 2007. 1. 27, 10쪽.

강운구 사진, 「한국의 작가 1 : 서정인」, 『현대소설』, 1989. 겨울, 8−9쪽.

강웅식, 「한국 문학의 모더니즘 수용과 기술 이데올로기의 문제 : 탈식민주의 이론의 시각에서」, 『서정시학』, 2004. 봄, 41−60쪽.

고려대학교 민족문화연구소, 『한국의 현대시』, CD−ROM, 대한교과서주식회사, 1996.

고창수, 「디지털 시대와 글쓰기 문화의 변혁」, 『고대문화』 52호, 고려대학교 고대문화 편집위원회, 2001. 6, 190−199쪽.

구모룡, 「문학과 기술이데올로기 : 기술사회와 문학에 관한 단상」, 『오늘의 문예비평』, 1999. 가을, 101−112쪽.

권영민, 「디지털 시대 인문학의 방향」, 『국어국문학』 129호, 국어국문학회, 2001. 12, 5−13쪽.

권혁웅, 「새로운 세기의 새로운 글쓰기」, 『문학 · 선』, 2003. 하반기, 26−37쪽.

규 가와사키, 「디지털로 생각하고 아날로그로 행동하라」, 『세상을 바꾸는 사람들의 성공 법칙』, 박용철 옮김, 모색, 1999, 181−199쪽.

길더, 조지, 「Networks at the Core of Digital Convergence : Speech for Korea」, SBS 서울디지털포럼 엮음, 『서울디지털포럼 2004 자료집 : 디지털 컨버전스 혁명』, 서울방송, 2004. 5. 7, 61−84쪽.

김대행 외, 『하이퍼텍스트의 언어문화 이해교육』, 서울대학교출판부, 2006.

김두영, 「미니홈피 '싸이월드' 가입자 1000만 돌파」, 『동아일보』, 2004. 10. 1, A34쪽.

김민수, 『멀티미디어 인간 이상은 이렇게 말했다 : 디지털 풍경 · 마음의 道』, 생각의 나무, 1999.

김민정, 「사이버 여성 문화로서 팬픽(fanfic) 연구 : 환타지(fantasy)와 성정체성의 연관성을 중심으로」, 이화여자대학교 대학원 신문방송학과 석사학위논문, 2003. 2.
김병선, 「한국 현대시 데이터베이스의 구성과 그 활용 방안」, 『한국언어문학』 53집, 한국언어문학회, 2004. 12, 513-535쪽.
김병익, 「컴퓨터는 문학을 어떻게 변화시킬 것인가」, 『동서문학』, 1994. 여름, 254-264쪽.
______, 「시는 컴퓨터를 어떻게 받아들이는가」, 『시인세계』, 2003. 여름, 115-129쪽.
김상환, 「문화와 정보 사회 : 기술, 언어, 실재에 대하여」, 『철학사상』 10호, 서울대학교 철학사상연구소, 2000. 6, 81-100쪽.
김선태, 「물신 시대의 시와 시인」, 『현대시학』, 2003. 9, 38-43쪽.
김선희, 『사이버 시대의 인격과 몸 : 사이버 자아의 인격성 논의를 중심으로』, 아카넷, 2004.
김성도, 「하이퍼미디어 글쓰기의 몇 가지 기호학적 함의」, 『기호, 리듬, 우주』, 인간사랑, 2007, 641-679쪽.
김영번, 「노래 · 무용을 '입은' 시 디지털 시대 지배한다」, 『문화일보』, 2003. 8. 12, 22쪽.
김영정, 「컴퓨터 : 번역 · 비평 · 창작 기계로서의 가능성」, 『현대 비평과 이론』, 1992. 가을 · 겨울, 9-25쪽.
김요한, 『디지털 시대의 문학하기』, 한국학술정보, 2007.
김용운, 「콤퓨터로 詩作은 가능한가?」, 『심상』, 1974. 7, 17-22쪽.
김용희, 「소금의 고독과 절정의 피」, 『현대시학』, 2004. 10, 21-24쪽.
김우창, 「미국의 이라크 전쟁과 세계 질서」, 『당대비평』, 2004. 가을, 236-260쪽.
김유중, 「섬세한 욕망의 너울」, 『현대시학』, 2000. 7, 28-34쪽.
김인환, 「한국문학과 기술 이데올로기」, 『기억의 계단』, 민음사, 2001, 34-62쪽.
김재환, 「세계로 가는 한국의 이동통신 사업」, 『뉴스위크 한국판』 672호, 2005. 3. 23, 60-62쪽.
김정흠, 「우리말 機械化의 어제 · 오늘 · 來日」, 『국어생활』 11호, 국어연구소, 1987. 겨울, 8-18쪽.
김종길, 「詩의 言語」, 『詩에 대하여』, 민음사, 1986, 15-21쪽.
______, 「시의 요소」, 유종호 · 최동호 편저, 『시를 어떻게 만날 것인가』, 작가, 2005, 45-74쪽.
김종엽, 「ID는 id이다」, 『세계의 문학』, 2000. 여름, 198-216쪽.
김종회 엮음, 『사이버 문화, 하이퍼텍스트 문학 · 이론편』, 국학자료원, 2005.

김종회 엮음, 『사이버 문화, 하이퍼텍스트 문학 · 작품편』, 국학자료원, 2005.
김주연, 『디지털 욕망과 문학의 현혹』, 문이당, 2001.
김진량, 『인터넷, 게시판 그리고 판타지소설』, 한양대학교출판부, 2001.
김현, 「세계 인식의 변모와 의미」, 서정인, 『강』(1976), 재판, 문학과지성사, 1996, 305-322쪽.
______, 「술취한 거지의 시학」, 『분석과 해석』, 문학과지성사, 1988, 11-28쪽.
______, 『행복한 책읽기 : 김현의 일기 1986-1989』, 문학과지성사, 1992.
김홍규, 「國文學 硏究에 있어서의 컴퓨터 활용」, 『국어생활』 16호, 국어연구소, 1989. 봄, 126-133쪽.
______, 「시와 컴퓨터」, 『시와시학』, 1996. 겨울, 14-18쪽.
남송우, 「정보혁명 시대와 시의 언어」, 『현대시』, 2000. 6, 19-26쪽.
네그로폰테, 니콜라스, 『디지털이다』(1995), 백욱인 옮김, 커뮤니케이션북스, 1997.
노무라총합연구소, 『유비쿼터스 네트워크와 신사회 시스템』(2002), 박우경 · 김의 옮김, 전자신문사, 2003.
노철, 「디지털 시대의 현대시 형태와 인식에 관한 연구 : 성기완의 『쇼핑 갔다 오십니까?』를 중심으로」, 『국제어문』 23집, 국제어문학회, 2001. 7, 3-25쪽.
대한민국 정보통신부 엮음, 『국가 Y2K 백서』, 대한민국 정보통신부, 2000.
데리다, 자크, 『그라마톨로지에 대하여』(1967), 김웅권 옮김, 동문선, 2004.
라키토프, 아나톨리 일리치, 『컴퓨터 혁명의 철학』(1991), 이득재 옮김, 문예출판사, 1996.
랜도우, 조지 P., 『하이퍼텍스트 2.0 : 현대 비평이론과 테크놀로지의 수렴』(1997), 여국현 외 옮김, 문화과학사, 2001.
레비, 피에르, 『집단 지성 : 사이버 공간의 인류학을 위하여』(1994), 권수경 옮김, 문학과지성사, 2002.
류철균, 「디지털 시대의 한국 현대문학」, 『국어국문학』 143호, 국어국문학회, 2006. 9, 73-95쪽.
류현주, 「하이퍼텍스트 문학 이론 연구」, 경북대학교 대학원 영어영문학과 박사학위 논문, 2000. 2.
리처즈, I. A., 「言語의 두 가지 用法」, 『文藝批評의 原理』(1924), 김영수 옮김, 현암사, 1977, 351-366쪽.
리카요, 리처드, 「Y2K와 세상의 종말」, 로버트 하젠 외, 『미래의 디지털 시나리오』, 해냄, 2000, 219-232쪽.

마윤희, 「하이퍼텍스트 문학 저작 도구 분석 및 설계」, 이화여자대학교 정보과학대학원 멀티미디어전공 석사학위논문, 2001. 8.
맥루한, 마샬, 『미디어의 이해 : 인간의 확장』(1964), 박정규 옮김, 커뮤니케이션북스, 1997.
맹문재, 「인터넷 시대의 시문학 위상과 전망」, 『시선』, 2005. 여름, 12-27쪽.
문국진, 『반 고흐, 죽음의 비밀』, 예담, 2003.
문홍술, 「멀티미디어 상상력의 노예가 되어버린 소설」, 『존재의 집에 이르는 지도』, 작가, 2004, 57-71쪽.
바라바시, 알버트 라즐로, 『링크 : 21세기를 지배하는 네트워크 과학』, 강병남 · 김기훈 옮김, 동아시아, 2002.
바랄, 에티엔, 『오타쿠 : 가상 세계의 아이들』(1999), 송지수 옮김, 문학과지성사, 2002.
바르트, 롤랑, 「저자의 죽음」(1968), 『텍스트의 즐거움』, 김희영 옮김, 동문선, 1997, 27-35쪽.
______, 「텍스트의 즐거움」(1973), 『텍스트의 즐거움』, 김희영 옮김, 동문선, 1997, 49-114쪽.
바쟁, 앙드레, 『영화란 무엇인가』(1958), 박상규 옮김, 시각과언어, 1998.
박덕규, 「열린 강의실 특성 살려 문학 대중화 선도 : 문학과 문화 전반에 연결되는 열린 문화운동, 온라인 문학창작교육」, 『문학사상』, 2000. 11, 74-82쪽.
박란희, 「엔씨소프트, 명의 도용 알고도 방치 : 리니지 게임 피해자 5개월 새 100만 명 추정」, 『조선일보』, 2006. 3. 14, A1쪽.
박수연, 「부재를 현존시키기」, 『현대시』, 2004. 2, 132-139쪽.
박재모 · 현승준, 『초끈이론』, 살림출판사, 2004.
박정훈, 「오늘 개막 G8 회담 뭘 다루나 : '디지털 세계 질서' 첫 토의」, 『조선일보』, 2000. 7. 21, 3쪽.
박주택, 「컴퓨터 글쓰기와 시적 사유의 변화」, 『시와사상』, 2002. 겨울, 46-54쪽.
박진, 「복수적 텍스트를 생산하는 놀이 : 바르트의 『S/Z』와 「신세기 에반겔리온」」, 『내러티브』 8호, 한국서사학회, 2004. 2, 312-337쪽.
박태운, 「未來戰 樣相에 관한 硏究 : 최근 전쟁 사례를 중심으로」, 한남대학교 행정정책대학원 안보국방정책학과 석사학위논문, 2004. 8.
방민호, 「인터넷 문학과 문학성이라는 문제」, 민족문학작가회의 정보문화센터 엮음, 『문학, 인터넷을 만나다』, 북하우스, 2003, 138-157쪽.
배식한, 『인터넷, 하이퍼텍스트 그리고 책의 종말』, 책세상, 2000.

백경학 · 성동기, 「지구촌 '러브' 초비상 : E메일 바이러스 기승 · 美의회 백악관 등 공격당해, 국내서도 감염 사례 잇달아 신고 · 큰 피해 우려」, 『동아일보』, 2000. 5. 6, A1쪽.

백선기, 『전쟁 보도와 미디어 담론 : 미국-이라크 전쟁에 대한 미디어 담론 구조를 중심으로』, 커뮤니케이션북스, 2005.

백욱인, 「아날로그와 디지털을 만나게 하라」, 『디지털이 세상을 바꾼다』, 문학과지성사, 1998, 122-125쪽.

백인덕, 「시적 상상력과 사이보그의 접경(接境)」, 『한민족문화연구』 11집, 한민족문화학회, 2002. 12, 55-72쪽.

버너스리, 팀, 『당신이 꿈꾸는 인터넷 세상 월드와이드웹』(1999), 우종근 옮김, 한국경제신문 한경BP, 2001.

벤야민, 발터, 「기술복제시대의 예술작품」(1936), 『발터 벤야민의 문예이론』, 반성완 편역, 민음사, 1983, 197-231쪽.

______, 「브레히트와의 대화」(1938-39), 『발터 벤야민의 문예이론』, 반성완 편역, 민음사, 1983, 40-50쪽.

벨, 다니엘, 『정보화사회의 사회적 구조』(1979), 이동만 옮김, 한울, 1984.

보드리야르, 장, 『시뮬라시옹』(1981), 하태환 옮김, 민음사, 1992.

복거일, 「과학의 영향에 대한 문학의 반응」, 『한길문학』, 1990. 9, 189-193쪽.

볼크먼, 어니스트, 『전쟁과 과학, 그 야합의 역사』, 석기용 옮김, 이마고, 2003.

블룸, 하워드, 『집단 정신의 진화』(2000), 양은주 옮김, 파스칼북스, 2003.

生時 · 生詩(Live Poems), http://www.livepoems.net, 2000. 11. 29.

서울대학교 인문정보연구소, 『한국 현대문학 100년』, CD-ROM, 문학사상사, 1999.

서준섭, 「한국 현대시의 도시 수용과 시의 변화 : 1987년 이후의 도시시를 중심으로」, 『인문과학』 7집, 서울시립대학교 인문과학연구소, 2000. 2, 55-66쪽.

성귀수, 「멀티포엠 실험이 내게 불러일으킨 몇 가지 논점에 관한 고찰」, 『시와반시』, 2000. 가을, 155-166쪽.

성동기 외, 「컴퓨터 바이러스 '러브 버그' 지구촌 강타 : 'I LOVE YOU'에 속지 마세요」, 『동아일보』, 2000. 5. 6, A5쪽.

손성찬, 「새로운 IT 패러다임 '유비쿼터스'」, 『경영과컴퓨터』, 2003. 5, 111-113쪽.

송의달 · 여시동, 「中, "네티즌이 체제 위협" : 5萬 사이버경찰, 인터넷 24시간 감시」, 『조선일보』, 2005. 5. 27, A14쪽.

신범순, 「사이버 시대 시의 유령적 초상과 창조적 고민의 소멸」, 『한국현대문학연구』

8집, 한국현대문학회, 2000. 12, 7-31쪽.
신정선, 「컴퓨터가 기사를 쓴다」, 『조선일보』, 2006. 8. 19, A14쪽.
신중섭, 「과학 기술과 이데올로기」, 『씨올의 소리』, 1990. 12, 55-67쪽.
실버, 리, 『리메이킹 에덴』(1997), 하영미 · 이동희 옮김, 한승, 1998.
심은진 · 윤학로, 「하이퍼텍스트의 새로운 글쓰기 : 프랑스 디지털 문화이론을 중심으로」, 『외국문학연구』 26호, 한국외국어대학교 외국문학연구소, 2007. 5, 33-48쪽.
아리스토텔레스, 『시학』, 김재홍 옮김, 고려대학교출판부, 1998.
아이디, 돈, 『기술철학』(1979), 김성동 옮김, 철학과현실사, 1998.
안도현, 「저무는 육필의 시대를 위하여!」, 『한겨레21』 474호, 2003. 9. 4, 36-38쪽.
양영유, 「"교실에서 교과서 · 공책 사라진대요" : '디지털 교과서' 내년 시범 보급」, 『중앙일보』, 2007. 3. 8, 11쪽.
양주동, 「多樂樓 夜話」, 『조광』, 1936. 10, 28-34쪽.
언어의 새벽 : 하이퍼텍스트와 문학, http://eos.mct.go.kr, 2000. 7. 24.
여명숙, 「사이버스페이스의 존재론과 그 심리철학적 함축」, 이화여자대학교 대학원 철학과 박사학위논문, 1999. 2.
오세영 외, 『한국 현대시사』, 민음사, 2007.
올셋, 에스펜, 『사이버텍스트』(1997), 류현주 옮김, 글누림, 2007.
옹, 월터 J., 『구술문화와 문자문화』(1982), 이기우 · 임명진 옮김, 문예출판사, 1995.
우한용, 「정보화 시대 문학의 사회적 기능」, 『국어국문학』 121호, 국어국문학회, 1998. 5, 379-401쪽.
우한용 외, 『인터넷 시대의 글쓰기와 표현교육』, 서울대학교출판부, 2006.
우한용, 「디지털 시대 문학의 전망과 과제」, 문학과문학교육연구소 엮음, 『디지털 시대, 문학의 길』, 푸른사상사, 2007, 259-288쪽.
원광연, 「디지털 문화 예술의 발전에 관하여」, 최혜실 엮음, 『디지털 시대의 문화 예술』, 문학과지성사, 1999, 159-190쪽.
원구식, 「누가 시의 위기를 말하는가 : 멀티미디어 시대에 있어서 시인의 역할」, 『현대시』, 1997. 1, 18-26쪽.
______, 「'말스러움'에서 '노래스러움'으로의 이동」, 『현대시』, 1997. 7, 20-30쪽.
월간 컴퓨터사 편집부, 「컴퓨터가 詩를 창작한다」, 『월간 컴퓨터』, 1985. 4, 58-68쪽.
유성호, 「사이버 문학의 양상과 그 대응 : 기독교적 관점에서」, 『한국문예비평연구』 3집, 한국현대문예비평학회, 1998. 12, 397-415쪽.
유안진, 「시가 있는 아침 : 장만호의 「김밥 마는 여자」」, 『중앙일보』, 2003. 12. 1, 35쪽.

유영만, 『아나디지다』, 한언, 2002.
유현주, 『하이퍼텍스트 : 디지털미학의 키워드』, 연세대학교출판부, 2003.
______, 「비주얼 포엠의 전통에서 본 독일의 디지털 포엠 : 매체의 경쟁과 상호 매체성」, 『독일언어문학』 35집, 한국독일언어문학회, 2007. 3, 199-216쪽.
윤석희, 「디지털 교과서 도입의 문제점에 대한 소고」, 『교과서연구』 51호, 한국교과서연구재단, 2007. 8, 20-26쪽.
이경수, 「'나'의 행방」, 『현대시』, 2003. 12, 242-250쪽.
이경식, 『아리스토텔레스의 시학과 신고전주의』, 서울대학교출판부, 1997.
이광호, 「전자 사막에서의 유목」, 이원, 『야후!의 강물에 천 개의 달이 뜬다』, 문학과지성사, 2001, 139-153쪽.
이남호, 『문자제국쇠망약사』, 생각의 나무, 2004.
이명진, 「인터넷 · 전자투표 도입… '투표혁명' 온다」, 『조선일보』, 2005. 1. 18, A8쪽.
이민수, 「과학 기술의 발달과 전쟁 윤리」, 한국철학회 엮음, 『기술문명에 대한 철학적 반성』, 철학과 현실사, 1998, 131-173쪽.
이상숙, 「하이퍼텍스트 세상에서 길을 잃다, 어떻게 나갈까?」, 『작가와비평』 2호, 2004. 11, 373-389쪽.
이선이 편저, 『사이버 문학론』, 월인, 2001.
이성우, 「디지털 시대, 우리 시의 행로」, 『애지』, 2000. 겨울, 273-290쪽.
______, 「디지털 기술과 한국 현대시」, 고려대학교 대학원 국어국문학과 박사학위논문, 2005. 8.
______, 「유비쿼터스 감시 사회와 한국 현대시의 대응」, 『비교문학』 38집, 한국비교문학회, 2006. 2, 203-220쪽.
______, 「밀레니엄 버그와 한국 현대시의 대응」, 『현대문학이론연구』 28집, 현대문학이론학회, 2006. 8, 169-182쪽.
______, 「과학이 불러오는 현재와 시인이 그려내는 미래 : 사이보그와 유전자 조작 문제를 중심으로」, 『서정시학』, 2006. 겨울, 34-44쪽.
이수광, 『芝峰類說』(1614), 하, 남만성 옮김, 을유문화사, 1994.
이승원, 「가상현실과 시적 상상 : 디지털 제국의 비정함을 상쇄하는 상상의 힘」, 『문학사상』, 2003. 12, 280-288쪽.
이승훈, 『한국 모더니즘 시사』, 문예출판사, 2000.
이어령, 『디지로그 : 선언』, 생각의 나무, 2006.
이용욱, 「정보화사회 문학 패러다임 연구 : 사이버리즘의 이론적 모색」, 한남대학교

대학원 국어국문학과 박사학위논문, 2000. 2.
이용욱, 「인터넷 시대의 서정시」, 『문학, 그 이상의 문학』, 역락, 2004, 343-359쪽.
이우용 · 고영국 · 박태희, 『웹 사이버 정보시스템』, 정일, 2003.
이인성, 「죽음을 응시하는 삶-읽기와 삶-쓰기」, 김현, 『행복한 책읽기 : 김현의 일기 1986-1989』, 문학과지성사, 1992, ii-vii쪽.
이재복, 「마돈나에서 사이보그까지」, 『시작』, 2003. 가을, 66-89쪽.
이재언, 「또 다른 테크노 스트레스에 대한 우려」, 『문화예술』 255호, 한국문화예술진흥원, 2000. 10, 40-43쪽.
이재현, 『멀티미디어와 디지털 세계』, 커뮤니케이션북스, 2004.
이정우, 『기술과 운명 : 사이버펑크에서 철학으로』, 한길사, 2001.
이준동 · 장희선 · 전병국, 『시스템 분석과 설계』, 삼양미디어, 2003.
이창용, 「'갇혀 있다'와 '찾는다'」, 『현대시학』, 2000. 7, 45-50쪽.
이태규, 「100만 컴大軍 공격, 에스토니아 '초토화' : 러-에스토니아 '사이버 전쟁'」, 『한국일보』, 2007. 5. 19, 12쪽.
이형권, 「사이버 공간과 문학의 존재 방식」, 『문예시학』 10호, 충남시문학회, 1999. 11, 33-53쪽.
이혜원, 「디지털 시대와 시의 대응 방식 : 이원의 시를 중심으로」, 『어문학』 86집, 한국어문학회, 2004. 12, 361-388쪽.
이희중, 「과잉정보시대와 문학의 자리 : 컴퓨터와 문학」, 『기억의 풍경』, 월인, 2003, 86-106쪽.
장경기, 「멀티포엠의 가능성」, 『현대시』, 1997. 7, 42-56쪽.
______, 「토탈 콘텐츠, 토탈 엔터테인먼트 속의 시」, 『현대시』, 2001. 3, 40-58쪽.
______, 「멀티포엠 창작 현장 리포트 2005」, 『리토피아』, 2005. 가을, 329-342쪽.
장경렬, 「컴퓨터로 글쓰기, 무엇이 문제인가?」, 『현대 비평과 이론』, 1992. 가을 · 겨울, 26-47쪽.
장노현, 『하이퍼텍스트 서사』, 예림기획, 2005.
장승권, 「정보기술의 발전과 글쓰기로서의 컴퓨터 프로그래밍」, 『문화과학』, 1996. 봄, 51-68쪽.
장은수, 「'사이버 스페이스'의 접속문화가 허구와 현실을 동시에 무너뜨리고 있다」, 『문예중앙』, 1997. 겨울, 216-234쪽.
장창영, 「방사상 수사와 디지털 텍스트 읽기 : '아행행'과 '언어의 새벽'의 소통 구조를 중심으로」, 『한국언어문학』 51집, 한국언어문학회, 2003. 12, 631-654쪽.

정과리, 「문학의 크메르루지즘 : 컴퓨터 문학의 현황」, 『문학동네』, 1995. 봄, 20-35쪽.
______, 「프리암의 비상구」, 『문학과사회』, 1996. 가을, 1023-1050쪽.
정과리 · 한기 대담, 「디지털 시대, 문학의 운명」, 『문예중앙』, 2000. 봄, 14-37쪽.
정한숙, 『현대한국문학사』, 고려대학교출판부, 1982.
정호웅, 「정보화 시대의 문학연구와 문학교육의 새로운 방향」, 『한민족어문학』 37집, 한민족어문학회, 2000. 12, 89-98쪽.
정희태, 「사이버스페이스에서의 부적절한 행위 양식에 관한 연구」, 고려대학교 대학원 사회학과 박사학위논문, 1998. 8.
조선일보사 특별취재팀, 「"디지털 · IT 산업이 아시아 주도할 것" : '아시안 리더십 콘퍼런스' 폐막」, 『조선일보』, 2005. 3. 5, A1쪽.
차호일, 「하이퍼텍스트의 특성과 문학 창작에의 시사」, 『한국학논집』 34집, 계명대학교 한국학연구원, 2007. 6, 87-109쪽.
촘스키, 노엄 외, 『미국의 이라크 전쟁 : 전쟁과 경제 제재의 참상』, 이수현 옮김, 북막스, 2002.
최동호, 『디지털 문화와 생태시학』, 문학동네, 2000.
______, 『인터넷 시대의 시 창작론 2』, 고려대학교출판부, 2005.
최동호 · 이성우, 「디지털 시대의 새로운 문학 환경과 글쓰기의 방법론 연구」, 『한국시학연구』 9호, 한국시학회, 2003. 11, 339-381쪽.
______, 「팬포엠(FanPoem)의 가능성과 실제 구현 : 하이퍼텍스트 시쓰기 프로그램과 시인 · 독자의 위상 변화를 중심으로」, 『어문논집』 51호, 민족어문학회, 2005. 4, 179-208쪽.
최문규, 「기술공학적 매체 시대와 예술 개념의 변화」, 『문학이론과 현실 인식』, 문학동네, 2000, 383-422쪽.
최유찬, 「디지털문화로서의 국어국문학 연구」, 『국어국문학』 129호, 국어국문학회, 2001. 12, 57-75쪽.
______, 『컴퓨터 게임과 문학』, 연세대학교출판부, 2004.
최일수, 「反省하는 現代詩 : 안소로지 『現代의 溫度』의 境遇」, 상, 『현대문학』, 1957. 6, 202-209쪽.
최혜실 엮음, 『디지털 시대의 문화 예술』, 문학과지성사, 1999.
최혜실, 「디지털 시대의 게임」, 『현대소설연구』 18호, 한국현대소설학회, 2003. 6, 365-384쪽.
______, 『문자문학에서 전자문화로』, 한길사, 2007.

카스텔, 마뉴엘, 『네트워크 사회의 도래』(2000), 김묵한 · 박행웅 · 오은주 옮김, 한울아카데미, 2003.
쿤, 토머스 S., 『과학혁명의 구조』(1962), 김명자 옮김, 까치, 1999.
팝콘, 페이스 · 애덤 한프트, 『미래생활사전』(2001), 인트랜스번역원 옮김, 을유문화사, 2003.
팬포엠(FanPoem), http://www.fanpoem.co.kr, 2007. 10. 29.
포스터, 마크, 『미네르바의 올빼미가 날기 전에 인터넷을 생각한다』(2001), 김승현 · 이종숙 옮김, 이제이북스, 2005.
푸코, 미셸, 「저자란 무엇인가」(1969), 김현 엮음, 『미셸 푸코의 문학비평』, 장진영 옮김, 문학과지성사, 1989, 238-275쪽.
______, 『지식의 고고학』(1969), 이정우 옮김, 민음사, 2000.
______, 『감시와 처벌 : 감옥의 역사』(1975), 오생근 옮김, 개정판, 나남, 2003.
플로이드, 토머스 L., 『최신 디지털공학』, 8판, 이두복 · 양우석 · 추연석 옮김, 그린, 2003.
플루서, 빌렘, 『디지털시대의 글쓰기』(1987), 윤종석 옮김, 문예출판사, 1998.
하버마스, 위르겐, 『공론장의 구조 변동 : 부르주아 사회의 한 범주에 관한 연구』(1961), 한승완 옮김, 나남출판, 2001.
______, 『'이데올로기'로서의 기술과 과학』(1968), 하석용 · 이유선 옮김, 이성과현실사, 1993.
하원규 · 김동환 · 최남희, 『유비쿼터스 IT혁명과 제3공간 : 물리공간과 전자공간의 융합』, 전자신문사, 2002.
하임, 마이클, 『가상현실의 철학적 의미』(1993), 여명숙 옮김, 책세상, 1997.
한국멀티포엠협회, http://www.multipoem.com, 2007. 10. 29.
한국문화예술진흥원, 『통일문학전집』, CD-ROM, 한국문화예술진흥원, 2003.
한국전산원 엮음, 『컴퓨터 2000년 문제 종합지원백서』, 한국전산원, 2000.
헌터, 리처드, 『유비쿼터스』(2002), 윤정로 · 최장욱 옮김, 21세기북스, 2003.
홍성욱, 『생산력과 문화로서의 과학 기술』, 문학과지성사, 1999.
______, 『파놉티콘 : 정보사회 정보감옥』, 책세상, 2002.
______, 『과학은 얼마나』, 서울대학교출판부, 2004.
홍윤선, 「다시 보는 아날로그」, 『딜레마에 빠진 인터넷』, 굿인포메이션, 2002, 105-107쪽.
황동규, 「「즐거운 편지」의 얼개」, 『詩가 태어나는 자리』, 문학동네, 2001, 35-55쪽.
휘태커, 렉, 『개인의 죽음』(1999), 이명균 · 노명현 옮김, 생각의 나무, 2001.

Arnoldy, Ben and Gordon Lubold, "Could the U.S. Repel a Cyberattack?," *USA Today*, 7 June 2007, http://www.usatoday.com/tech/news/computersecurity/2007-06-07-us-cyberattack-preparation_n.htm.

Barthes, Roland, *S/Z*, Paris : Édition du Seuil, 1970.

______, *S/Z*, trans. Richard Miller, New York : Hill and Wang, 1974.

Block, Friedrich W., Christiane Heibach, and Karin Wenz eds., p0es1s : *The Aesthetics of Digital Poetry*, Ostfildern-Ruit : Hatje Cantz Verlag, 2004.

Bolter, Jay David, *Writing Space : Computers, Hypertext, and the Remediation of Print*, 2nd ed., Mahwah, New Jersey : Lawrence Erlbaum, 2001.

Brockmann, R. John, William Horton, and Kevin Brock, "From Database to Hypertext Via Electronic Publishing : An Information Odyssey," Edward Barrett, ed., *The Society of Text : Hypertext, Hypermedia, and the Social Construction of Information*, Cambridge, Mass. : The MIT Press, 1989, pp.162-205.

Bush, Vannevar, "As We May Think," *Atlantic Monthly*, Vol.176, No.1, July 1945, pp.101-108.

______, "As We May Think," *Life*, Vol.19, No.11, 10 September, 1945, pp.112-124.

______, *Endless Horizons*, Washington, D.C. : Public Affairs Press; 1946.

______, "Memex Revisited," in *Science is Not Enough*, New York : William Morrow & Company, 1967, pp.75-101.

Cave (Brown University supercomputing and immersive virtual reality lab), http://graphics.cs.brown.edu/research/cave, 2007. 10. 29.

Deleuze, Gilles et Félix Guattari, *Mille Plateaux : Capitalisme et Schizophrénie 2*, Paris : Les Éditions de Minuit, 1980.

Engelbart, Douglas C., "A Conceptual Framework for the Augmentation of Man's Intellect,"(1962) quoted in Paul W. Howerton and David C. Weeks, eds., *The Augmentation of Man's Intellect by Machine*, Washington, D.C. : Spartan Books, 1963, pp.1-29.

Grossman, Lev, "Time Person of the Year : You," *Time*, Vol.168, No.26/27, 25 December 2006, pp.20-23.

Hafner, Katie and Matthew Lyon, *Where Wizards Stay Up Late : The Origins of the Internet*, New York : A Touchstone Book, 1996.

Heim, Michael, *Electric Language : A Philosophical Study of Word Processing*, 2nd ed., New Haven : Yale University Press, 1999.

Joyce, Michael, *Afternoon, a Story*, CD−ROM, Cambridge, Mass. : Eastgate Systems, 1987.

______, *Of Two Minds : Hypertext Pedagogy and Poetics*, Michigan : The University of Michigan Press, 1995.

Keen, Andrew, *The Cult of the Amateur : How Today's Internet is Killing Our Culture*, New York : Currency, 2007.

Kristeva, Julia, "Bakthine, le mot, le dialogue et le roman," *Critique*, Vol.239, 1967, quoted in "Le mot, le dialogue et le roman," in *Σημειωτική : Recherches pour une Sémanalyse*, Paris : Édition du Seuil, 1969, pp.82−112.

Landow, George P. ed., *Hyper/Text/Theory*, Baltimore : The Johns Hopkins University Press, 1994.

Marcuse, Herbert, *One−Dimensional Man : Studies in the Ideology of Advanced Industrial Society*, Boston : Beacon Press, 1964.

Markoff, John, "A Disruptive Virus Invades Computers around the World," *The New York Times*, 5 May 2000, sec.A, p.1.

______, "Law Officials Seek Origins of the Virus," *The New York Times*, 6 May 2000, sec.C, p.1.

Nelson, Theodor Holm, "A File Structure for the Complex, The Changing and the Indeterminate," self−published, 1965.

______, *Literary Machines 93.1*, Sausalito, CA : Mindful Press, 1992.

______, "Who I Am," http://ted.hyperland.com/whoIam, 2007. 10. 29.

Norris, Christopher, "Baudrillard and the War that Never Happened," in *Uncritical Theory : Postmodernism, Intellectuals and the Gulf War*, London : Lawrence & Wishart, 1992, pp.11−31.

Nyce, James M. and Paul Kahn, eds., *From Memex to Hypertext : Vannevar Bush and the Mind's Machine*, Boston : Academic Press, 1991.

Pickering, Andrew, *Constructing Quarks : A Sociological History of Particle Physics*, Chicago : The University of Chicago Press, 1984.

p0es1s, http://www.p0es1s.com, 2004. 2. 13.

Poster, Mark, "Databases as Discourse, or Electronic Interpellations," in Paul

Heelas, Scott Lash, and Paul Morris eds., *Detraditionalization : Critical Reflections on Authority and Identity*, Malden, Mass. : Blackwell Publishers, 1996, pp. 277-293.

Postman, Neil, *Building a Bridging to the 18th Century : How the Past Can Improve Our Future*, New York : Vintage Books, 2000.

Project Xanadu, http://www.xanadu.net, 2007. 10. 29.

Rees, Michael, Andrew White, and Bebo White, *Designing Web Interfaces*, Upper Saddle River : Prentice Hall PTR, 2001.

Rheingold, Howard, *Tools for Thought : The History and Future of Mind-Expanding Technology*, Cambridge, Mass. : The MIT Press, 2000.

Schmidt, Siegfried J., *Elemente einer Textpoetik*, München : Bayerishcer Schulbuch-Verlag, 1974.

Storyspace : A Hypertext Tool for Writers and Readers, http://www.eastgate.com/storyspace, 2007. 10. 29.

Waller, Douglas, "Onward Cyber Soldiers," *Time*, Vol.146, No.8, 21 August 1995, pp.38-46.

Weinberg, Steven, *Dreams of a Final Theory : The Scientist's Search for the Ultimate Laws of Nature*, New York : Vintage Books, 1993.

Weiser, Mark, "The Computer for the 21st Century," *Scientific American*, Vol.265, No.3, September 1991, pp.94-104.

Wells, Herbert George, *World Brain*, London : Methuen, 1938 ; reprint ed., North Stratford, NH : Ayer Company Publishers, 1999.

Wise, Richard, *Multimedia : A Critical Introduction*, New York : Routledge, 2000.

찾아보기

ㄱ

「가방을 든 남자」 38, 39, 41

가상공간 18, 81, 84, 88, 101, 122, 124, 169, 171, 175, 183, 188, 214, 221, 225

가상성 20, 183

가상현실 14, 15, 19, 23, 105, 211

가치관의 전도 135, 171, 175, 225

가타리, 펠릭스 77

가핀켈, 심슨 199

『감시와 처벌 : 감옥의 역사』 193

감시 카메라 196-199, 217

강신애 208, 226

강연호 158, 159, 168, 224

강윤후 215

개인 정보 도용 200

걸프전 143, 144, 148, 152, 155

격자grid 구조 85, 86

계층hierarchy 구조 85, 86

고갱, 폴 178, 179

고흐, 반 178, 179

공병우 28

「공중도시」 194, 204

과학 기술 137-142, 154, 155, 224, 227

과학 기술의 가치중립성 141, 142, 145, 154, 155, 223, 224

과학 기술 혁명 137

과학 언어 59-61

『과학혁명의 구조』 138

구글Google 112

『구술문화와 문자문화』 63

「구형은 슬프다」 158, 162, 168

「國際列車는 打字機처럼」 30

권영준 158, 162, 168, 224

권혁웅 88

규 가와사키 14

『그라마톨로지에 대하여』 74

그래픽 사용자 인터페이스 50

「그렇게 웃는 나날이 계속되었다,」 150,

155
근원적 저자 84
글로벌 브레인Global Brain 82
글쓰기 도구 23, 25, 26, 28, 31, 34, 42, 44, 45, 47, 58, 209, 220
글쓰기 지원 데이터베이스 131, 133, 223
기사 작성 프로그램 55
「기술복제시대의 예술작품」 12
길더, 조지 15
「길안에서의 택시잡기」 36-43, 58, 220
김경린 30, 58, 220
김규동 32, 58, 220
「김밥 마는 여자」 92, 93, 99-101
김상수 86
김상환 14
김선태 49
김수영 87
김용운 54, 55
김용희 93
김유중 124, 125, 127-129, 131, 132, 222
김은정 48, 58, 220
김정란 86, 89
김정흠 29, 34
김종길 59, 60, 116, 118, 119
김종엽 188
김현 25-27, 45, 58, 212, 220
김형술 181, 225
깁슨, 윌리엄 187, 188
깃펜 27
끈 이론 52
「끈—이론 게임 : 26次元 宇宙에서 未知數 X에 어울리는 名詞는?」 51

ㄴ

「나는 검색 사이트 안에 있지 않고 모니터 앞에 있다」 130
「나는 클릭한다 고로 나는 존재한다」 185
난수 발생 원리 57
남송우 60
네이버 81
네트워크 47, 74, 75, 76, 81, 82, 135, 171, 189, 194, 195, 202, 204
넬슨, 테오도어 71, 72, 76, 131
넷스케이프 커뮤니케이터 66
「눈나리는 밤의 詩」 32
『뉴로맨서』 187, 188

ㄷ

다큐버스 72, 77
대화성 이론 74
데리다, 자크 74
『데이터베이스 제국』 199
두루마리 27
『두산세계대백과 엔싸이버』 121
듀얼 모니터 70
들뢰즈, 질 77

디지로그 14
디지타이저 27
디지털 12–13, 227
디지털 감시 사회 135, 190, 191, 204, 205, 223, 226
디지털 교과서 15, 16
디지털 기술의 가치중립성 135, 143, 144, 155, 223
디지털 네트워크 193, 194, 202
디지털 노마드 77, 185
디지털 매체 18, 116, 183
디지털 방식 12, 13, 23, 44, 177, 219
디지털 빅 브라더 190
디지털 스토리텔링 21
디지털 언어 23, 59, 60, 61, 65, 219, 221
디지털 재앙 135, 156, 168, 224
디지털 전쟁 142, 143
디지털 혁명 22, 228
디지토피아 167, 168, 202
디지토피아와 에코토피아의 접맥 168
딥블루 55

ㄹ

라키토프, 아나톨리 일리치 14
랜도우, 조지 P. 77
랜스, 리처드 167
러브 바이러스 170
러시안 룰렛 159–161
레비, 피에르 82
「로우레벨포맷」 211
「롤러스케이트 신은 신데렐라」 187
리니지Lineage 200
리드, 허버트 118
『리메이킹 에덴』 215
리얼리티 19, 20
리좀 77
리처즈, I. A. 60, 118
리카요, 리처드 167
링크 71, 76, 81, 88, 115

ㅁ

『마고』 108, 110, 111
마우스 포인터의 궤적 70
마이크로필름 68, 70
만년필 25, 27, 49
멀티미디어 102, 104–106, 111, 113, 115, 116, 222
멀티미디어시 104–116, 219, 222
멀티 언어 109
멀티포엠 106, 108–111, 222
메멕스Memex 67–70, 78
「모바일 오페라」 173
모자이크Mosaic 66, 73
『夢想의 피』 108
무선 네트워크 21, 195
문국진 179

『문예비평의 원리』 60
문자 언어 84, 109, 110
문학공동체 228
미니홈피 129
「未完成失題」 33
민재식 33, 58, 220
밀레니엄 버그 156
「밀레니엄 버그」(강연호) 158, 159, 168
「밀레니엄 버그」(배용제) 163, 164
「밀레니엄 버그」(진영대) 158, 162, 168

ㅂ

「바그다드」 144, 155
바랄, 에티엔 182, 183
바르트, 롤랑 75, 76, 83, 92
바쟁, 앙드레 217
바코드 63, 216
바흐친, 미하일 74
박남철 63, 114, 115
박목월 19, 20
박수연 65
박은옥 115
박주택 53
박태운 152
반인반기半人半機 209
「반지의 제왕」 19
「밤길」 172
배식한 86
배용제 163, 164, 168
「백과사전은 도마뱀과 청계천 사이에 있다」 118
백선기 148
백스페이스키 52
백욱인 14
버너스리, 팀 72, 73
버추얼 리얼리티 21
벤담, 제레미 193, 204
벤야민, 발터 12, 16
보드리야르, 장 12, 13, 144
보들레르, 샤를 18
보이지 않는 손 11, 12, 20, 219
볼크먼, 어니스트 143
부시, 버니버 66-72, 78
분산 서비스 거부 공격DDOS 153
분필 27
붓 27
블로그 129, 190
블룸, 하워드 82
「비디오/나는 채널 0번을 본다」 45, 46
「비디오/비디오 1984」 192, 204
「비디오/콤팩트 디스크」 176
「비디오/퍼스널 컴퓨터」 46
「비박」 201-203, 205
비선형적 글쓰기 74
비선형적 링크 71, 74
비선형적 텍스트 102

비트 13, 14, 44
빅 브라더 190, 192, 199

ㅅ

「사랑에 빠진 남자」 181
사용자 제작 콘텐트 12, 129
사운射韻 79-81, 91, 221
사이버 스톰Cyber Storm 152
사이버스페이스 187, 188, 225
사이버 전쟁 142, 151-154, 155
사이보그 135, 206, 207, 212, 217, 223, 226
사이보그공학 215
「사이보그 : 사이보그」 208
사이보그적 상상력 209, 210, 212, 226
사회구성주의 140, 141, 224
산업혁명 12, 137, 154
「삼중당 문고」 35
상호 참조 57, 74, 75
상호텍스트성 74, 75, 76
생각하는 기계 69
「생명의 질서 : 인간 유전자 지도(게놈) 프로젝트가 완성되던 날」 213
「生時 · 生詩(Live Poems)」 86, 89, 91, 221
생태주의 165, 167-169, 202, 224, 225
서정인 25, 26, 45, 58, 220
서준섭 16, 17
「석류」 149, 155
선형적 사고 102
선형적 이야기 85
성귀수 109, 110
세계 두뇌World Brain 82
「세라피네 VII」 206
소문자 이니셜 214-215
손정순 196, 204, 225
송기주 28
순차sequence 구조 85, 86
순차적 텍스트 102, 221
슈미트, 지크프리트 J. 54
슈퍼판옵티콘 191, 200, 226
스턴, 로렌스 73
시 쓰기 도구 207, 220, 223
시 쓰는 컴퓨터 54-58
시뮬라크르 12
『시뮬라크르와 시뮬라시옹』 144
시선의 비대칭 193
시의 언어 23, 59, 60, 61, 65, 109, 219, 221
시인과 독자의 위상 변화 90, 102, 219, 221, 223
시적인 것 16, 18, 20, 219
『시학』 82, 83
신미균 187, 225
신범순 54, 102
『신시집』 206
신옵티콘Synopticon 203
신중섭 141
실버, 리 215

싸이월드 129
쌍방향 네트워크 203
쌍방향 텔레비전 192
쓰는 독자 90, 91, 93
쓸 수 있는 텍스트le scriptible 92

ㅇ

아나디지 14
아날로그 13, 227
아날로그 방식 13, 43, 177, 219
아날로그 시스템 70
아날로그적 정체성 14
아날로그 컴퓨터 68
「아담이 눈뜰 때」 35
「아를 투우장의 관중」 178
아리스토텔레스 66, 82, 83, 85, 221
아시안 리더십 콘퍼런스 11
아우라 12, 88
아이디 188, 200, 214
아이콘 50, 53
아톰 13
『안개의 집』 108-110
안도현 44
양주동 79
양피지 27
「어린아이의 굴렁쇠」 92, 93, 97, 98, 101
「언어의 새벽 : 하이퍼텍스트와 문학」 86, 87, 91, 221
에니악ENIAC 143
에듀테인먼트 80
에코토피아 167, 168, 202
엥겔바트, 더글러스 70, 72
여정 216
역사적인 현대성 18
역판옵티콘 203
연왕모 62, 111-113
『영화란 무엇인가』 217
「오디」 124, 125, 127
「오래된 사랑노래」 62
오웰, 조지 191, 192, 202, 204
오타쿠オタク 182, 183
온라인 강의 23
온라인 백과사전 121, 122, 129
올해의 인물 11, 12
옹, 월터 J. 63
와이저, 마크 189
와인버그, 스티븐 141
「요한 詩集」 52
우한용 14
운자 맞추기 79, 80, 91, 221
워드프로세서 27, 44
워드프로세서 프로그램 44, 50, 123
원광연 56
원구식 106, 107
원소스 멀티유스 108
월드와이드웹 66, 70, 72, 73, 77

웨일스, 지미 81
웰스, H. G. 82
웹web 구조 85, 86
웹아트 89
「웹에서 길을 잃다」 215
웹진 23, 184
웹 2.0 129
위키피디아Wikipedia 81, 129
유목적 글쓰기 77
유비쿼터스 81, 189, 190
유비쿼터스 감시 사회 202-205, 223
유비쿼터스 네트워크 190, 195, 204, 225
유비쿼터스 컴퓨팅 189
유안진 93
유영만 14
유전공학 215
유전자 조작 135, 206, 207, 213, 215, 226
유전자 조작인 215
유튜브YouTube 129
이경수 212
이경식 83
이경임 208, 226
이광호 86, 186
이근배 124, 125, 127
『'이데올로기'로서의 기술과 과학』 140
이드 188
이라크 전쟁 142, 148, 152, 155, 224
이문재 201, 203, 205, 226
이민수 154
이상 63
이상숙 131
이성우 19, 86, 93
이수광 80
이승원 211
이승하 213, 226
이승훈 31
이어령 14
이영진 86
이용욱 89
이원 17, 117-119, 129, 130, 132, 185, 194, 204, 213, 222, 225, 226
이원익 28
이은봉 172, 225
이인성 27
이재언 14
이재현 105
이중재 89
이창용 65
이형기 146, 155, 224
이희중 163, 166, 211, 224, 226
인간 복제 213, 226
인덱싱 기법 57
인터넷 검색 사이트 65, 112
인터넷 검색 엔진 112, 132
인터넷 백과사전 121, 122

인터넷 익스플로러 66
인터넷 정보의 불확정성 131
인터넷 정보의 유동성 123, 131
인터넷 투표 15
읽는 시인 90, 91
「잃어버린 파일을 찾아서」 208

ㅈ

『자본에 살어리랏다』 115
「자서 또는 후기」 114
자연인 215
장경기 106-111
장만호 92, 93, 99
장석원 51, 58, 220
장용학 52
장이지 173, 225
장자 15
장정일 17, 35, 37, 38, 41, 176, 220
재너두 프로젝트 72, 131
「재앙은 어떻게 오는가」 163, 166, 168
「저자란 무엇인가」 83, 84
「저자의 죽음」 83
적그리스도Antichrist 63
「전자 사막에서 살아남기 위해」 213
전자 유목민 77, 214
전자 판옵티콘 193
『전쟁과 과학, 그 야합의 역사』 143
「전쟁놀이」 146, 155
전 지구적 네트워크 82
전 지구적 지식공동체 81
정과리 27, 63, 86
정병근 149, 155, 224
정보고속도로 14, 135
정보 구조의 네 가지 기본 유형 84
정보기술 혁명의 빛과 그림자 11
정보 언어 60, 61
정보 판옵티콘 193, 195, 204, 225
정보혁명 12, 60, 189
정신 우위의 이원론 207, 226
정태춘 114, 115
정한숙 31
정한용 61, 62, 64, 144, 155, 224
정호웅 103
『제국호텔』 202
「제국호텔 : 인도에서 소녀가 오다」 202
「조롱받는 시인」 41
조정권 93
종말론 63, 167
주요 8개국(G8) 정상회담 11
「중독」 48, 50
「즐거운 편지」 92, 93, 96, 97, 101
증기기관 12
지름신 188
『지봉유설芝峰類說』 80
지식공동체 81

지식브레인 81
『지식의 고고학』 75
지식iN 81
진둔金盾/Golden Shield 190
진영대 158, 162, 168, 224
집단 지성L'intelligence collective 82

ㅊ

『천 개의 고원』 77
「靑노루」 19, 20
초고속 인터넷 15, 23, 122, 153, 186, 187
최동호 18-20, 86, 92, 93, 97
최문규 17, 18
최영미 181, 225
최유찬 95
최일수 30
『최종 이론의 꿈』 141
최혜실 56, 183
칠판 27

ㅋ

카스파로프, 게리 55
컨버전스 78
컴퓨터 27-28, 220
컴퓨터 게임 91, 144, 147, 182
컴퓨터 기자 56
컴퓨터 네트워크 135, 190
컴퓨터로 시 쓰기 23, 25, 49, 220
컴퓨터 바이러스 152, 170, 171, 190
컴퓨터시Computopoeme 54
컴퓨터 언어 55, 63, 64, 112, 220, 221
컴퓨터적 세계관 209
『컴퓨터 혁명의 철학』 14
콜리지, S. T. 72
콤팩트 디스크 176, 177
「쿠빌라이 칸Kubla Khan」 72
쿤, 토머스 138
『쿼크의 구성』 140
크리스테바, 줄리아 74, 75
키드 브라더 199
키드젤, 마틴 14
키보드 25, 44, 49, 50, 52, 53, 152, 196

ㅌ

타이피스트 32-34, 51, 53
타자기 25, 27, 28-44, 46, 58, 220
「탁발승의 새벽 노래」 115
탈중심화 현상 74, 76
태블릿 PC 15, 16
테크놀로지 37, 41, 58, 77, 187, 188, 220
텍스트 개방성 74, 76
「텍스트의 즐거움」 76
텔레비전 전쟁 144
텔레비전 카메라의 시선 147
텔레스크린 192
『트리스트럼 섄디』 73

ㅍ

『파놉티콘 : 정보사회 정보감옥』 203
파라텍스트 27
파운드, 에즈라 118
파일 공유 기술 132
판옵티콘 192, 193, 203, 204
판타지 문학 23
판타지 소설 21
팔림세스트 73
「팬포엠FanPoem」 86, 90-102, 221
팬픽fanfic 91
폐쇄회로 텔레비전 198
포스터, 마크 200
표음문자식 글쓰기 50
푸코, 미셸 75, 83, 84, 193, 204
「풀」 87
플로이드, 토머스 L. 13
피커링, 앤드루 140, 141

ㅎ

하버마스, 위르겐 140, 154, 224
하이네, 하인리히 206
하이어트, 마이클 157
하이퍼링크 87, 88, 113
하이퍼미디어 71
하이퍼텍스트 66-86
하이퍼텍스트 문학 82, 83
하이퍼텍스트 소설 21
하이퍼텍스트시 23, 66, 79, 80, 86-103, 113, 219, 221
하이퍼텍스트 시쓰기 프로그램 90, 91, 95, 100, 101, 221
하이퍼텍스트 작성 언어 64, 220
하이퍼텍스트 전송 규약 73
『하이퍼텍스트 2.0』 77
하재봉 45-47, 58, 175, 176, 179, 182, 191, 192, 204, 220, 225
하종오 198, 204, 226
한국의 데이터 통신 기적 15
한글 타자기 28
「해리 포터」 19
『햄버거에 대한 명상』 17
허수경 150, 155, 224
현대시의 영역 확장 135, 223, 227
현대시의 정체성 22, 135, 223, 228
호모 비루투엔스 182, 183
호접몽 15
홈시어터 시스템 104, 116
홍성욱 137, 142, 203
홍윤선 14
황동규 92, 93, 96, 97
황지우 63

1-Z

「 」 61
「〈html〉〈head〉〈title〉뭘 찾는데요?

〈/title〉〈/head〉」 62, 111
『1984년』 191, 192, 202, 204
「2004년, 서울 시민」 196, 204
「897살 먹은 사내와 자판기월드」 216
"As We May Think" 66-69
「CCTV」 198, 204
e-북 23
Heim, Michael 49
HES(Hypertext Editing System) 72, 74
HTML 65, 81, 112, 113, 115
ID 171, 183, 188, 225
id 171, 183, 188, 225
"Memex Revisited" 68, 69
Norris, Christopher 145
PC통신망 23
「Personal Computer」 181
『S/Z』 75
UCC(User Created Content) 12, 129
White, Bebo 85
Wise, Richard 105
Y2K 156

0/1의 세계에서 시란 무엇인가

초판 발행 2007년11월30일
초판 1쇄 2007년11월30일

지은이 이성우
펴낸곳 고려대학교출판부
www.kupress.com
kupress@korea.ac.kr
136-701 서울특별시 성북구 안암동
02-3290-4230, 4232
Fax 923-6311
찍은곳 이환 D&B (주)

ISBN 978-89-7641-635-3 93810

값 12,000원